中国青少年体育运动项目训练教学系列大纲

中国青少年跳水训练教学大纲

ZHONGGUO QINGSHAONIAN TIAOSHUI XUNLIAN JIAOXUE DAGANG

国家体育总局青少年体育司
国家体育总局游泳运动管理中心 编

U0835417

北京体育大学出版社

策划编辑　木　凡
责任编辑　吴光远
特约审稿　刘　丹
审稿编辑　梁　林
责任校对　李志诚
版式设计　小　小

图书在版编目（CIP）数据

中国青少年跳水训练教学大纲/国家体育总局青少年体育司，国家体育总局游泳运动管理中心编. —北京：北京体育大学出版社，2018.5
ISBN 978-7-5644-2888-4

Ⅰ. ①中… Ⅱ. ①国… ②国… Ⅲ. ①青少年－跳水－运动训练－教学大纲－中国 Ⅳ. ①G861.202-41

中国版本图书馆 CIP 数据核字（2018）第 099618 号

中国青少年跳水训练教学大纲

国家体育总局青少年体育司
国家体育总局游泳运动管理中心　编

出　　版：北京体育大学出版社
地　　址：北京市海淀区信息路 48 号
邮　　编：100084
邮 购 部：北京体育大学出版社读者服务部 010-62989432
发 行 部：010-62989320
网　　址：http://cbs.bsu.edu.cn
印　　刷：北京虎彩文化传播有限公司
开　　本：880×1230 毫米　1/32
成品尺寸：148×210 毫米
印　　张：9.5
字　　数：216 千字

2018 年 10 月第 1 版第 1 次印刷
定价：43.00 元
（本书因印制装订质量不合格本社发行部负责调换）

修订版序

竞技体育后备人才培养是体育事业可持续发展的重要前提和基础，一直受到国家体育总局的高度重视。2005 年，为进一步加大业余训练指导力度，我们组织力量编写了26个项目的《中国青少年体育运动项目训练教学大纲》（以下简称《大纲》）。多年来，各级体育部门紧紧围绕《大纲》要求，以提高质量效益为核心，大力推行科学训练，切实加强业余训练的标准化和常规化管理，取得了积极的发展成效。2012 年伦敦奥运会中国代表团获得 88 枚奖牌和 2014 年索契冬奥会中国代表团获得 9 枚奖牌的运动员全部来自各级体校。各级各类体校每年向高等院校输送 3 000 ~ 5 000 名体育特长生，为社会培养近万名中等体育专业人才和 4 万余名体育骨干，发挥了推动体育事业全面进步的多元功效。

当今中国体育正处于从体育大国向体育强国迈进的重要历史时期，既面临着经济发展、社会进步、文化事业繁荣发展的大好机遇，又面对着社会转型加剧、体制改革深化的挑战，特别是各级体校办学难、招生难、出路难等问题长期无法解决，竞技体育后备人才培养工作已经受到不小的冲击。进一步解放思想，深化体制机制改革，转变发展方式，已成为新时期业余训练从根本上摆脱困境的当务之急。为更好地适应新的形势发展要求，培养更多高质量的竞技体育后备人才，经总局批准，将在“十二五”期间组织力量完成全部奥运项目的《大纲》修订工作。此次修订工作是在原《大纲》的基础上进行的，本着实用、科学、规范的原则，力求实现《大纲》编写的科学性、先进性、可操作性和系统性，确保基层的训练单位能够实施、使用。

修订后的《大纲》充分贯彻了以人为本的科学发展理念，详细规划了青少年训练的全过程，着力总结了项目的培养规律，系统完善了训练的内容与考核体系，全面更新了项目的训练理念、方法，与修订前相比更加科学、更加系统、更加先进，更加实用，同时突出了运动员文化学习时间保障，较好地落实了中央关于加强运动员文化教育的相关政策要求。新《大纲》的出版发行，必将促进各项目业余训练水平在新起点上实现新的提升。

衷心希望修订后的《大纲》能迅速渗透到各地业余训练的实践中，在充分发挥应有的指导作用，确保业余训练多出人才、出好人才的同时，为后续项目的修订工作提供更加丰富的借鉴和参考。

感谢为修订《大纲》奉献辛勤劳动的所有人员！

也祝愿中国青少年体育后备人才培养工作再上新台阶！

国家体育总局副局长　冯建中

2014 年 4 月

出版说明

《中国青少年体育运动项目训练教学系列大纲》（以下简称《大纲》）是对开展青少年运动员培养工作的依据和规划性、指导性文件，是帮助和支持教练员进行科学化训练的有力工具，关系着我国竞技体育的持续发展。2005 年国家体育总局竞技体育司组织编写了 26 个奥运项目的《大纲》，并于 2008 年出版发行。经过近 4 年的实践应用，取得了良好的训练效果，但也暴露出一些不足。与此同时，我国社会发展也产生了深刻的变化，更加注重青少年运动员的全面发展。2010 年 5 月，国家体育总局青少年体育司成立后，根据《青少年体育十二五规划》的要求，决定陆续对各项目《大纲》进行重新修订，更新训练理念，以促进我国青少年竞技体育后备人才培养的可持续发展。

2011 年 3 月，经总局批准正式成立了《大纲》修订委员会和《大纲》修订专家指导组。一年来，专家组成员多次到基层开展调研，获得了大量关于基层青少年训练的第一手资料，了解了原《大纲》在基层青少年训练过程中的使用情况，以及训练现状，为后续的工作开展奠定了坚实的基础。同时还组织人员翻译整理欧美等多个体育发达国家关于青少年体育人才培养的材料。经过几个月的实地调研与充分论证，在借鉴国外体育发达国家青少年后备人才培养模式与方法的基础上，再认真解读 2008 版《大纲》并结合我国的国情与当前政策，于2011年5月，先后拟定了《大纲修订工作计划》《大纲编写指导意见》《大纲修订模板》等指导性文件。

在《大纲》修订过程中，本着实用、科学、规范的原则，我们注重抓了以下四个环节。

1. 力求《大纲》的科学性

为了力求做到《大纲》的科学性，在编写前期针对青少年的生理、心理、认知特征等方面进行全面的理论研究，系统梳理各项目竞技能力发展的敏感期，从而切实明确青少年各年龄段的成长发育规律，以及各项目青少年运动员的成才培养规律；不同年龄阶段的训练任务、内容、要求以及考核标准；不同年龄段的心理变化特点；青少年运动员的选材；教练员在训练过程中的训练学要点与教育学指导方法等。同时深入了解美国、德国、英国、日本等国家的青少年训练大纲与计划指导纲要，紧紧抓住项目的发展特点和最新趋势。

2. 保证《大纲》的先进性

《大纲》面向的对象是青少年运动员以及他们的教练员，其最终目标是培养未来的高水平运动员，它是我国竞技体育持续发展的重要保障之一。因此，编写组不仅全面了解和把握了各项目现阶段的水平与要求，还对未来十几年各项目发展的趋势进行了认识和判断。

3. 加强《大纲》的可操作性

要充分发挥《大纲》的效用，必须加强可操作性。编写组在全面深入研究相关基础理论的基础上，针对不同年龄段的训练对象，提出了切实可行的、具有一定指导意义的纲领性要求，同时又详细阐明具有很强操作性的基本训练思想（理念）、训练目标、训练内容与任务、手段与方法、训练过程中的负荷特点、训练过程的组织等一系列具体的建议与要求。

4. 提高《大纲》的系统性

要提高《大纲》的科学性、先进性与可操作性，就必须提高系统性。在修订过程中，编写组对当前各项目的发展趋势、我国现阶段青少年后备人才培养的中长期规划、青少年训练的现状，青少年身体发育特点、各项目的成才规律，各年龄段的划分、训练任务、训练内容、训练要求、组织方法、训练手段、训练负荷安排，考核内容、考核要求、考核标准等方面进行了认真研究，力争做到整个《大纲》体系重点突出，详略得当，保证青少年运动训练的每个阶段都在科学、系统的指导下完成，提高成才率。

本次《大纲》的修订主要体现了三个显著特点：一是针对青少年运动员群体的特点，规定了运动员的训练时数，避免因训练时间过长而影响文化课的学习；二是在《大纲》修订人员的组成上，既有国家队教练员，又有基层教练员和科研院校的专家学者，不仅保证了《大纲》的前瞻性，而且体现了我国青少年训练的现实需求；三是本次《大纲》非常重视青少年运动员考核体系的制定，对项目的考核指标进行了精细筛选，对各项指标的评价标准进行了反复验证，以充分发挥考核体系的导向作用。

本次《大纲》的修订旨在明确青少年训练的指导思想，提高训练的科学性，满足我国竞技体育可持续健康发展的要求，同时也为业余训练的评估工作提供依据。希望通过新《大纲》的实施，能够培养出水平更高、人数更多的优秀青少年体育后备人才，促进我国竞技体育健康、持续、稳定发展。

《大纲》编写组

2014 年 4 月

总编审委员会

名誉主任：刘　鹏　国家体育总局局长
主　　任：冯建中　国家体育总局副局长
副 主 任：郭建军　国家体育总局青少年体育司司长
委　　员：张　智　国家体育总局青少年体育司副司长
王　玄　国家体育总局青少年体育司副司长
刘扶民　国家体育总局经济司司长
高志丹　国家体育总局人事司司长
蒋志学　国家体育总局科教司司长
赵英刚　国家体育总局冬季运动管理中心主任
曾志刚　国家体育总局射击射箭运动管理中心主任
王　伟　国家体育总局自行车击剑运动管理中心主任
李全海　国家体育总局水上运动管理中心主任
周进强　国家体育总局举重摔跤柔道运动管理中心主任
李　强　国家体育总局拳击跆拳道运动管理中心主任
杜兆才　国家体育总局田径运动管理中心主任
王路生　国家体育总局游泳运动管理中心主任
罗超毅　国家体育总局体操运动管理中心主任
雷　军　国家体育总局手曲棒垒球运动管理中心主任
张　剑　国家体育总局足球运动管理中心主任

信兰成　国家体育总局篮球运动管理中心主任

张蓉芳　国家体育总局排球运动管理中心书记

刘晓农　国家体育总局乒乓球羽毛球运动管理中心主任

李玲蔚　国家体育总局网球运动管理中心主任

张小宁　国家体育总局小球运动管理中心主任

冯连世　国家体育总局体育科学研究所副所长

刘大庆　北京体育大学副校长

总 主 编：郭建军（兼）

副总主编：王　玄（兼）

编　　委：郭振明　郭　荣　李　飞　刘　丹　郭建军

李　良　远　洋　赵　刚　部义峰　梁　林

李铁录　李晓慧　王　林　孙　敬

跳水项目编审委员会

主　任：周继红

副主任：李　军

编　委：梁　勇　付玉超　张忠秋　钟少珍
刘恒林　任少芬　吴国村　史惠国
张　挺　李　芳　陈安平　杨小萍
梅跃跃　霍长福　杨　柳　张　漓
王荣辉

前言

FORWARD

《中国青少年跳水训练教学大纲》（以下简称《大纲》）是在国家体育总局青少司《青少年训练大纲》修订工作意见和国家体育总局游泳运动管理中心《跳水项目青少年教学训练大纲》编写工作意见的指导下，由国家体育总局游泳运动管理中心跳水部组织有关专家学习指导意见、分组探讨、群策群力，确定《大纲》所涵盖的内容，共同编写完成的。编写组以全国青少年跳水集训、全国青年跳水冠军赛、全国青年跳水锦标赛、全国青少年儿童跳水冠军赛为契机，对各省市青少年跳水运动员进行了测试。编写组成员还前往北京、广州、南京、西安四地对该地区的青少年跳水运动员进行了测试，收集相关信息，经统计分析后，撰写成文。

《大纲》作为我国青少年跳水运动员教学训练纲领性指导文件，是在众多专家指导下，以科学测试为基础，客观真实地反映了我国青少年跳水项目训练现状。《大纲》在原有跳水指导工作手册的基础上，对青少年跳水运动员教学训练提出了新的标准和要求，所包含的内容更广、更细，具有更强的理论指导意义和实践操作意义。

《大纲》分析了跳水项目国内外的发展状况以及我国跳水项目的优劣势。根据青少年运动员的身心发育特点，提出了青少年教学训练的基本原则，为青少年跳水教学训练提出了总体指导思想和总体目标。

作为技能主导类表现难美型的跳水项目，女运动员要获得奥运冠军需要平均训练 10.2 年，而男运动员则高达 12.8 年。跳水项目运动员开始专业训练时间一般是在青少年阶段，系统科学的训练对运动员的发展尤其重要。《大纲》针对训练计划制订的意义、目的和依据进行探讨，并分别对周期训练规划、年度训练计划、阶段训练计划、周训练计划、课训练计划以及训练计划的有效执行进行了论述。为不断总结我国跳水项目的训练经验，进一步提高基层教练员的教学水平，规范青少年跳水运动员的技术训练，促进跳水后备力量的建设，保持我国跳水项目的可持续发展，《大纲》将《全国跳水技术训练指导手册（5~12岁运动员）》的内容收入在内。

针对青少年跳水运动员的素质考核与评价，《大纲》分别对各年龄阶段跳水运动员的身体和技能测试、基础素质测评、专项素质测评、专项技术测评、心理能力测评等指标提出了详细的考评方式、方法，并对相关指标根据实测结果制定考评标准，具有重要的参考价值。科学地选材可以为国家节约大量的人力和物力，同时从运动员自身来说也是其职业生涯规划的重要转折。《大纲》提出应从选材的原理、流程、方法和标准等方面进行科学系统的选拔，并认为不能忽视教育训练经验在青少年跳水运动员选拔过程中的作用。为规范我国青少年跳水比赛的组织、竞赛、裁判和管理工作，《大纲》在《跳水竞赛组织与裁判法》的基础上，结合近年来我国举办的青少年跳水赛事的经验，参考了相关规则章程，对青少年跳水项目的竞赛组织和实施进行了专门论述。

《大纲》的编写工作在国家体育总局青少司领导的指导和帮助下，获得了国家体育总局游泳运动管理中心副主任周继红、跳水部部长李军，国家跳水队教练员钟少珍、刘恒林、任少芬等人，地方省市资深教练员吴国村、史惠国等人，国家体育总局体育科学研究所张忠秋研究员、张漓副研究员，北京体育大学王荣辉教授，山西大学体育学院陈安平教授，以及北京、广东、江苏、陕西等省市体育局和游泳中心领导的大力支持和帮助。特别是张忠秋及其科研团队对相关内容的测试分析，对本书的完成都付出了积极努力和奉献。在此，向所有为《大纲》编写工作付出辛勤劳动的专家、学者以及相关工作人员致以衷心的感谢和崇高的敬意！

由于编写《大纲》涉及对象多、范围广、时间紧，纰漏和不足在所难免，欢迎各位专家和教练员批评指正。我们将以此为起点，进一步修改和完善。

《中国青少年跳水训练教学大纲》编写组

2015 年 6 月 30 日

目录
CONTENTS

第一章 总 则

第一节 跳水项目特征与国内外发展

一、跳水项目特征

跳水是一项优美的水上运动，它是从高处用各种姿势跃入水中或是从跳水器械上起跳，在空中完成一定动作姿势，并以特定动作入水的运动。跳水运动要求运动员具有良好的空间知觉、协调性、柔韧性、平衡感及时间感等能力。

1904 年在圣路易斯奥运会上，跳水首次列入奥运会项目，跳板跳水是 1906 年在雅典首届奥运会上列入奥运会项目。1912 年在斯德哥尔摩奥运会上，女子跳水运动员第一次参加了比赛。当前世界跳水运动中处于领先地位的国家有中国、俄罗斯、美国、德国等。

根据起跳动作的方向和结构，可以分为向前、向后、向内、反身、转体、臂立 6 组，每组均有规定动作和自选动作，每个动作又有不同的难度系数；根据跳水空中姿势，可以分为 A（直体）、B（屈体）、C（抱膝）、D（翻腾兼转体）4 种；从跳板或跳台到水面的距离可分为 1 米、3 米跳板以及 5 米、7.5 米、10 米跳台；从每跳参与的人数可分为单人跳水和双人跳水，国际泳联在 2013 年—2017 年《跳水规则》中新增了男女混合全能项目。

今世界跳水技术的发展趋势是难、美、稳的高度结合，使跳水技术杂技化、艺术化。要求运动员头脑清晰，有较高的灵活性和准确性。对跳水项目来说，每一个准确、协调、优美动作的完成，不仅取决于运动员的生理机能和身体素质，而且还取决于运动员的心理素质，在某种情况下，心理素质更为重要。因此，运动员只有具备良好的心理品质和个性心理特征，方能在竞赛中保持最佳竞技状态，创造最佳运动成绩。并且，跳水运动要求造型美，即形体美，因而要求运动员协调性好，模仿性强，敢于并善于自我表现。跳水的比赛器械较高，动作带有一定的惊险性，因而要求运动员要有顽强的意志品质和勇敢精神。

二、国内外发展现状

1. 我国跳水队队伍规模

截止到 2013 年底，我国青少年跳水运动员注册人数为 1868 人（详见表 1－1）。

表 1－1　各省（区、市）青少年业余跳水运动员注册人数

省市	北京	天津	河北	山西	上海	江苏	浙江	福建	江西	山东
人数	80	22	109	70	96	61	6	90	109	183
百分比（%）	4.3	1.2	5.8	3.7	5.2	3.3	0.3	4.8	5.8	9.8
省市	河南	湖北	湖南	广东	广西	重庆	四川	陕西	海南	合计
人数	13	74	111	474	98	35	74	138	25	1868
百分比（%）	0.7	4.0	5.9	25.4	5.3	1.9	4.0	7.4	1.2	100

各省（区、市）青少年业余跳水运动员基本是从 5～6 岁开始参加基础训练，以 7～8 岁年龄段的人数最多；现役跳水运动员的年龄主要集中在 5～14 岁，占总数的 85.8%；青少年业余跳水运动员的总体补给较为合理（详见表 1－2）。

表1-2 各省（区、市）青少年业余跳水运动员的年龄结构统计

各省（区、市）	5~6岁	7~8岁	9~10岁	11~12岁	13~14岁	15~16岁	17~18岁	19~20岁
北京	2	29	16	20	13	0	0	0
天津	12	7	3	0	0	0	0	0
河北	12	47	18	6	4	5	2	15
山西	20	20	10	20	0	0	0	0
上海	34	37	16	9	0	0	0	0
江苏	0	15	14	20	11	1	0	0
浙江	0	2	2	2	0	0	0	0
福建	23	48	19	0	0	0	0	0
江西	15	80	9	3	2	0	0	0
山东	17	81	61	17	7	0	0	0
河南	0	1	2	3	5	2	0	0
湖北	1	28	30	10	4	1	0	0
湖南	35	57	19	0	0	0	0	0
广东	12	58	146	103	73	53	21	8
广西	41	27	18	12	0	0	0	0
重庆	5	17	13	0	0	0	0	0
四川	1	30	28	15	0	0	0	0
陕西	33	33	37	18	17	0	0	0
海南	0	0	0	0	0	7	8	10
合计	263	617	461	258	136	69	31	33
百分比（%）	14.1	33.0	24.7	13.8	7.3	3.6	1.7	1.8

在现役队员中，一级以上的运动员达到95%，远远高于其他运动项目的比例，其中国家级健将和国际级健将的比例之和为56.9%

（详见表1－3）。

表1－3 我国现役跳水运动员运动等级情况统计

运动等级	二级	一级	国家级健将	国际级健将	合计
人数	34	257	338	46	675
百分比（%）	5.0	38.1	50.1	6.8	100

我国跳水项目教练员共有207人，其中初级教练占33.3%；国家级教练人数为17，占总数的8.2%，总体布局较为合理（详见表1－4）。

表1－4 我国跳水项目教练员职称情况统计

职称	初级	中级	高级	国家级	合计
人数	69	68	53	17	207
百分比（%）	33.3	32.9	25.6	8.2	100

2. 我国跳水运动员世界排名情况统计

根据国际泳联对跳水运动员比赛积分的统计，2012年和2013年我国跳水运动员世界排名情况（详见表1－5、表1－6）。

表1－5 2012年我国跳水运动员世界排名情况统计

2012年我国男子运动员世界排名				2012年我国女子运动员世界排名			
项目	姓名	国际泳联积分排名	积分	项目	姓名	国际泳联积分排名	积分
男子3米跳板	何冲	1	42.33	女子3米跳板	吴敏霞	1	42.33
	秦凯	2	42		何姿	2	42
	李世鑫	33	21		王涵	12	34.33
	彭健烽	34	21		刘娇	15	32.33
	何超	37	19.67		王鑫	43	9.33
	张新华	59	7		盛伊	63	5.33

续表

2012 年我国男子运动员世界排名				2012 年我国女子运动员世界排名			
项目	姓名	国际泳联积分排名	积分	项目	姓名	国际泳联积分排名	积分
男子10米跳台	邱波	1	42.67	女子10米跳台	陈若琳	1	43.33
	林跃	4	39.33		胡亚丹	2	39
	陈艾森	11	34.33		刘蕙瑕	12	33.67
	杨健	29	22.67		司雅杰	13	33.67
	周吕鑫	49	11.67		吴圣平	45	11.67
	谢思埸	51	11		邢怡颖	47	11
	火亮	52	10.33		马斯诺	67	6
	胡起源	54	9.33		—	—	—

表 1－6　2013 年我国跳水运动员世界排名情况统计

2013 年我国男子运动员世界排名				2013 年我国女子运动员世界排名			
项目	姓名	国际泳联积分排名	积分	项目	姓名	国际泳联积分排名	积分
男子3米跳板	何冲	1	39.33	女子3米跳板	何姿	1	40
	秦凯	4	37.33		王涵	2	39.3
	何超	6	35		刘娇	9	32.7
	李世鑫	12	33		施廷懋	22	22.7
	孙知亦	14	32		张君	28	18.7
	陈荣权	52	11.67		屈琳	46	11.7
	周昕	53	11		许智欢	47	11
	粟泽万	55	10.33		张划	48	11
	谢思埸	56	10.33		汪皓	50	10.7

续表

2013 年我国男子运动员世界排名				2013 年我国女子运动员世界排名			
项目	姓名	国际泳联积分排名	积分	项目	姓名	国际泳联积分排名	积分
男子10米跳台	邱波	1	40	女子10米跳台	司雅杰	1	40
	林跃	5	35		陈若琳	2	39.3
	杨健	6	35		连婕	9	34.3
	陈艾森	10	32.67		黄小惠	12	32.7
	火亮	22	22.67		刘蕙瑕	24	22.7
	谢思埸	23	22.67		张南橘	46	11.7
	吴军	39	11.67		朱佳名	48	11.7
	杨昊	41	11		邢怡颖	49	11
	周吕鑫	42	10.67		焦婧婧	50	11
	曹缘	46	10.33		吴圣平	59	9.33

3. 我国跳水项目主要对手国家的基本情况

根据近四年国际跳水重大比赛成绩，统计出我国主要对手国家的基本情况（详见表 1－7）。

表 1－7　我国跳水项目主要对手国家的基本情况

男子		
项目	国家	对手情况
男子3米跳板	俄罗斯	库兹涅佐夫，2011 年世锦赛第 3 名，2013 年世锦赛第 2 名
		扎卡洛夫，2011 年世锦赛第 2 名，2012 年奥运会第 1 名
	墨西哥	卡斯蒂诺，2012 年奥运会第 6 名，2013 年世锦赛第 3 名
	美国	杜麦斯，2011 年世锦赛第 5 名，2012 年奥运会第 5 名
	德国	豪斯丁，2012 年奥运会第 4 名

续表

男子

项目	国家	对手情况
男子10米跳台	美国	大卫·鲍迪亚，2011 年世锦赛第 2 名，2012 年奥运会第 1 名，2013 年世锦赛第 2 名
	德国	克莱恩·萨沙，2011 年世锦赛第 3 名，2013 年世锦赛第 3 名
	俄罗斯	米尼巴耶夫，2011 年世锦赛第 4 名，2012 年奥运会第 4 名
	墨西哥	伊万·加西亚，2012 年奥运会第 7 名，2013 年世锦赛第 4 名
	英国	托马斯·戴利，2012 年奥运会第 3 名，2013 年世锦赛第 5 名
		沃特菲尔德，2011 年世界杯第 3 名

女子

项目	国家	对手情况
女子3米跳板	加拿大	帕米拉，2012 年世界杯第 4 名，2013 年世锦赛第 3 名
		阿贝尔，2011 年世锦赛第 3 名，2012 年奥运会第 6 名，2013 年世锦赛第 5 名
	意大利	塔尼亚，2012 年奥运会第 4 名，2012 年世界杯第 3 名，2013 年世锦赛第 4 名
	墨西哥	劳拉·桑切斯，2012 年奥运会第 2 名
	美国	克里斯蒂娜·卢卡斯，2011 年世锦赛第 4 名
	澳大利亚	莎伦·斯塔顿，2011 年世锦赛第 5 名，2012 年奥运会第 5 名
	乌克兰	卢伊利亚，2011 年世锦赛第 6 名，2013 年世锦赛第 3 名
女子10米跳台	德国	玛利亚·库洁，2012 年世界杯第 6 名，2013 年世锦赛第 5 名
	澳大利亚	布鲁本，2012 年奥运会第 2 名
	墨西哥	埃斯皮诺萨，2011 年世锦赛第 3 名，2012 年奥运会第 6 名

4. 我国跳水项目发展面临的优势和弱势、机遇和挑战

21 世纪以来，世界竞技体育发展势头更加强劲，各体育强国不断调整着各自的奥运战略。竞技跳水运动的显著特点表现在奥运会跳水项目金牌数量的不断增加，给世界跳水运动的不断迅猛发展注入了新的活力，并极大地推动了各国对跳水项目的关注和重视。许多国家已经把争夺奥运会 8 枚跳水项目金牌列入重点竞争目标之中，并在优秀运动员的训练体制、后备人才的培养以及高难动作的创新等诸多方面吸纳我国的成功经验，特别是我国原跳水世界冠军和优秀的跳水教练员越来越多地出国执教，使得原本实力平平的外国跳水运动员跳水技术水平取得突飞猛进的发展。由此不仅带动了参加世界跳水大赛的国家和地区的进一步扩大，而且也促成了当前世界跳坛的多元化竞争格局的初步形成。澳大利亚、加拿大和奥地利等国家的跳水运动发展很快，运动技术水平获得了迅速提高，其运动员不仅加入跳水世界大赛的金牌争夺战中，而且均已获得成功。从 2003 年以来举行的世界锦标赛、世界杯比赛以及国际游联跳水系列比赛就已经明显地表露出中国的跳水项目所面临的竞争格局大有“今非昔比”之势。以往即使最后一个动作不跳也能稳夺冠军的优势已经被当今直至最后一跳才能决出胜负的格局所替代，争夺金牌的对手已经由以往只有个别国家的个别运动员扩大到目前所形成的对手群。因此，正确审视中国竞技跳水运动现阶段的优劣势以及面临的严峻挑战，探讨有效的应对策略，对于继续保持并不断扩大中国跳水项目在国际跳坛上的优势地位是十分必要和有价值的。我国跳水项目发展水平较高，在世界上连续多年保持领先地位，具有较强的集团优势；完成的技术动作质量高、稳定性好，动作有美感并形成特定的比赛风格，尤其是女子跳水，优势更为明显。但是近年来

对手国跳水竞赛水平提升很快，缩短了与我国的差距（详见表1-8）。

表1-8 我国跳水项目发展面临的优势与劣势

男子		女子	
优势	劣势	优势	劣势
举国体制，从小培养，系统“造材” 基本功扎实，难度高 系统化并有机结合的陆地训练 设备设施齐全 全面有效的科研保障 队员集体感强，具有集团优势	一些动作完成的稳定性需要提高 男子3米板后备力量不足 难度优势不明显	举国体制，从小培养，成批“造材” 基本功扎实，难度高，稳定性好 系统化并有机结合的陆地训练 设备设施齐全 全面有效的科研保障 队员集体感强，具有集团优势 台板各项目人才较为均匀	十米跳台因队员年龄和身体发育导致体重增长而影响高难动作的完成和控制 难度优势不明显 加强新秀培养，防止年龄断层 女板优秀后备人才缺乏，应重视全能项目的训练

5. 我国竞技跳水运动现阶段面临的三大挑战

（1）优势单项分布不均衡——“台强板弱”的挑战

从我国8个奥运会跳水项目的实力现状分析可知，跳台项目的优势尚在，而跳板项目的弱势已经显现出来。

研究国内外跳水项目世界冠军的成才规律后发现，跳台的成才时间一般要早于跳板的成才时间，主要原因就是跳板训练的技术性要求比跳台的要求更高。所以，在我国的跳水运动训练过程中，教练员往往更热衷于跳台训练，以便早出成绩，而对少年儿童运动员的跳板训练，尤其是对从小狠抓跳板的基本技术训练容易忽视。这一现象带来了运动员跳板基本技术训练不全面、不扎实，跳台与跳板训练不仅不能起到互相促进的作用，而且造成了运动员偏台，甚至过早退役。

（2）跳水队伍规模的不断扩大与追求运动训练高效益的挑战

近年来，特别是我国跳水运动员在悉尼奥运会上获得了8枚金牌中的5枚之后，我国跳水运动的队伍规模在不断地壮大，越来越多的少年儿童喜爱上跳水运动并积极地投身到跳水项目的运动训练中来。这种良好的普及势头为促进我国跳水项目进一步发展和运动技术水平的不断提高所带来的直接效益就是“有材可选”了。另一方面，跳水作为我国的优势竞技体育项目，仅靠把规模做大是远远不够的。要想继续保持世界跳水强国的地位、为我国的奥运争光计划做出更大的贡献，跳水项目还必须把“选材可用”，特别是“用材必胜”的跳水精英培育列为当前和今后训练工作的重中之重狠抓不懈。

（3）勇创高难度与追求高质量的挑战

近年来，原处于世界跳水运动二流水平的国家在科学研究的推动下，联合多学科专家群致力于跳水项目的技术研究、运动训练方法与手段的开发和运用、高难度动作的设计与创新等，使得竞争实力不断攀升。另一方面，在国际跳水界希望“分解金牌分布”心理的驱使下，外国跳水裁判员也“有意”缩小技术评定分差等等。凡此种种都要求我国跳水运动员必须拿出更高难度的技术动作和更优美的表演来应对日益强烈的外部竞争环境。“难与美”力求顶级是包括竞技跳水运动在内的所有技能类难美项群制胜的“硬件”。面对国外优秀跳水运动员的难度已经赶上甚至超过我国优秀选手之势，不重视高难度动作的发展是不可取的，匆匆上难度同样是不可取的。因为高难度动作的训练规律告知我们，一个高难度的技术动作从初学到熟练掌握，一般需要2年左右的时间、在训练馆经过千万次的不断历练才可能成功地运用于大赛。因此跳水界应在训练指导思想上达成这样一种共识："以难制胜"是法宝，勇于并善于不断创新是跳水发展的生命力；同时还必须认识到"没有高质量、高标准和100%成功率的高难度动作是没有价值的"。

第二节 青少年跳水教学训练的总体指导思想和总体目标

一、指导思想

在新的时期和背景下，跳水项目青少年训练要遵循科学发展观的理念，坚持以人为本、体教结合，促进我国跳水项目后备人才培养的健康可持续发展。正确把握国际跳水运动发展的趋势潮流，结合我国跳水训练的实际情况，大力加强我国跳水运动的核心技术以及项目的推广和普及，不断扩大跳水运动发展的广度和深度。重视科学选材，培养更多优秀跳水后备人才，保持我国跳水运动在世界范围的优势地位。注重科学管理、科学发展，遵循青少年生长发育的基本规律和跳水运动员的成才规律，夯实基础，循序渐进，在全面发展专项技能的基础上重视运动员的个人特性，因材施教，为国家和社会培养德、智、体、美、劳全面发展的跳水后备人才。

二、总体目标

科学选材，夯实基础，奋力拼搏。

全面发展塑造人才，为国争光。

第三节 青少年跳水运动员的身心发育特点

青少年时期是人生发展过程中的一个关键时期，该时期青少年的身体、生理和心理各方面都处在快速发展中，具有很强的可塑性。由于专项的要求和环境的复杂性、特殊性，使得青少年运动员的心理特点有别于一般青少年。因此，考察和测评青少年运动员的主要身心发育特点，并有针对性地进行训练策略制定，对其日后的心理素质和运动表现的提升有着积极的影响和促进作用。

一、青少年跳水运动员身体发育特点

青少年跳水运动员骨骼正处于生长发育阶段，软骨成分较多，其骨骼富有弹性，韧性好，不容易骨折，但易弯曲，牢固性较差；青少年跳水运动员肌肉组织中的蛋白质和脂肪较少，水分多，肌肉和韧带富有弹性，因此在紧张和放松时能更好更多地收缩和放松，在承受运动量后能很快恢复。其肌肉纤维较细，所以力量和耐力较差。青少年调节心脑血管系统的神经组织已基本完成，但思维系统尚未发育完全，尚处于感性阶段。心肌发育未完成，肺活量小，在肌肉活动时主要靠增加心率来增加血液输出量以适应肌肉工作需要，随着年龄增长脉搏逐年下降，肺活量增加。

二、针对身体发育特点的训练策略

合理安排身体训练和技术训练是当今青少年跳水运动员训练领域的一个重大课题，跳水项目属于难美表现型项目。

1. 应根据青少年的骨骼特点，在教学训练中要注意避免引起肘

关节变形、不宜长时间做支撑练习，另外为了避免引起骨盆畸形，不宜长时间在硬地上做大量的踏跳练习。

2. 在训练过程中应从关节周围小肌肉练起，在动作幅度、负荷强度、动作难度上把握从里到外、由小到大的原则，使其四肢力量优先发展，并兼顾发展腰腹力量。

3. 在教学训练过程中要多用直观法、模仿法进行教学，多进行诱导和辅助练习，教学时语言要形象、生动、具体，表情要轻松自然，多给予激励。

4. 因为青少年神经系统的机能还不完善，神经过程的强度和均衡性相对较弱，兴奋过程占优势使大脑皮层容易疲劳，单一内容练习时间不宜过长，运动负荷不宜过大，应多进行有氧练习。

三、青少年跳水运动员心理发育特点

青少年已从幼儿的无意注意占主导地位发展到有意注意占主导地位；其注意的稳定性不断增强，持续时间随年龄增长而延长，到青年初期趋于成熟；其注意的广度日益扩大；注意的分配趋于协调；注意的转移日渐灵活。

在感知发展的基础上，观察力获得较快发展，不仅表现出精确性、目的性、顺序性和判断力的良好品质，而且表现出从“认知个别对象——认知因果关系——认知对象总体”这样的阶段性特点。

青少年的记忆力主要特点为有意记忆逐渐占据主导地位，意义记忆逐渐成为主要的记忆形式，抽象记忆的能力得到了进一步的发展，其抽象记忆和意义记忆能力逐步在学习中起主导作用。

在思维发展上，青少年逐步从以具体形象思维为主要形式过渡到以抽象思维为主要形式。首先，进入青少年期，从总体上看，个体的抽象思维能力迅速提高，并占据优势地位；从具体分析上看，个体的抽象思维处在由经验型向理论型过渡之中，这种转化的关键期在初中二年级，约十三四岁。其次，其抽象思维中的辩证逻辑思维迅速发展，但仍明显滞后于形式逻辑思维。青少年在掌握辩证思维的概念、判断和推理 3 种不同思维形式时，其发展趋势既有一致性，又有区别性：辩证概念和辩证判断的发展几乎都处于同一发展水平，而辩证推理的发展则远远落后于前两者。最后，在青少年期其思维品质的最突出特点是矛盾表现：其思维的独立性和批判性有了显著的发展，但他们对问题的看法容易片面化和表面化。

1. 运动心理技能特点

心理技能是指通过练习形成的能影响心理过程和心理状态的心理操作系统，是运动员已经习得或者天生的能力。心理技能训练是旨在使个体掌握心理技能的有计划、有目的训练过程。良好的运动心理技能是运动员取得比赛胜利的重要保证。青少年运动员运动心理技能水平总体上低于常模，在焦虑控制和自信心两个维度上差距较大；心理准备维度上，男性优于女性，文化程度较低的运动员心理准备得分较低；在年龄和运动等级方面，心理技能水平没有表现出差异。

2. 应对方式特点

应激应对是指个体为了管理那些被自己评价为有压力的、超出了个人资源的外部或内部要求而做出的各种认知和行为上的努力。运动员属于应激性群体，他们在日常生活、训练和比赛时会面临各种问题和挑战，了解青少年运动员的应激应对方式有助于帮助他们更好地解决训练和比赛中遇到的问题。青少年运动员在遇到压力时首先是以集中处理情绪应对为主，其次是集中解决问题应对；在不同的性别、年龄、文化程度、运动等级和训练年限等方面，应对方式不存在显著差异。

3. 心理适应性特点

《心理学大辞典》将适应界定为："个体在生活环境中，在随环境的限制或变化而改变、调节自身的同时，又反作用于环境的一种交互互动的动态过程。"青少年运动员在身体与体育竞赛适应维度上处于较差等级，陌生情境与学习情境适应、考试焦虑情境适应和群体活动适应都处于中等等级；陌生情景与学习情境适应维度上，来自单亲家庭的运动员得分比较高，独生子女得分高于非独生子女；民主型家庭管教方式的运动员群体活动得分高；在性别、运动员家庭收入方面，心理适应性水平没有显著差异。

4. 非智力因素特点

在青少年运动员非智力因素的维度中，总体得分高低顺序依次是：坚持性、运动热情、成就动机、独立性；在不同运动年限的运动员中，成就动机的强弱顺序依次是：3 年及以下 >6 年 >4 ~ 5 年；坚持性的得分高低顺序依次是：3 年及以下 >4 ~ 5 年 >6 年及以上；三级运动员成就动机显著高于一级运动员和二级运动员，与健将级运动员间没有显著差异。在教练员不同执教方式方面，非智力因素没有显著差异。

5. 逆反心理特点

朱智贤在《心理学大辞典》中指出："逆反心理是客观环境与主体需要不相符时产生的一种心理活动。"青少年运动员正处于叛逆期，主要的心理表现便是逆反心理的存在。有一些青少年运动员存在逆反心理，严重程度各异；逆反心理的从众性不强、外显性处于中等水平、泛化程度不严重；运动员在遇到逆反心理情况时，主要采取与教练、家长交流和参加娱乐活动的方法应对。

四、运动心理技能的培养策略

在跳水训练实践中，运动员的兴趣、竞争意识、自信心、意志品质等心理素质尤为重要。兴趣是入门的向导，竞争意识是攀登高峰的动力，自信心是成功的保证，意志品质是决胜的关键。高水平的运动员必须具备良好的心理素质，在被称为“勇敢者运动”的跳水项目上则更是如此。根据青少年跳水运动员的思维理解力特点，在教学训练中要注意耐心细致地讲解、启发诱导，引导运动员积极思考，尤其在教新动作时，可以让他们在头脑中构想整个动作完成的过程；适时进行示范动作，教练员可以自己或者让优秀的运动员做出示范，便于青少年运动员进行动作练习；培养运动员细心观察和勤于思考的好习惯；重视文化课程的学习，培养阅读的习惯，增强运动员的思维和理解能力。在训练中要注意加强运动员意志品质的培养，增强运动员战胜自我的能力。针对运动员不同的个性特点，采取不同的具体措施来培养意志品质。比如，学习高难度动作时，不少运动员产生恐惧感，可能是因为胆子小，也可能是因为没有掌握好训练方法。对于第一种原因可以先降低难度，然后再逐步加大困难；对于第二种情况则指导他们掌握好训练方法。当运动员遇到挫折和失败时，运用欣赏教学和激励教学，要求运动员有不气馁、不放弃、不达目的不罢休精神和坚定的意志。一般青少年运动员持续集中注意力的时间约为25分钟，无意注意较多。因此在教学训练中，教练员要增加教学内容的趣味性、教学方法的灵活性、教学过程的情绪调动以及教学内容的合理转换。

第四节 青少年教学训练的基本原则

一、体教结合原则

“体教结合”是我国20世纪80年代后期至90年代以来形成的竞技体育与学校教育相结合的体育后备人才培养模式。经过二十多年的尝试与探索，形成大学试办高水平运动队，中学试办二线运动队，三线队伍进小学的“体教结合”模式，已经逐渐成为我国培养竞技体育后备人才的一条重要渠道。目前，我国跳水运动项目“体教结合”已形成多种发展模式。比如，竞技运动学校模式，即在体育专业院校中设立竞技运动学校，培养竞技体育后备人才；三位一体模式，即将高水平运动队及体育科研所都办在体育学校内，培养从小学到大学本科、研究生多个学历层次人才；体、校结合模式，即运动员的生活、训练都是在各体育局训练基地内，但文化学习到普通学校或则由普通学校教师到体育训练基地上课。从科学发展观视角出发，“体教结合”的发展模式具有更为深刻和丰富的内涵，主要体现在“体教结合”是竞技体育对教育的回归、是以人的全面发展为出发点、是以发挥体育对人的全面教育作用为目标、是竞技体育和学校教育改革的必由之路。

二、系统训练原则

我国竞技体育长期实行系统内培养后备人才，属于封闭式系统。系统外部大量的社会人力、物力、财力等资源很难进入系统内部，完全的行政管理难以发挥市场的资源配置作用，而竞技体育的长期系统内部运行机制导致竞技体育的社会效益减弱，民众被排斥于系统外部，健身、娱乐、产业功能弱化。竞技跳水后备人才培养系统的构建实质就是由一个封闭型系统向开放型系统的演变过程。因此，在制定的青少年后备人才培养计划时要立足于“选好苗子、着眼未来、打好基础、系统训练、积极提高”，稳步推进高、中、初三级一体化的业训体系建设，并积极开拓社会市场，吸纳大量的有用资源补充到跳水后备人才的建设中。

三、循序渐进原则

青少年跳水运动员在训练的起始阶段，为了能够快速提高技能和身体能力，往往会对训练过于积极热情。对训练积极热情显然是有益的动机，但过于积极热情有时会适得其反，会导致疲劳、倦怠和伤病。过于急促的高强度训练会对身体造成伤害，进而影响竞技能力的提高和发展。因此，青少年跳水训练时要把握运动员的成长规律，科学安排训练计划，切忌拔苗助长、急功近利。应该遵循客观规律，一步一个脚印，扎实推进，不断积累和提高，应该意识到在前进的过程中，有反复和起伏也是正常的。同时，要充分认识跳水训练的长期性和艰苦性，想方设法不断地激励运动员的参训动机，让运动员始终对训练的前景充满信心，不断感受到阶段性成就的喜悦，并继续树立新的训练目标。循序渐进的原则强调运动员训练劳逸结合，以便打持久战。

四、区别对待原则

青少年跳水运动员训练应根据运动员的个体特征、训练任务、训练条件、训练阶段等方面的不同而分别做不同训练安排，区别对待、因材施教会有助于我们训练工作取得理想的效果。竞技体育的运动训练在某种意义上说，是一项发现天才、张扬个性、打造极品的事业，优秀的竞技运动员大都具备超凡的先天条件，只有充分地发挥其个性特征，才有可能培养出国际级的顶尖高手，因此必须推动运动员个性的发展，突出能力的发挥。同时，区别对待原则也要求根据每个运动员不同的特点、不同的优劣势制定不同的训练任务。

五、直观训练原则

青少年跳水运动员训练过程应遵循直观性原则，其科学依据主要有：1. 青少年逐步从以具体形象思维为主要形式过渡到以抽象思维为主要形式，但思维仍然常有很大的具体性，尤其在十岁之前，其对知识的接受能力以直观模仿为主；2. 认识过程的普遍规律。直观性原则主要是以人们认识事物的规律而确定的，在学习以及掌握动作的过程中，跳水运动员一般要按照沿着直观、实践、建立概念以及学会和掌握动作技能的思维认识程序来进行；3. 运动动作技能形成的原理。与其他竞技技能的形成发展相比较，跳水运动动作技能的内在联系以及自身的体系是一致的。在跳水动作技能形成的过程中，要注重运动训练的初级阶段，并且跳水运动员通过视觉器官能够获取相关的理论知识以及丰富的技术，从而能够使得跳水运动员的技能得以形成。

六、以人为本原则

坚持以人为本的基本原则，就必须确立人在体育运动中的主体和中心地位，将促进人的全面发展作为体育运动的首要任务。青少年时期是人体生长发展最为活跃的阶段，青少年跳水教学训练要充分考虑到各个方面的因素。以跳水专项而言，要注意到技术、素质、能力的关系。以人体生长而言，要注意身体内部各器官系统的发育。从社会学的角度来看，更应注意身体健康水平、心理健康水平和智力发展水平。从教育学的角度来看，教练员更应该关注运动员德、智、体、美的全面发展。运动员要在教练员的合理安排和指导下进行适应性的训练，如果在没有科学地了解自己身体状况和适应能力的情况下进行练习容易产生副作用，导致身体疲劳甚至受伤，以致影响以后的训练和比赛。所以，现在的训练原则强调运动员应在教练员预先设计的模式下运行，进行有目标、有纪律的系统化训练，以保证训练目标的实现。

七、竞技需要原则

竞技需要原则即指根据提高运动员竞技能力及运动成绩的需要，从实战出发，科学安排训练的阶段划分及训练的内容、方法、手段和负荷等因素的训练原则。比赛成绩是运动员竞技准备效果的体现，是衡量运动员竞技水平的标准。在竞技体育领域，不论运动员在训练时所达到的水平是多么的高，如果在比赛中没有表现出来，那就不能转换为运动成绩。一切训练行为都是为成功的参加比赛并获得理想成绩而组织实施的。训练内容的确定、训练负荷的把握、训练心理的历练、竞技战术的获得，都要以竞技需要为基本原则。竞技需要决定着训练的行为，训练的设计和实施影响着比赛的成败。青少年跳水运动员训练应明确和重视竞技需要，从实战出发，各方面的工作以竞技需要为目标，并服务于竞技需要。

八、可持续性原则

竞技运动后备人才的培养不能超越人力资源环境的承载能力。

人力资源不同于一般物质资源，它具有思维和主观能动性，能够自主决定是否为这一生产过程提供原材料。如果这一生产过程是建立在过度开发人力资源、而其生产结果又超越了人力资源环境的承载能力基础之上，那么，环境可以选择不再为这一生产过程提供原材料，造成后备人才资源的短缺，影响后备人才培养的可持续性。所以，在制定青少年后备人才培养计划时，要以扩大青少年跳水训练的人口为目标，以便促进业余训练水平的提高，并对青少年的训练具有长效性的作用。

第五节 青少年跳水运动的损伤与预防

一、我国青少年跳水运动员运动损伤特点

1. 我国青少年跳水运动员运动损伤情况时常发生，损伤范围非常广泛，运动损伤部位主要集中在腰部、足部、颈部、手腕部、肩部、膝部、肘部、头部、髋部。

2. 有研究显示我国青少年跳水运动员运动损伤具有其自身特点，损伤部位次数排序前三位的是腰部（23.15%）、足部（17.59%）、颈部（13.89%），人均 3.22 处。

3. 我国跳水运动员损伤部位与运动员运动专项呈显著性差异，跳板运动员易损伤部位主要集中在髋部、膝部、足部，跳台专项队员易损伤部位主要集中在颈部、手腕部、和肘部。

4. 青少年跳水运动员的运动损伤多数为慢性损伤，与成年运动员的损伤类型一致。急性损伤排在前三的是足部损伤、膝部损伤、手腕部损伤；慢性损伤排在前面的主要有腰部损伤、颈部损伤、手腕部损伤。

5. 我国青少年跳水运动员的运动损伤趋向于低龄化，青少年运动员运动损伤较为严重。

二、我国青少年跳水运动员运动损伤的主要成因

1. 对预防损伤的意义认识不足

运动损伤的发生往往与体育组织的领导、教练、运动员对预防运动损伤的意义认识不足有关。他们往往认为“运动损伤不过是些小伤小病，关系不大”“要锻炼，要提高成绩，伤病是难免的”“预防运动损伤是医务人员的事，与己无关”等等。在上述错误思想的影响下，忽视了安全教育的重要性，在运动训练、比赛的过程中，没有积极采取各种行之有效的预防措施，在发生损伤以后又不认真分析原因，总结经验教训，使运动损伤事故不断发生。

2. 身体素质差

身体素质分为一般身体素质和专项身体素质，全面的一般身体素质是提高专项身体素质和技术水平的基本条件，全面扎实的身体素质是发展专项运动技能的前提。随着国际跳水运动的发展，新的跳水竞赛规则出台（难度不封顶），动作难度不断加大、动作翻腾转体组合不断创新高难度动作已经普及，超高难度和不断创新的技术动作是现代跳水的发展趋势。技术动作越难，技术越先进，对运动员身体素质的要求也越高。身体素质的全面发展不仅仅是技术训练的基础，而且还是保持竞技状态的一种手段，更为重要的是，良好的身体素质可以降低青少年运动员的损伤概率，降低运动员损伤的严重程度，有利于预防重复损伤。

3. 技术要领不正确

技术要领不正确是指运动员做动作时由于技术上的缺点和错误，

造成动作要素和技术结构的不合理，违反了人体解剖学结构的特点和各器官系统的活动规律以及运动时的力学原理而引起的机体组织损伤。

技术要领不正确是导致运动损伤的重要因素之一。随着现代跳水的难度动作向着高难方向发展，动作技术越来越复杂，且表现出快速多变的特性，不但对运动员身体素质的要求有所提高，对运动员完成难度动作的技术精确度也大大提高。在训练和比赛中，体能的下降，精神的不集中都会导致动作偏离正确技术，出现技术错误导致运动损伤的发生。正确合理的技术是生物力学原理诸要素的最佳组合，不但可以轻松、稳定地完成高难度动作，而且能预防运动损伤的发生。错误的技术要领，违反了人体结构特点和各器官系统的活动规律以及运动时的力学原理，易于引起运动损伤。尤其是青少年运动员，神经活动的兴奋和抑制过程不均衡，中枢神经系统的兴奋过程占优势，神经过程易泛化，分化能力的抑制差，学习难度动作时，常出现肌肉紧张、用力不当，主动肌和对抗肌收缩不协调，因此易出现多余动作造成技术动作的失误而引起运动损伤的发生。

运动技能的形成是一个渐进的过程，现代跳水的训练应注意以下几点。

首先，要求教练员在训练中应注意青少年运动员的生理特点、个体特点。

其次，学习难度动作时要循序渐进，并关注技术形成的每一个细小环节，训练时多采用辅助性练习等手段促进动作的形成与完善。

最后，遇到技术难点时，单纯凭借教练员的经验诊断已难以完全解决问题，应根据需要采用多种检测手段，应做到教练员与科研人员相结合，在定量分析的基础上探明原委，采取对策，及时纠正出现的错误，掌握正确的技术动作，预防运动损伤的发生。

4. **局部负担过重**

局部负担过重是指在训练中，教练员训练内容和运动训练负荷安排不科学，使运动员的局部训练负荷超过了其可能承受的生理负担而造成运动损伤。运动训练负荷是运动训练活动中最为活跃的因素，其贯彻训练的始终。大量的运动实践证明，逐步增大的运动负荷是竞技水平不断提高的重要原因之一，但任何物体承受负荷或刺激的能力都有一定的限度。

许多优秀运动员的训练实践表明，运动负荷量并非越大越好。尤其对于青少年儿童而言，在基础训练阶段的负荷绝不是越大越好，而应采取适宜的量度，注意避免训练中的局部负荷量过重。人体在负荷过度的情况下，机体非但不会产生适应性，还会出现劣变反应；局部负荷过重也同样会导致劣变反应，进而严重破坏训练的正常进行和运动员的身体健康，从而会增加运动损伤发生的概率。过度负荷下的劣变反应不但表现在生理方面，还有可能在心理方面产生影响。

5. **准备活动不合理**

合理的准备活动可以提高中枢神经系统的兴奋性，调节不良的赛前状态，使大脑反应速度加快，克服内脏器官的生理惰性，加强各器官的活动，提高肌肉、组织的温度和机能灵活性，加强条件反射性联系，促进人体迅速转入工作状态，为正式训练做好准备。同时，它也是防止运动损伤的重要措施之一。

跳水运动属于难美技能类群，技术动作具有高难性和复杂多变的特点，训练中动用的器官系统较多，对身体素质的要求较高、较全面，所以训练、比赛前的准备活动应做得合理、充分，如果准备活动不合理，运动员产生运动损伤的概率将会增高。青少年运动员由于生理特点更是如此。

常见的准备活动不合理主要包括未做准备活动、准备活动不充分、准备活动量过大、准备活动与正式的训练和比赛之间的时间间歇过长，准备活动的内容与训练的内容结合得不好。教练员可以从以上几个方面对比自己组运动员准备活动，纠正不合理之处。

6. 身体疲劳

运动性疲劳是指运动持续一段时间后，机体不能将它的机能保持在某一特定水平，或者不能维持某一预定的运动强度。随着现代竞技运动水平的提高，运动强度越来越大，机体能够承受适度的运动负荷造成运动性疲劳，同时施以合理的恢复手段可以促进人体机能水平的不断提高。但如果没有有效的恢复措施，疲劳的积累将引起机体的过度疲劳，不仅不能提高运动成绩，还可能会造成机体的各种运动损伤，损害运动员的身体健康。

跳水属于技能类表现难美性的项群，技术动作复杂多变，难度较大，对神经灵活性要求较高，对身体素质的要求也较全面。由于青少年运动员的年龄生理特点，肌肉组织的增长落后于骨骼系统，肌肉的发育也不均衡，肌肉收缩机能较弱，加之神经系统的工作耐力差，因而使青少年运动员容易产生疲劳。如果机体疲劳后，没有采取有效的措施恢复，就会导致机体疲劳的积累。

机体在疲劳状态下，在主观感觉上通常会出现自我感觉疲惫不堪、睡眠不好、心情沮丧、容易激动、信心不足等，同时伴随素质下降、动作不协调不准确、出现多余动作、接受能力差及运动能力下降等症状；处于疲劳状态下的运动员，其力量、速度、精确度和协调能力均显著下降；甚至运动技术臻熟的运动员在疲劳时进行正常训练，也可能发生技术上的错误，引起严重的创伤。优秀的青少年跳水教练员需要敏锐而准确的观察力、良好的沟通能力，并能够通过对运动员情绪、训练时的表现和及时检查运动员的训练日记，及早发现青少年运动员的身心状态，充分利用运动医学、生物学、心理学和教育学的恢复手段，促进恢复过程的加速进行，并且加强医务监督与自我监督，避免因身体疲劳而导致的运动损伤。

7. 在训练中受伤得不到及时治疗与积极调整

在青少年跳水的训练中，由于运动员年龄较小，不懂得如何反映自己的身体状况，或者在教练员的严格要求之下，不敢把身体状况如实反馈，而是硬撑下去；高负荷而激烈的训练又容易使教练员、运动员不易察觉身体发出的警告信号，因此，在训练中青少年运动员受伤后且症状不十分明显的情况下，常常是没有及时接受医生的治疗，教练员没有对运动负荷进行调整，使运动员硬撑着坚持训练，从而导致旧伤加重或引发新的运动损伤。

8. 带伤训练比赛

带伤训练比赛是指运动员在受伤后未痊愈的情况下，参加训练和比赛。青少年运动员在受伤后且未痊愈的情况下参加训练比赛，增加了运动损伤发生的概率。同时跳水的技术动作具有高难性、准确性、稳定性，对运动员控制和协调身体各部位肌群活动的能力要求较高，带伤训练比赛更会加重运动损伤的程度以及增加发生概率。

人体在受伤后，机体将在生理上和心理上产生一系列不良反应，主要表现在心身两方面。

首先，在生理上，损伤会引起机体疼痛、降低肌肉活动的协调性、使关节活动的范围受限、降低中枢神经系统对于损伤部位的支配调节的准确性、产生身体疲劳等。

其次，在心理上，由于青少年运动员的年龄较小，神经系统的灵活性较大，自我调控能力差因而对训练缺乏兴趣、信心不足、情绪低落、沮丧、容易激动、注意力分散等状况。

青少年运动员在这种情况下参加训练比赛，如果教练员对运动损伤的知识掌握不足，不能合理的安排训练内容与训练负荷，没有适时调整运动员的心理状态，势必会造成青少年运动员在原有运动损伤的基础上加重伤情或致使新的运动损伤。所以科学地带伤训练的难度相当大，需要教练员与医师、心理医生等科研人员密切配合，根据青少年运动员的个人实际情况，制定出合理的运动训练计划，预防因带伤训练比赛而导致的原有旧伤复发、加重与新的运动损伤。

9. 情绪低落强忍着训练

情绪低落强忍着训练是指青少年运动员由于训练负荷过大、身体有伤病或疲劳等原因而导致情绪低落，厌倦训练等，得不到教练员的个体调整，所以只好强忍着坚持训练。它是造成青少年跳水运动损伤的重要的心理因素。

跳水是一种表现难美的项目，技术动作的高难性、精确性、和稳定性是跳水动作的核心，且难度动作要求肌肉收缩是动静交替出现，神经过程的高低强弱与接替，均需按起跳、翻腾、打开、入水的节奏建立起动力定型，它要求运动员控制身体小肌肉群的能力较强。青少年运动员由于生理特点，即中枢神经系统的灵活性较大，兴奋与抑制过程不均衡，因而自我调控能力差，易产生精神性疲劳，从而导致情绪低落。当情绪低落地参加训练时，青少年跳水运动员不能进行自我心理状态调整，加上没有教练员的及时调控，通常会出现缺乏兴趣、信心不足、训练时极易疲劳、呆滞迟钝、注意力不集中、动作不灵活出现错误等症状。运动员在这种心不在焉的状况下强忍着完成高难性、精确性的技术动作，无疑将导致动作失常而引起伤害事故的发生。神经疲劳易导致情绪低落且表现多种多样，体检完全正常却主诉有疲劳感，少数青少年运动员身体感觉尚好，但心情烦躁、厌倦懈怠、无意训练。因此，青少年跳水教练员应关注运动员的生理状况和心理状况，经常与其沟通交流，加强区别对待的比重，并认真检查训练日记，或采用生理学、教育学等检测手段，及时发现青少年运动员的不良反应，预防运动损伤的发生。

三、青少年跳水运动员运动损伤的预防原则

1. 加强预防运动损伤意识的教育

加强预防意识教育，首先是加强体育运动的目的性教育，使部门领导、教练员、科研人员以及运动员都认识到预防运动损伤的重要意义。在教学、训练中，认真贯彻预防为主的方针，把安全教育作为训练计划的一项重要内容。预防意识的教育不是一时的教育，而是应该常提常新的一个话题。在各种培训中，比如教练员培训、运动员课堂上等都应对预防损伤意识进行强化。同时，对最近的关于运动损伤预防方法的实践经验和研究成果加以总结，汇总后及时组织相关人员学习。

2. 合理安排训练和比赛

训练计划的制订应合乎科学原则。加强全面身体训练，这对正处在发育阶段的青少年尤为重要。因为他们的身体结构和机能还未定型，通过全面身体训练，采取各种形式的身体练习方法，可以促进各器官系统的生长发育更加完善，同时使身体素质得到全面发展。加强基础技术的教学训练，对新动作应进行正确示范，使运动员对每个技术动作有个正确概念，便于正确掌握。合理安排运动量，尤

其要注意运动器官的局部负担量和伤后的体育锻炼问题。不断地改进教学训练的方法，在学习动作时，要注意从简到繁、由易到难、从分解动作到完整动作的教学。在运动训练中，要严禁“单打一”的训练方法。遵守循序渐进、因材施教等教学训练的原则，根据运动员的不同情况，区别对待。

3. 做好准备工作

准备活动的目的是提高中枢神经系统的兴奋性，使它达到适宜的水平，加强各器官系统的功动，克服惰性。通过全身各关节肌肉的活动加速血液循环，使肌肉得到充分的血液，增加力量和弹性，并恢复因休息而减退了的条件反射性联系，为正式活动做好充分的准备。准备活动的运动量，应根据个人各器官系统功能状况、气象条件和教学训练的情况而定。若机体兴奋性较低或气温较低，准备活动应充分些。一般认为，以身体感到发热、微微出汗为宜。

准备活动一般分为一般性准备活动和专门性准备活动两部分。进行准备活动时，应当按照身体各部分的顺序进行，而且专门性的练习占有相当的比例，尤其是跳水这种难美表现性技能类项目。这些专门性的练习应当与即将完成的技能相似，甚至相同。如果准备活动的内容与训练内容结合得不好，或缺乏专项准备活动，运动员在训练中负担较重的部位的功能没有充分调动，条件反射的联系尚未恢复，因而易发生扭伤和拉伤。我国各省队在训练中很多队员对专门性准备活动重视不够，一般性准备活动完成后就急于进入陆上网、板的十弹、单弹、翻腾、保护带等训练，由此引起的损伤占很大一部分。

4. 加强易伤部位的训练

加强对易伤部位和相对较薄弱部位的训练，提高它们的机能，是预防运动损伤的一种积极手段。跳水运动易损伤部位排前三位的是腰部、足部、颈部。因此在平时的训练中要针对这些薄弱的部位进行单独训练。例如，为了预防腰部损伤，除加强背肌的训练外，还应加强腹肌的训练。因腰肌受伤，从某种意义讲与其对抗肌——腹肌较弱有关。腹肌力量不足，易使脊柱过度后伸而致腰部损伤。为预防关节扭伤，应增强其周围肌肉、韧带的力量、弹性和柔韧性，以加强关节的稳定性；为预防肌肉拉伤，在发展肌肉力量的同时，还应注意发展肌肉的伸展性。

5. 加强保护和自我保护

安全保护在竞技跳水运动项目中非常重要，因跳水是一项比较复杂、多变、难度大且空中动作较多的运动项目，所以运动员易摔倒或受伤，特别是对于学习新动作的运动员而言。平时训练应有人在旁进行保护，以防意外事故。同时，运动员应学会自我保护的常用方法，当重心不稳快摔倒时，立刻低头、屈肘、团身，以肩背着地顺势滚翻，切忌直臂撑地，以防手腕部或前臂骨折、脱位等损伤；运动后对损伤部位及时冰敷治疗；因跳入水池时水的反作用力对手腕的刺激导致手腕受伤，及时支架外固定，平时训练时贴上保护带等。

6. 加强监督和管理

为了降低青少年运动员运动损伤的发生，教练员及辅助人员必须充分认识导致青少年运动员损伤的主要原因，认真进行调查研究，及时总结经验教训，掌握运动损伤的发生规律，有针对性地制定各类安全防范措施。教练员应该了解运动员损伤的基本知识，严格遵循训练原则，循序渐进，因材施教；根据训练对象、年龄、性别、训练水平、身体状况、运动能力及运动损伤的特点，找准运动员生理承受负荷的临界点，合理安排运动量，最大限度地避免青少年运动员损伤的发生。与此同时，对运动员应定期进行体检，做到早发现、早治疗。运动员自己也应建立和健全自我监督制度，与队医保持密切配合，随时注意自己运动后的身体反应，特别是注意运动器官的局部反应。

第二章　训练计划的制订

第一节　制订训练计划的意义、目的和根据

理论研究和训练实践都已表明，如果没有多年系统、科学的训练，就不可能培养出高水平的优秀运动员。为了保证多年的训练取得良好的效果，需要我们对整个训练的过程进行合理、整体的规划。已有调查表明，我国不同项群奥运运动员的培养期在7.6～11.2年之间，而对作为技能主导类表现难美型的跳水项目奥运运动员的训练年限则更长，男运动员达到了12.8年，女运动员也达到了10.2年。

另一方面来讲，运动训练计划制订的目的在于科学、合理地提高运动训练水平。通过训练计划，可使教练员、运动员、科研人员、工作人员、医务人员等有科学的认识和统一的行动，确保做到明确目的、端正态度、调动积极性，而且可以对运动员各阶段的训练进行合理的诊断，并对各个环节做出评定，以便进一步修改、充实和完善训练的整个过程。

最后，教练员在制订训练计划前应该清楚地了解运动训练过程的理论依据，只有对训练过程的原理有比较深刻的理解，才能及时发现训练计划中存在的问题，并使其尽早得到解决。

一、运动员竞技能力状态转移长期性的要求

运动员竞技能力的各个组成部分，无论是体能、技能、运动智能、还是心理能力，都是需要经过长时间的训练才能得到显著的改善和提高。运动员体能的改变，更是要以各生理系统机能的提高为基础。例如，要提高运动员的有氧耐力，必须通过系统的有氧训练，使其心脏容积、心肌厚度及心肌收缩能力得到加强，促进其肌肉组织的毛细血管化，进而改善运动员的有氧代谢能力，提高肌肉的力量耐力和支撑运动器官的负荷能力。对这一训练过程，需要教练员做出科学认真的规划，并在训练内容、训练手段和运动负荷安排等各方面保持必要的连续性。

运动员发展机能的任务是长期、艰巨的。跳水运动员要获得高超的运动技巧，必须高质量地掌握各种基本动作，并进一步学习、发展和创造，通过千百次的重复练习，使技术动作达到自动化程度，以保证在比赛中能出色完成平时练就的成套动作，取得优异的比赛成绩。另一方面，艰苦的训练和激烈紧张的竞赛环境要求运动员具有良好的心理品质，而优秀运动员所具备的高度发展的心理自控能力、自我激励能力等同样需要在合理规划的多年训练中得到不断的发展。此外，竞技能力的各个方面训练结构，不同阶段训练重点的安排，都需要科学的训练计划指导。

二、运动员竞技能力状态转移阶段性的要求

运动员机体能力变化的周期性特点，以及构成运动员竞技能力的运动素质、技术、战术和心理素质等内部结构的层次性决定了运动员竞技能力状态的转移的完整过程是由若干个彼此关联的不同阶

段组成的。各个阶段都有自己特有的训练任务和内容，有着不同的训练负荷要求。例如，在跳水运动员的多年训练中，应该首先发展运动素质，还是基本技术？在运动素质的训练中，应首先着重发展身体协调素质，还是力量素质？怎么安排技术训练的合理流程，才能有步骤地掌握不同的动作环节，逐步完善动作技术细节？在训练的不同阶段，运动负荷变化的总体趋势是怎样的？周训练课次和课时应该有怎样的变化？这些问题都要求训练体系有一个科学有效的计划。

三、运动员先天遗传竞技能力与后天获得竞技能力最佳组合的要求

运动员的竞技能力一部分由先天遗传所获得，一部分通过后天训练和生活途径获得。其中，先天遗传性是重要的基础，如果运动员具有适合专项竞技需要的先天性遗传性状，就能为竞技水平的提高提供非常有利的条件。因此，我们提倡在选拔跳水项目上有巨大潜力的儿童青少年，并对他们进行系统的训练和培养。在后天的社会化过程中，运动员的生活环境（主要包括居住地的海拔、气候等地域特点，饮食和起居生活习惯）、社会经济、社会文化、医疗和卫生发展水平等，对运动员竞技能力的发展都有着不可忽视的影响。但是总体来说，后天的训练活动毫无疑问是提高运动员竞技能力最基本、最重要的途径，这其中融入了教练员与运动员的智慧和勤奋，也反映着社会、科学和文化系统的支持和关注，是竞技体育活动的核心环节之一。

运动员先天遗传性竞技能力随着人身心发育的阶段性而推进并表现出不同的水平，后天获得性竞技能力也随着训练过程的延伸而

变化。因此，科学的训练计划过程应始终把追求二者的最佳组合作为训练的行为目标。理想的组合应该是，当运动员的生长发育处在最适宜参加某个运动项目的专项竞技阶段时，他应该在此专项的技能、体能和心理等各个方面已经接受了足够的训练，并获得了充分的发展。当运动员处在两类竞技能力的最佳组合状态时，就具备了在相关的专项比赛中表现出高超竞技水平的主观条件。

第二节　训练计划的类型

在训练和比赛的过程中，教练员要视具体情况制定不同的训练计划。常用的训练计划有周期训练计划、年度训练计划、阶段训练计划、周训练计划和课训练计划等（详见表2－1）。

表2－1　常见训练计划类型

类型	特点		
周期训练规划	远景的	框架的	稳定的
↓	↓	↓	↓
年度训练计划	↓	↓	↓
↓	↓	↓	↓
阶段训练计划	↓	↓	↓
↓	↓	↓	↓
周训练计划	↓	↓	↓
↓	↓	↓	↓
课训练计划	现实的	具体的	多变的
测验计划、外出训练计划、参赛预案	一次性的，较明确的		

第三节　年度训练计划

年度训练计划是教练员和运动员在组织运动训练的过程中非常重要的组成部分。其主要是由于适宜竞赛条件的出现具有明显的年度周期性特点，因此人们常常以年度训练作为组织系统运动训练的基本单位。制定年度训练计划也是从事系统训练活动的教练员和运动员一项不可或缺的重要工作。

一、年度训练计划

年度训练计划属于周期训练规划中的一环，是为实现周期最终目标而制定的年度训练、竞赛任务的训练方案，其具有较全面、较具体、可操作性较强的特点。年度训练计划可分为培养型的年度训练计划（一般适用于初级水平运动员）和竞赛型的年度训练计划（一般适用于中、高级运动员）。

年度训练计划的基本内容包括以下几个方面。

1. 依据自身队伍目前的情况、比赛的成绩、比赛的优劣势、在全国（省）的位置、主要对手的情况和对国（省）内形势的基本判断等，制定这一年的训练计划，从而宏观上把握发展趋势、发展重难点、如何发展和入手点等。

2. 制定目标，如在一年的几次大赛中，所要达到的成绩指标，或所要提高的技术水平程度，或难度值达到怎样的标准等。

3. 根据竞赛的安排来划分训练的阶段，把“练习是为了比赛”作为运动训练最基本的原则。如果知道全年的竞赛计划，就可以划分的更准确。一般可以划分为冬训期、上半年比赛期、夏训期、下半年比赛期；也可以用准备期、参赛期、调整期的方法来划分阶段。

4. 阶段划分后，应明确各个阶段要解决的问题和完成的任务，这也是需要进一步具体规划的，重点是应使运动员对于目标任务更加清晰明确。

5. 为实现年度的目标任务，所采取的必要或主要措施应清晰具体，不应空洞或无法具体实行。措施内容还应包括对阶段性训练效果的检验，如考核、测验、交流等；当涉及常规计划外的情况时，还应做出更详细的训练计划，如所需费用等。

二、年度训练中的周期规划

1. 周期训练规划

规划是指比较全面的、长远的发展计划。周期规划是多年训练计划的一部分，是为了备战奥运会、全运会、省运会等综合性运动会而准备的计划。理论上周期规划是要解决两种问题：一是自身要解决的问题或通过自身努力可以解决的问题；二是要请领导帮助解决的或协调的问题。周期规划着重强调解决重难点问题，不要避重就轻，应采取高效可行的方式来解决重难点问题。其特点是一般 4 年一个周期，对于整个周期的训练工作都有直接的指导意义。

周期训练规划的基本内容包括以下几方面。

第一，分析自己队伍的现状，例如队伍优劣势、年龄结构、目前的水平、准备如何组成队伍、还需要补充什么人、各项赛事的金牌设置情况如何、国（省）内（外）的形势及发展趋势等。

第二，根据分析出来的结果阐明跳水队伍 4 年内的发展思路和重点，从而有利于制定目标，特别注意目标应该是详细具体的，如 4 年以后各项赛事所要达到的最终名次。

第三，在4年的战略部署中，可以把每一年作为一个步骤或上一个台阶，提出每一年度的主要任务（指标），以及不同年份的工作要求。应注意内容不一定要多，但要有条理，能看出你的发展思路。根据发展规律，可以把4年分别称之为“基础年”“发展年”“提高年”“突破年”，也可以根据自身情况用其他的名称。

第四，为了实现最终目标，在训练、竞赛、思想教育、管理、心理、科研、医疗、后勤保障等方面采用各种具体的措施和办法，以达成最终目标。

2. 运动训练周期性安排的生物学依据

运动训练过程的阶段性特征，是通过许许多多连续不断的大小周期循环往复而表现出来的。其包括运动员竞技状态的形成、保持和消失3个阶段的一个完整的训练过程，称为一个训练的大周期。训练的大周期是以参加重要比赛获得满意的成绩为目标，以运动员竞技状态发展过程的阶段性特征为依据而确定和划分的。

运动员的机体对适度训练负荷会产生生物适应现象，从而使得机体的能力不断提高。运用专门的训练方法及训练手段，可以使运动员在生理和心理两个方面都能积极动员机体的潜力并达到高度协调的工作状态（详见表2－2）。

表2－2　竞技状态的阶段性发展与周期划分

竞技状态发展过程	生物学基础	训练任务	训练时期
形成	适应性机制： 机体对外界刺激的适应性现象	提高竞技能力，促进竞技状态的形成	准备时期

续表

竞技状态发展过程	生物学基础	训练任务	训练时期
保持	动员性机制： 心理/生理能力被释放动员，各系统高度协调	稳定的竞技状态，参加比赛并创造良好成绩	比赛时期
消失	保护性机制： 机体自动停止积极的应激反应	积极恢复，消除心理和生理疲劳	恢复时期

3. 不同数量大周期的安排特点

年度训练所包含的大周期数，是反映年度训练过程结构特征的主要内容。通常有单周期（包括单周期双高峰）、双周期和多周期等不同的类型。不同的结构类型有不同的总体规划、不同的比赛系列和不同的训练安排，分别适用于不同的运动专项。

（1）单周期：全年的训练按一个完整的大周期组织实施，称为单周期安排。随着人们训练活动的效率不断提高，在高水平竞技体育活动中，单周期安排已经采用的越来越少了。采用全年单周期安排的项目不多，主要有马拉松、十项全能和现代五项（此类项目往往需要4~6个月的时间做好充分的准备以获取显著的训练效应）。也可应用于跳台滑雪和越野滑雪等受气候条件限制较大的运动项目。在单周期年度训练过程中，准备时期和比赛时期的延续时间较长，容易出现生理、心理双重负荷的过渡积累，导致运动员竞技能力的下降，所以在训练实践中，人们常常把每个时期又分成几个阶段，并常常在长时间比赛时期内加一个短时间的调整时期，这种安排就被称为单周期双高峰。

（2）双周期：全年的训练按两个完整的大周期组织实施，称为双周期安排，它包含两个准备时期，两个比赛时期和两个过渡时期。在现代竞技训练中，双周期安排是一种常用的年度安排模式。许多项目的运动员可以用两三个月的时间做准备，使总体竞技能力或竞技能力的某一方面发生明显的改变，并在一个半月至两个月的时间内，参加一系列的比赛，把所获得的竞技能力集中到专项所需要的方向上去，逐步从心理、生理、技能和体能等方面达到最佳的竞技状态，并在适宜的主客观条件下，把所具有的竞技能力充分地发挥出来，再加上半个月到一个月的恢复时期，总共大约 5 ~7 个月时间完成一个大周期的训练过程。因此，一年便可安排两个训练大周期。

（3）多周期：按 3 个以上周期组织全年的训练的过程，称为多周期训练安排，实施多周期训练安排的基本条件是，运动员能在 3 ~ 4 个月的时间内有效提高竞技能力，并能在比赛中充分地表现出来。这就要求更为科学的训练方法，更为有效的恢复手段以及更为理想的比赛条件，否则就不会达到预期的效果。

三、大周期训练计划的基本构成模式

1. 训练大周期的确定

训练大周期是以成功的参加 1 ~2 次重大比赛为目标而设计的，其时间的确定通常采用体现目标控制思想的“倒数法”这一模式方法，以主要比赛日期为标定点，向回程方向依次确定主要比赛阶段和比赛时期，以及完整的训练大周期。这里我们以总计 14 ~32 周的常规训练大周期为例，简述确定训练大周期日程的工作步骤。

（1）确定主要的比赛日期：这是依据竞赛日程予以确定的，重大国际比赛如奥运会通常在比赛前一年就确定了竞赛日程，以便于运动员有计划地组织训练过程。

（2）确定重要的比赛阶段：围绕着主要比赛日期确定主要的比赛阶段。在常规大周期中，主要比赛阶段持续4～6周，在主要比赛日后约一周结束。将主要的比赛日安排在主要比赛阶段的结尾是不正确的，这是因为如果训练控制稍有不慎，极易在参加重大比赛时，运动员的最佳竞技状态已经过去。

（3）确定比赛时期：在主要比赛阶段前面加上一个历时4～6周的热身比赛阶段，两个阶段结合起来就组成了比赛时期，总时间为8～12周，期间要注意安排热身赛。

（4）确定整个训练大周期：在比赛时期前面加上6～12周的准备时期，后面加上2～4周的恢复时期，即构成了一个总时间为14～32周，3.5个月到7.5个月的训练大周期。

2. 大周期训练计划要点

（1）准备时期的训练计划：与运动员竞技状态发展过程的第一阶段相对应，准备阶段训练的基本任务就是要提高运动员的竞技能力，并培养和促进竞技状态的形成。运动员的竞技能力能否获得实质性的提高，至准备时期训练是否成功与否的首要衡量标准。通过有计划的训练，可以对运动员的技能、体能、战术能力和心理能力的发展产生良性的影响。由于运动员专项竞技能力的结构表现有着层次性的特点，它的发展和提高必须由高到低，由一般到专项，由局部到整体来逐步实现。因此在准备时期，运动员应着重发展基础性的能力以便为比赛时期创造优异的成绩准备良好的条件。在体能方面，要努力增进健康水平，发展运动素质，并有效发展身体主要生理系统的功能；在技能方面，跳水属多元动作结构，在准备时期应在进一步熟练和完善基本技术的基础上力求发展更高难度的技术动作。

准备时期的素质训练，以持续训练法和间歇训练法为主，这两种训练方法的特点是负荷量较大，强度相对较小。准备时期的技术训练，均以分解训练法为主，由于拥有较为充裕的时间，在破坏了旧的技术行为以后，还有时间重建新的技术动作。

（2）比赛时期的训练计划：比赛时期的训练任务包括发展运动员的专项竞技能力和使运动员在比赛过程中充分表现自己已经具有的竞技能力这两个方面。在准备时期的训练基础上，进入比赛时期后运动员应努力发展专项的竞技能力。运动员此时应该把对自己竞技能力影响最大，表现最集中的方面置于训练的首位，把最主要的精力集中到这些能力的发展上。比赛时期训练的第二个任务，也是最重要的任务，就是做好充分的准备参加比赛，最大限度地发挥自己应有的水平，创造优异的比赛成绩，达到全年预定的训练目标。

为了与准备时期训练方法的特点相联系，比赛时期训练发展体能主要采用重复法，发展机能主要采用完整法，并较多地采用比赛法，以便使与竞赛密切相关的体能、机能、心理能力得到综合性的发展。当然，与此同时，仍需要适当地运用间歇训练法和分解训练法。对于跳水来说，在比赛训练期间应增加成套练习的比例，而单个动作和分解动作的练习应减少。

（3）恢复时期的训练计划：运动员在几个月的紧张训练和比赛中，无论心理还是生理上都处于高度动员的状态，而这种状态是不可能无休止地进行持续，因为有机体的保护性机制会提出进行休整的强烈要求。训练大周期的恢复时期或称为过渡时期，就是为满足这一要求而组织实施的训练阶段。其恢复的手段可分为自然恢复和积极恢复两种。恢复时期所要求的不是单纯的休息或者睡眠式的自然恢复，而是保持一种训练活动的积极恢复。通过训练负荷、内容和量度的变化和组合从而达到在生理、心理上消除疲劳的目的。恢复时期的另一项重要任务就是认真总结全年的训练计划经验，并制定下一年的训练计划。

为了达到恢复的目的，再恢复时期应以游戏法、变化法为主进行训练。这些练习能大大提高运动员的兴趣，并让运动员在新的环境以新的组织形式完成新的内容和练习，其中枢神经系统会得到良好的调节，同时又能保持一定的体能状态。

恢复时期的训练负荷的突出特点是降低练习强度，可以根据运动员的具体情况保持一定的量。为此，在训练中多采用持续训练法。

四、赛前中短期集训的训练安排

赛前中短期集训包含着不同层次和不同水平的训练活动。国家级优秀运动员参加世界重大比赛前，要组织集训；青少年代表本地区参加比赛，也要组织培训。但它们的特点不同，时间长短不一，水平高低不一，具体情况各异。因此，作为一名集训队教练不仅要掌握短期训练的一般要点，又要根据队员的具体情况区别对待。

1. 中短期阶段集训计划的结构和负荷特点

在大多数的情况下，可将中短期的集训看作是若干个周训练的组合。这些周训练过程既有各自鲜明的特点，又彼此关联，共同组成一个统一的阶段性训练过程。各周负荷的内部结构，即负荷量与强度的变化特点，则需视阶段训练计划的主要任务而定。在中短期阶段集训中，如果时间许可，常常可以制定完成某一特定任务的专门训练计划，这一计划通常可连续几周。如加量的阶段训练计划、加强度的阶段训练计划、发展最大力量的阶段训练计划、连续比赛的阶段训练计划等。依据不同的训练计划任务，对其负荷量和强度有不同的要求。

特别值得注意的是青少年运动员参加区市运动会或参加省级比赛之前，都要组织一个月左右的集训。在根据运动员的起始状态和所拟定的目标制定这种短期集训计划时，一项重要的工作就是安排好一个月内 4 ~5 周之间的合理结构，确定各周工作的主要任务。特别需要注意的是对于参加跳水训练的青少年课外训练的组织和实施，更要考虑到他们身心的特点。在心理上，青少年渴望较快地看到他们的训练效果，一般对于长时间的训练感到枯燥和难以忍受；在生理上，青少年的机体对训练负荷的承受能力较低，自我调节的能力也比较差，训练中常常很快地感到疲惫。因此，时间过长的持续训练（特别是在准备时期中），一方面青少年的机体难以承受，另一方面又会造成其心理上的过渡负荷继而可能会导致降低或丧失继续训练的兴趣。同时，在组织青少年课外训练时，必须妥善处理训练和文化课学习、运动训练、学习和假日安排这两大类关系，使其协调起来。

2. 赛前中短期集训中的区别对待

在赛前的中短期集训中，由于临时性集训的运动员往往来自不同的训练单位，情况各异，因而在制定计划及实施过程中，都应注意贯彻区别对待的原则。

（1）对不同类型集训队员的区别对待

对在集训前一直坚持跳水系统训练的运动员，中短期集训应被看作是系统的全年训练中的一个组成部分。他们在集训期间的训练计划应力求保持与年度训练计划的一致性和连续性。

而在青少年集训队中，有时会碰到一些没有经过系统训练的运动员被选了出来。这往往是由于他们的身体天赋条件比较契合某类运动的特点；而且，他们在心理上善于自我激励，在需要的时候能够充分甚至超限发挥自己的技术能力，因此有时会在比赛中出人意料的超过一些经过系统训练的运动员而取胜。但是他们在比赛结束之后，机体的反应大都十分的强烈，头晕、恶心或者肌肉出现明显的酸痛，这都表明，他们承受训练负荷的能力很差。因此在组织他们参加赛前短期集训时，决不能认为“只要让他多练就一定有效果”。所以在针对这类运动员是应以中等负荷为主；只有在能够保证足够的时间得到必要恢复的条件下，才可以安排带有强化性质的训练负荷。

在中短期的集训队伍中，可能会遇到一些长期锻炼的老运动员。他们曾经亲身经历过艰苦的训练和激烈的竞争，在退出了竞技舞台之后，可能由于某些特殊的原因来参加集训和比赛，但是这些老运动员的体能大都下降明显。所以对于老运动员来说，应以适应性及诱导性的训练为主，避免出现因训练刺激过大肌肉拉伤或者韧带断裂等伤病，并注意安排负荷的循序渐进。

（2）对不同项目集训队员的区别对待：中短期集训的时间有限，应该抓住短期内有把握收到成效，且对比赛成绩有较大影响的方面集中加以训练。这样不同的运动项目中的短期集训自然就有着不同的重点。对于跳水这种要求在比赛中高质量地完成固定组合的技能主导类项目，在赛前的中短期集训中应着重熟练成套动作，提高成套练习的成功率，而没有必要再去过多地注重细节，一般也不要临时改变成套的动作组合。

第四节　周训练计划

如同很多人类活动一样，周在运动训练中渐渐演变成为一个基本的时间单位。周期学说中的小周期也基本上持续一周时间，但为了周训练的周期更为灵活，时间可在 4 ~ 10 天之间。根据已有的小周期分类体系，我们根据训练任务及内容的不同，把周训练分为基本训练周、赛前训练周、比赛周以及恢复周这四种基本类型，不同的类型是为适应不同任务而制定的各种相应的周训练计划（详见表 2 -3)，其包含了不同的负荷变化特点。周训练计划是以一个星期为单位，所制订的框架式的操作性计划，涵盖对一周训练的总体把握，实用性很强，其是根据阶段要求制定的推进性的计划。

周训练计划主要包括教练员所带的运动员本周训练的主要任务或者主要要解决的问题、每天的训练内容、时间安排。周计划要简明扼要，还要体现出运动员通过一周的训练应该有怎样的改进提高，并制定一个短期的目标。

表 2 -3　不同训练周类型的主要任务及目标

周类型	主要训练任务及目标
基本训练周	通过特定的程序和反复练习使运动员掌握和熟练专项技术，以及通过负荷的改变引起新的生物适应现象，提高运动员的多种竞技能力
赛前训练周	使运动员的机体适应比赛的要求和条件，把各种竞技能力集中到专项竞技中去
比赛周	为运动员在各方面培养理想的竞技状态作直接的准备和最后的调整，并参加比赛，力求实现预期的目标
恢复周	消除运动员生理和心理上的疲劳，激发强烈的训练动机，准备投入新的训练

1. 基本训练周的计划和组织

基本训练周的任务是通过特定的程序和反复的练习使运动员掌握和熟练专项技术，以及通过负荷的变动引起新的生物适应现象，以获得多种竞技能力的提高。跳水作为技能主导类的项目有可以分为基本技术训练周和完整技术训练周。在需要给运动员的机体以强烈的刺激时，还可以施加不同特点的强化训练周，而决定周训练的内容结构的主要依据是根据不同负荷后有机体的反应和恢复情况。

在青少年的跳水训练中，基本的技术训练占有十分突出的地位，几乎每天要安排技术训练。这时要注意根据不同的技术训练的负荷特点予以适当的交替安排。对于儿童而言，在基础训练阶段初期，每周2～3次，至多4次训练就已经足够了。随着运动员年龄的提高和竞技水平的增长，他们也会对训练负荷和要求的适应能力有所提高，这时候就应逐渐增加训练课次（详见表2－4）。

表2－4　基本训练周详情

基本训练周	
目的	提高竞技能力
作用	通过特定的程序和反复的练习使运动员掌握和熟练专项技术，以及通过负荷的变动引起新的生物适应现象，以获得多种竞技能力的提高
内容安排	不同训练内容和不同训练项群交叉安排，这样既能使运动员所需的各种竞技能力得到全面的综合发展，又可以避免负荷过于集中而引起过度训练
负荷安排	一周中大负荷的训练课，不同年龄、不同水平有不同的要求，青少年可安排1～2次，小负荷的训练课可安排2～3次，其他为中等负荷课。负荷量和强度的变化，根据需要可加大量，但强度不变，随着运动员年龄的提高和竞技水平的增长，他们也会对训练负荷和要求的适应能力有所提高，这时候就可以逐渐增加训练课次

2. 赛前训练周的计划和组织

赛前训练周的任务是力求使运动员的机体适应比赛的要求和条件，把长期的训练过程中所获得的各方面的竞技能力集中到专项竞技所需要方向中去。

赛前训练周的机构内容基本与基本训练周保持一致，可通过训练内容的合理安排和交替，使运动员保持系统的持续训练，在一周中承受多次负荷，更加有效地发展专项竞技能力。其与基本训练周计划的主要区别在于训练内容方面更加专项化（详见表2－5）。

表2－5 赛前训练周详情

赛前训练周	
目的	使队员适应比赛要求，为比赛创造条件，打好基础
作用	使运动员的机体适应比赛的要求和条件，把长期的训练过程中所获得的各方面的竞技能力集中到专项竞技所需要方向中去
内容安排	训练内容更加专项化，练习手段和组织形式接近比赛特点。在身体训练上，一般素质训练减少，完整训练增加。在技术训练上，分解训练减少，完整训练增加
负荷安排	在训练负荷上，轻度提高，量适当减少，并注意加强恢复措施

3. 比赛周的计划与组织

比赛周的主要任务是保证运动员在各方面培养最佳竞技状态做直接的准备和最后的调整，在参加比赛时力求创造优异成绩。在准备时期有时要求运动员仅参加一些训练性比赛，完全不必做专门的准备，只是在日常的训练过程中安排比赛而已（详见表2－6）。

表2-6　比赛周详情

比赛周	
目的	培养与调整运动员的最佳竞技状态
作用	保证运动员在各方面培养最佳竞技状态做直接的准备和最后的调整，并参加比赛，力求创造优异成绩
内容安排	训练方法手段和组织形式以对抗性、比赛性为主。身体训练以专项素质为主；技术训练以串联技术、特长技术和薄弱技术为主；作风训练中进一步培养顽强拼搏精神；心理训练中加强意志品质和心理调控能力，增强比赛信心
负荷安排	在训练负荷上，把无氧代谢、力量训练和高强度的专项训练安排在周前3～5天进行，把有氧代谢训练安排在赛前2～3天中

4. 恢复周的计划与组织

恢复周的任务是通过降低训练中负荷量以及采取各种恢复措施，消除运动员在生理和心理上的疲劳，力求尽快地实现能量的再生。恢复周的安排应根据专项运动及负荷的特点以及运动员个人的特点和训练具体决定。其一般的训练形式是选择一些常规的身体练习或游戏性质的练习（详见表2-7）。

表2-7　恢复周详情

恢复周	
目的	通过降低训练负荷，采取恢复措施，消除运动疲劳，促进超量恢复
作用	通过降低训练中负荷量以及采取各种恢复措施，消除运动员在生理上和心理上的疲劳，力求尽快地实现能量的再生
内容安排	多采用一般性身体训练或专项训练，如篮球、足球或游戏性练习。采用能引起运动员提高兴趣的练习
负荷安排	负荷强度和量大幅度下降，又要时刻保持一定的训练水平

第五节　课训练计划

课训练计划是运动训练计划的基本单元，是每天训练安排中最具体的方案。所有的计划和目标任务的完成，都要通过每次训练课去组织实施。教案是在周训练计划的框架下制定的每日训练详细计划。课计划相比其他计划要更加的具体详细，要根据每个运动员的实际情况来制定。一个教练员可能同时带不同水平或者年龄段的运动员，所以要根据每个运动员的特点制定具体可行的计划。同时，每天的训练内容要详细到具体做什么动作、做多少个、每个动作需要达到什么质量水平、陆上什么动作、水上什么动作、力量训练有什么动作、动作的成功率等。在执行课训练计划的过程中，可以根据运动员的机体状况、完成任务的情况以及其他变化因素，适当地调整计划的内容，使每一课时的训练达到最佳效果。

跳水的课训练计划一般包括陆上训练、水上训练和力量训练，具体如下。

1. 陆上训练：为运动员进入水上训练做好身体、专项技术以及心理方面的准备，防止伤害事故的发生。内容是常规的热身以及结合跳水项目要求的准备活动。

2. 水上训练：是训练的主要内容。教练员需要根据不同时期、不同状况、不同运动员制定具体的训练内容。其目的是通过练习完成本次训练课须解决的主要问题。在安排上，一般是先易后难，重要内容放前、次要内容放后，复杂技术的内容多一些、简单重复的内容少一些。

3. 力量训练：根据一天下来的训练，加强前两部分练中薄弱环节的身体力量练习。力量训练并不是每个运动员每节课都需要的，因为跳水运动员一般都会有专门的体能训练课程。在水上训练之后，大部分运动员都需要解除疲劳，放松肢体，所以会安排一些牵拉练习和按摩。结束训练后的牵拉千万不要忽视，它会避免劳损性伤病的产生，并对下一次训练课的起始状态产生影响。

第六节　制订计划的有效执行

运动员最根本的自信来源于训练，训练实力的提升是运动员比赛取得良好成绩的必要条件，而计划是否执行到位则是运动员训练实力提升的必要前提，因此设计科学的训练计划也只是成功了一半。那么如何有效的执行训练计划对于教练员和运动员来讲是非常关键的。这就要求我们把训练计划做细，要让运动员自己能够看到每一个训练阶段的提高，看到自己每堂课努力的效果，从而在比赛场上能够获得充分的自信心。要做到这一点一般需要注意以下 3 个部分的训练：思维的训练、场地的训练、生活的训练。将训练计划的执行分为这 3 个部分，有助于教练员更加明确三种训练方式之间的区别与联系，有助于教练员更好的归因，并及时发现运动员在哪个训练层面上出了问题，从而对自己的训练计划做出及时、合理、有根有据的调整。

一、思维的训练

把思维的训练放在首位，是因为思维训练的成败将会直接影响到运动员执行训练计划时的心态，敷衍了事和全身心投入这两种训练态度对于同一份计划所产生的训练效果是截然不同的。

思维训练的方式主要是通过教练员的言传身教，是训练的第一个层次，体现了教练员“说”的水平。思维训练要求教练员有非常强的逻辑思维能力，并且具备多学科的知识，能够帮助运动员分析清楚自己的前景。这种分析实际上就是设定目标，其目标是从宏大到微小的一个动态过程。宏大的目标指运动员的人生观、世界观，通俗一点说就是将来想成为什么样的人；微小的目标具体到某一项训练任务，要花多长时间达到什么样的效果。

思维训练的核心在于“信心”或是“信念”，怎样“说服”运动员，建立起强烈的“信心”，树立起必胜的“信念”，这就是思维训练的核心工作。例如，在跳水项目中给运动员设定的阶段目标是学会一个具体的动作，但是这个目标在运动员思想中并没有太多具体的概念，运动员也不知道自己到时候是不是有这个实力去做出这个动作，教练员要做的就是应该把这个大目标具体到每天的训练中，让运动员像走台阶一样一步一步朝目标靠近，逐步建立起自我信念。

二、场地的训练

第一个层次的训练做好了，运动员自然就会想做好这第二个层次的训练，第二个层次则体现了教练员“练”的水平。相当于电脑的“程序”编好了，下面要做的就是执行，执行其实就是训练场地的训练，训练场上的训练实际上是思维训练的延续，3 种层面（思维、场地、生活方式）的训练实际上体现了一个统一的训练过程。

思维训练应建立起运动员的信心和信念，必须要让运动员相信前面所设定的宏大目标是可以实现的，而宏大目标太遥远，运动员只有通过一个一个微小目标的实现来不断加强自己训练的信心和信念。如果说思维训练要解决的是“为什么要练”的问题，那么训练场上的训练要解决的就是“练什么，怎么练”的问题。层面不同，解决问题的方式也就不同，就像打仗，战略和战术是两个不同层面上的问题。在场地上教练员亲自操作自己的训练计划使之实施，这个过程实际上是一个发现问题、解决问题的过程，操控机器还会经常出问题，更何况教练员需要操控的是更为复杂的人。教练员需要及时发现问题，不断地修正自己的训练计划，甚至是训练目标，让自己的训练行之有效。

三、生活方式的训练

生活方式包括饮食习惯、生活习惯、个人卫生等诸多方面，为什么将生活方式放到训练过程里面来？是因为训练是一个系统工程，一个环节套着一个环节，其中最担心的就是运动员生病、受伤；而良好的生活方式是保证运动员正常训练的必要前提，这个层面的训练就体现了教练员“管”的水平。这种“管”绝对不是死管，这是一种教练员个人魅力的体现，教练员需要通过自己的行为给予运动员提示，告诉运动员是非好坏。运动员每天的艰苦训练都在不断地超越着他们自己的极限，如果因为自己在生活上的疏忽而导致几年的努力功亏一篑是一件很不值的事。特别对于青少年运动员来说，他们在某些年龄阶段可能会处于角色混乱时期，这个时期的逆反心理非常严重，因此教练员对于运动员在生活方面的训练一定要学会耐心、细心，只有将心比心才能够走进自己运动员的内心，全面了解运动员，从而更加有效地设计和执行训练计划。

综上所述，第一个问题是心理学上的问题，第二个问题是训练学上的问题，而第三个问题就是生理和营养方面的问题。如果说第一个层面要解决的是脑袋，第二个层面要解决的就是方法，第三个层面要解决的就是身体。

第三章　青少年跳水运动员的训练提示与指导

第一节　各年龄的训练安排和要求

一、5～6岁年龄段训练安排与要求

<table>
<tr><td rowspan="9">5～6岁年龄段</td><td>训练主要任务</td><td colspan="2">1. 通过观察和初步训练与测试，查明儿童的健康状况与天赋特征
2. 通过学会游泳，培养对跳水的兴趣与爱好
3. 在选择适宜少儿生理和心理特征的游戏中，进行全面的身体训练
4. 通过基础训练，初步体验跳水的主要基本技能
5. 通过舞蹈基础训练，培养正确的身体姿态
6. 塑造良好的心理品质</td></tr>
<tr><td rowspan="6">训练量安排</td><td>训练时间（年）</td><td>2</td></tr>
<tr><td>全年训练总周数</td><td>43</td></tr>
<tr><td>每周平均训练次数</td><td>6</td></tr>
<tr><td>每周平均训练时间（小时）</td><td>12</td></tr>
<tr><td>全年平均训练总时间（小时）</td><td>≥500</td></tr>
<tr><td>陆上水上训练比例</td><td>7∶3</td></tr>
<tr><td>训练要求</td><td colspan="2">1. 通过游戏，培养听从教练指挥，遵守课堂纪律的习惯
2. 注重基本动作和基本技术的规范化
3. 促进身体发展，确保安全</td></tr>
</table>

续表

<table>
<tr><td rowspan="4">5～6岁年龄段</td><td colspan="2">训练方法指导</td><td>1. 语言简洁易懂，循循善诱
2. 训练安排情趣化
3. 基本姿势练习分解化
4. 基本姿势与垫上体操相结合
5. 水陆练习基本姿势逐步规范</td></tr>
<tr><td rowspan="2">训练内容</td><td>陆上训练</td><td>1. 开展各种适合儿童的游戏活动
2. 跳水基本姿态练习
3. 柔韧练习
4. 垫上体操练习（前后滚翻等）
5. 网上自由弹。初步学习立定——弹 ABC 脚着网，前后自由躺网
6. 板上自由弹。初步学习前后 ABC 脚着垫</td></tr>
<tr><td>水上训练</td><td>1. 学会游泳
2. 配合基本动作，池边跳水
3. 1 米和 3 米自由跳水
4. 初步学习一米台基本动作前后 ABC 脚入水，向前立定 B 头入水，向后立定 A 头入水</td></tr>
</table>

二、7～8 岁年龄段训练安排与要求

<table>
<tr><td rowspan="7">7～8岁年龄段</td><td>训练主要任务</td><td colspan="2">1. 加强思想品德教育，养成良好的组织纪律观念和刻苦训练的精神和顽强拼搏的作风
2. 学习和初步掌握一套规范化的模仿操
3. 进行适合 7～8 岁生理特征的全面身体训练
4. 进一步熟悉弹网、弹板的弹性与节奏
5. 进一步学习陆上网、板、台起跳基本动作，学习半周动作及个别翻腾动作
6. 水上学习掌握板、低台起跳基本动作及入水、1～4 组半周动作</td></tr>
<tr><td rowspan="6">训练量安排</td><td>训练时间（年）</td><td>2</td></tr>
<tr><td>全年训练总周数</td><td>43</td></tr>
<tr><td>每周平均训练次数</td><td>6～7</td></tr>
<tr><td>每周平均训练时间（小时）</td><td>>12</td></tr>
<tr><td>全年平均训练总时间（小时）</td><td>≥900</td></tr>
<tr><td>陆上水上训练比例</td><td>6∶4</td></tr>
</table>

续表

7~8岁年龄段	训练要求		1. 摆臂路线、起跳姿势正确 2. 直体A：全身夹紧，身体直 3. 屈体B：起跳充分，屈体紧，手触脚尖，梗头，脚尖绷直 4. 抱膝C：抱紧，脚尖绷直 5. 前后起跳角度合理，节奏清楚 6. 后起跳无两次起跳 7. 正确掌握入水模仿，入水技术正确、动作规范
	训练方法指导		1. 一般身体训练为主，专项身体训练为辅；侧重柔韧性练习，每周不少于3次 2. 加强模仿操练习 3. 在专项训练中，注重采用网、板多次重复法 4. 网上十弹、三弹结合法；板上三弹、单弹结合法 5. 观摩教学，结合电教简单讲解 6. 基本动作的训练：先弹板练习后立定，再三弹；入水练习先池边后上台；由低逐步到高 7. 陆、水训练程序：从网到陆板到陆台；网台、板台结合；从陆到水；从低到高，板台结合 8. 充分利用保护带学习1~4组的半周动作 9. 陆上三弹十弹要求做到掌握：（1）身体重心垂直；（2）空中姿势成一直线；（3）合板节奏
	训练内容	陆上训练	1. 以柔韧练习为主的根据年龄特征适当地进行全面身体训练 （1）压肩、压腿、压脚面；加强绷腿、脚面和控腿的练习 （2）韵律操 （3）垫上体操 （4）适当长跑 2. 弹网 （1）自由弹、十弹、三弹 （2）三弹、一弹、立定A、B、C，站网，坐网 （3）三弹、一弹、立定101A、B、C腹着网；三弹、一弹、立定201A、B、C背着网 （4）三弹、一弹、立定102BC，202C 3. 陆板 （1）自由弹、三弹、一弹 （2）前后立定起跳A、B、C （3）三弹、一弹A、B、C脚站垫 （4）三弹、一弹102BC （5）后起跳201BC背着垫，202C站垫

续表

<table>
<tr><td rowspan="2">7～8岁年龄段</td><td rowspan="2">训练内容</td><td>陆上训练</td><td>4. 陆台
（1）前后起跳 A、B、C 脚站垫；201C、301C 背着垫（注意保护）
（2）立定 102C（坐垫或站垫），102B 坐垫，202C（教练保护）</td></tr>
<tr><td>水上训练</td><td>1. 池边
（1）向前起跳 A、B、C 脚下水
（2）向后起跳 A、B、C 脚下水
（3）屈体倒下，向前鱼跃头入水，101BC，向后鱼跃头入水
2. 1 米板
（1）自由弹
（2）向前立定起跳 A、B、C 脚下水
（3）三弹、一弹起跳 A、B、C 脚下水
（4）向后立定起跳 A、B、C 脚下水
（5）1～4 组的半周动作；三弹、一弹 101BC；201 BC；三弹、一弹 301BC；401BC
3. 3 米板
（1）自由弹、三弹、一弹 A、B、C 脚下水
（2）向后起跳 AC 脚入水
4. 3 米台
（1）向前立定起跳 ABC 脚入水，向后起跳 AC 脚入水
（2）入水：向前坐倒 BC，向前站直体、屈体，向后站 ABC
（3）半周动作：101CB，201C，301C，401CB</td></tr>
</table>

三、9～10 岁年龄段训练安排与要求

<table>
<tr><td>9～10岁年龄段</td><td>训练主要任务</td><td>1. 适合9～10 岁生理特征的全面身体训练，加强、提高专项能力训练
2. 进一步掌握弹网、跳板的性能与节奏
3. 较好掌握一套规范化的跳水动作模仿操
4. 学习、掌握5 米以下高度各器械 1～6 组的起跳和半周动作（开始学习走板、跑台技术），以及有能力完成的翻腾、转体动作
5. 进一步掌握、提高前后入水技术
6. 初步培养双人同步配合的意识</td></tr>
</table>

续表

<table>
<tr><td rowspan="10">9~10岁年龄段</td><td rowspan="6">训练量安排</td><td colspan="2">训练时间（年）</td><td>2</td></tr>
<tr><td colspan="2">全年训练总周数</td><td>46</td></tr>
<tr><td colspan="2">每周平均训练次数</td><td>6~7</td></tr>
<tr><td colspan="2">每周平均训练时间（小时）</td><td>12~14（业余）
24~28（跳校）</td></tr>
<tr><td colspan="2">全年平均训练总时间（小时）</td><td>≥650（业余）
≥1000（跳校）</td></tr>
<tr><td colspan="2">陆上水上训练比例</td><td>6:4</td></tr>
<tr><td>训练要求</td><td colspan="3">1. 板台无两次起跳
2. 加强臂立动作训练，力求做到十拿十稳
3. 5米台的前后倒下A、B、C入水要做到：垂直、优美、压水花
4. 板台的1~5组动作要求：各技术环节基本正确
5. 加强形态基本功练习，做到3种姿势要规范
6. 开始学习走板和跑台</td></tr>
<tr><td>训练方法指导</td><td colspan="3">1. 陆上、水上充分利用保护带学习各组别翻腾、转体动作
2. 陆、水训练程序
从网到陆板到陆台
网台、网板、板台结合
从陆到水；从低到高
基本起跳与各组别半周动作结合
各组别半周动作与各组别翻腾诱导动作和比赛动作结合</td></tr>
<tr><td>训练内容</td><td>陆上训练</td><td colspan="2">1. 弹网
（1）独立完成：三弹、一弹102BC过渡到走网102 BC，三弹、一弹104BC坐网过渡到站网；三弹、一弹、立定202ABC、203BC背躺网；三弹、一弹302ABC过渡到走网302ABC；立定402BC；坐网弹起转体一周站立；背下网弹起转体一周站立；三弹、一弹5122D坐网过渡到站网；三弹、一弹5221D到5223D坐网过渡到站网
（2）保护带：103BC，105BC；203ABC，204BC，205BC；5221D、5223D，5122D</td></tr>
</table>

续表

9~10岁年龄段	训练内容	陆上训练	2. 板 （1）开始学习走板 （2）三弹、一弹、走板 102BC，三弹、一弹 104BC 坐垫过渡到站垫 （3）202ABC （4）三弹、一弹、走板 302ABC （5）402C （6）三弹、一弹、走板 5122D 坐垫过渡到站垫 （7）向后立定 5221D、5223D 坐垫 3. 跳台 （1）开始学习跑台 （2）立定、单跳 102CB 坐垫过渡到站垫，再过渡到跑台 102CB，102B 分手背着垫 （3）201C（背着垫），202C，302C，402C，402B（分手背着垫，注意保护），621A （4）分腿慢起手倒立连续 3 次（停 3 秒，允许第二次做）
		水上训练	1. 1 米板 三弹、一弹、走板的 101BC；201ABC；三弹、一弹、走板的 301ABC；401BC；三弹、一弹、走板 103BC—104BC；203BC；三弹、一弹 303C；403C；5221D，5223D；三弹、一弹、走板 5122D 2. 3 米板 三弹、一弹、走板 101BC；201ABC；三弹、一弹、走板 301ABC；401BC；三弹、一弹、走板 103BC 至 105BC；203BC；三弹、一弹、走板 303BC；403BC；三弹、一弹、走板 5132D；5231D，5233D 3. 3 米台 立定 101BC；201C；301C；401BC；立定 103BC—跑台 103BC—跑台 104BC；203C—204C；303C—304C；403C—404C；5221D，5223D；跑台 5122D；623C 4. 5 米台 （1）入水：向前 AB 站倒；向前 BC 坐倒；向后 ABC 倒下 （2）立定 101BC；201BC；301BC；401BC；立定 103BC—跑台 103BC—跑台 105BC；203BC，204BC；303C；403BC；612B，623A，624C；5231D，5233D，跑台 5132D 5. 7.5~10 米 坐倒 B；101B；401B

四、11～12岁年龄段训练安排与要求

<table>
<tr><td rowspan="10">11～12岁年龄段（专业队可参考）</td><td>训练主要任务</td><td colspan="2">1. 在全面发展身体素质的基础上，进一步提高专项能力
2. 规范掌握跳水的各个基本技术环节
3. 掌握一套1米板和5米台自选动作诱导，7.5～10米台各组半周和规定动作
4. 注重良好心理素质的训练和培养
5. 树立、形成竞赛意识</td></tr>
<tr><td rowspan="6">训练量安排</td><td>训练时间（年）</td><td>2</td></tr>
<tr><td>全年训练总周数</td><td>46</td></tr>
<tr><td>每周平均训练次数</td><td>6～7</td></tr>
<tr><td>每周平均训练时间（小时）</td><td>12～14（业余）
24～28（跳校）</td></tr>
<tr><td>全年平均训练总时间（小时）</td><td>≥650（业余）
≥1000（跳校）</td></tr>
<tr><td>陆上水上训练比例</td><td>5∶5</td></tr>
<tr><td>训练要求</td><td colspan="2">1. 做到板和台的立定动作无2次起跳
2. 弹网完成动作后地站立动作要求站稳，不能出一米圈（直径）
3. 严格执行评分规则对身体姿势（直体、屈体、抱膝）的要求
4. 凡是拉保护带的动作要求看清目标，打开技术正确、手触网成倒立入水姿势
5. 跳板1～5组动作、跳台1～6组动作各技术环节比较正确，动作姿态规范</td></tr>
<tr><td>训练方法指导</td><td colspan="2">1. 充分利用陆水保护带学习新难动作和改进跳水各技术环节
2. 重视视频教学和教练技术讲解相结合
3. 陆水训练程序：陆上从网到陆板到陆台，网台、板台结合；水上从低到高，板台结合，基本起跳与各组别半周动作结合，各组别半周动作与各组别翻腾诱导动作和比赛动作结合</td></tr>
</table>

续表

11～12岁年龄段（专业队可参考）	训练内容	陆上训练	1. 弹网 （1）独立完成：三弹、一弹到走网104BC（从坐网过渡到站网）；三弹、一弹、立定204CB；三弹、一弹、走网5122D站网；三弹、一弹、立定5221D站网；三弹、一弹、走网5321D站；三弹、一弹、立定5223D坐网或站网 （2）保护带：105BC；106BC；107BC；203BC—205BC—206C—207C；5225D，5124D 2. 跳板 （1）三弹、一弹到走板102BC—104BC（坐垫过渡到站立）；202ABC；三弹、一弹、走板302ABC；402BC；三弹、一弹、走板5122D（坐垫过渡到站垫）；5221D（坐垫过渡到站垫）；5223D（坐垫过渡到站垫） （2）保护带：204BC；304C；404C 3. 跳台 立定、单跳102BC到跑台102BC；102B分手背着垫；202BC；302C；402C，402B（坐垫保护）；621A站垫，621BC背着垫，611B坐垫
		水上训练	1. 1米板 （1）三弹、一弹到走板101BC；201ABC；三弹、一弹到走板301 ABC；401BC （2）三弹、一弹到走板103BC到104BC到105 BC；203 BC，204C；三弹、一弹到走板303 BC、304C；403 BC；三弹、一弹到走板5122D、5124D；三弹、一弹到走板5132D；5221D，5223D；三弹、一弹到走板5321D、5323D、5331D、5333D 2. 3米板 （1）三弹、一弹到走板101 BC；201 ABC；三弹、一弹到走板301 ABC；401BC；三弹、一弹到走板103BC—105BC；203 BC，205C；三弹、一弹到走板303 BC；三弹、一弹到走板305C；403BC，405C；5231D，5233D；三弹、一弹到走板5331D、5333D；三弹、一弹到走板5132D、5134D （2）保护带：107 BC；205C，207C；305C；405C，407C 3. 3米台 （1）101BC；201C；301C；401BC；202A （2）立定103BC，跑台103BC、104BC；203C，204C；303C，304C；403C，404C；跑台5122D，5221D，5223D；623C

续表

11~12岁年龄段（专业队可参考）	训练内容	水上训练	4. 5米台 （1）立定101BC；201BC；301ABC；401BC （2）跑台105BC；202A，203 BC，204 BC，205C；302A，303C，304C；403 BC，405C；跑台5132D；5231D，5233D；612B；624C，623A 5. 7.5~10米台 （1）101B；201B；301B；401B；立定103B；跑台103B；403B；跑台5132D；5231D；612B （2）根据运动员诱导动作掌握情况，学习10米台1~6组比赛自选动作

第二节 各年龄阶段陆上训练的方法学提示与指导

一、跳水基本姿势

序号	动作名称	技术要点	教学方法	易犯错误	改进措施	质量规格
1	站立姿势	1. 立正，头、胸正直，目视前下方，略收小腹，两腿伸直并拢，臀部自然夹紧，脚跟并拢，前脚掌稍分开，五指并拢，双臂自然下垂，放在大腿旁 2. 身体成一直线，重心微靠前	1. 靠墙站立 2. 示范教学 3. 对镜自我模仿教学 4. 一定时间的定时训练	前挺后撅	靠墙站立纠正	精神、自然、身体线条成一直线
2	立定起跳	1. 双臂侧平举略高于肩成站立姿势 2. 提踵同时双臂侧平举从体侧提起至耳旁 3. 双腿屈膝下蹲，脚后跟微离地，双臂直臂自然沿体侧后下方摆过膝关节 4. 双臂直臂迅速往前上带至头上方，同时蹬直髋、膝关节、踝关节，臀部夹紧	1. 摆臂模仿练习 2. 起跳模仿练习 3. 蹲、蹬练习 4. 摆臂提踵练习 5. 摆臂蹲姿练习 6. 摆臂起跳练习	身体重心不稳，摆臂曲肘	对镜模仿教学和陆台立定起跳相结合转换练习	保持上体正直，直臂下摆时手指过膝关节，空中身体成一直线

续表

序号	动作名称	技术要点	教学方法	易犯错误	改进措施	质量规格
3	向前直体头入水姿势	1. 双臂侧平举成站立姿势 2. 含胸收腹，微抬头 3. 臀部夹紧 4. 双腿伸直并拢 5. 双臂迅速并拢至耳旁，同时抓手，夹肘，翻掌，伸肩一次成型	1. 直体并手入水模仿 2. 示范教学	身体控制松散，翻掌、并手配合不协调，伸肩不充分，容易含胸躬背	站立向前入水姿势保持不动，由教练员检查纠正	从手掌至脚跟成一直线
4	向后直体头入水姿势	1. 双臂伸直置放大腿前成站立姿势 2. 微抬头眼睛朝上看 3. 双腿伸直，并拢 4. 臀部夹紧 5. 双臂曲肘，体前伸臂、并手，充分伸拉肩至耳侧，夹紧肘关节	1. 向后直体并手入水模仿 2. 示范教学	松腰松髋，低头	站立向后入水姿势保持不动，由教练员检查纠正	从手掌至脚跟线条直，稍带弧度
5	空中直体姿势	1. 俯（仰）卧垫上 2. 微抬头挺胸，眼朝前看 3. 双臂可任意放置，但要求肘关节伸直，手指并拢 4. 身体成一直线，不能屈髋屈膝，臀部夹紧，脚尖绷直	1. 俯卧在垫上进行，抬头挺胸手臂平分成燕式 2. 仰卧可把头部放置垫外 3. 示范教学	臀部脚尖易松	教练员检查臀部、腿部、脚尖是否夹紧	身体成燕式姿势

续表

序号	动作名称	技术要点	教学方法	易犯错误	改进措施	质量规格
6	空中屈体姿势	1. 分手屈体：坐在垫上，上体自然弓背，屈髋，直腿绷脚尖，眼看脚尖，双臂侧平分 2. 抱腿屈体：坐在垫上，上体自然弓背，屈髋，直腿绷脚尖，眼看脚尖，双臂交叉抱小腿后部 3. 手摸脚尖屈体：坐在垫上，上体自然弓背，屈髋，直腿绷脚尖，眼看脚尖，双手摸脚尖。特别提示：尽量屈紧	1. 坐在垫上做3种姿势的屈体 2. 坐在垫上做腿部离开地面的3种姿势的屈体 3. 示范教学	容易弯膝，屈体不紧	增强腹肌练习和控腿练习；教练督促检查姿态	膝直、绷脚尖、双腿夹紧，身体尽量屈紧
7	空中抱膝姿势	1. 坐在垫上 2. 屈髋，胸贴大腿 3. 屈膝，小腿贴大腿 4. 屈肘夹紧，双手抱住小腿中部 5. 双腿并拢，脚尖绷直	1. 坐姿练习 2. 滚动练习 3. 前滚翻 4. 后滚翻 5. 示范教学	分膝，分脚，勾脚尖，未夹紧肘关节	教练辅助提运动员脚踝至空中，检查团身姿势动作	梗头，身体团紧成圆形

二、柔　韧

序号	练习部位	练习要求	练习方法	特别提示	练习质量
1	肩	在确保不拉伤的情况下，练习到位	1. 压肩；2. 拉肩；3. 吊肩； 4. 转肩；5. 扳肩	1. 准备活动充分，姿势正确 2. 多采用静止与对抗法 3. 循序渐进	练习到位
2	腿		1. 踢腿；2. 压腿；3. 扳腿； 4. 劈叉；5. 控腿		
3	脚尖		1. 压脚尖；2. 绷脚尖		
4	跟腱		1. 弓箭步拉伸练习 2. 原地提踵练习 3. 台阶提踵练习		

三、垫上体操

序号	动作名称	技术要点	教学方法	易犯错误	改进措施	质量规格
1	抱膝前滚翻	1. 前翻时，要使头后部、颈、肩、背、腰、臀依次着地 2. 用力蹬地后，屈膝上体前跟积极，两手抱小腿主动	1. 仰卧做双手抱小腿团身的滚动 2. 在滚动的基础上跟肩、抱小腿成蹲立 3. 在斜面的垫子上从高向低做前滚翻 4. 从低处向高处做前滚翻 5. 平垫前滚翻 6. 连续前滚翻 7. 直观示范教学	1. 头顶先着垫 2. 滚动方向不正 3. 跟肩不主动	教练员全程保护和辅助	团身紧，滚动圆滑
2	抱膝后滚翻	1. 两手用力推地，以获得向后翻转的动力 2. 翻臀要快，脚跟紧靠臀部 3. 两手撑地要及时，并用力推直双臂	1. 两手放在肩的两侧，手心向上做向后滚动 2. 在斜面上向下做后滚翻 3. 连续后滚翻 4. 示范教学	1. 后倒时脚跟未靠紧臀部 2. 两手推撑时先后用力或用力不均匀	教练员全程保护和辅助	团身紧，滚动圆滑

续表

序号	动作名称	技术要点	教学方法	易犯错误	改进措施	质量规格
3	头手倒立（屈膝和直腿起）	1. 头前额顶地，手成等边三角形，两肘内夹 2. 当臀部接近垂直部位时，伸直髋关节（直腿起和屈膝起） 3. 身体重心应保持在三角形之内	1. 在垫上练习正确的头手位置 2. 做一脚蹬地，一腿摆动的靠墙头手倒立 3. 熟练完成后，可练习分腿慢起成头手倒立或屈体慢起成头手倒立	1. 臀部位置前后移动范围过大或过小 2. 形成头手倒立时，身体线条不直，腰、臀、腿松	教练员全程保护和辅助；形成头手倒立时教练员检查臀、腿、脚尖是否夹紧	形成头手倒立时，身体重心垂直，线条直
4	头手倒立接抱膝前滚翻	1. 双手用力撑地，脚尖前伸 2. 前翻时，要使头后部、颈、肩、背、腰、臀依次着地 3. 屈膝团身，上体前跟积极，两手抱小腿主动	1. 熟练掌握前滚翻 2. 肩肘倒立，前滚，体会脚尖前伸	1. 双手推撑无力 2. 脚尖未前伸	教练员全程保护和辅助	团身紧，滚动圆滑

续表

序号	动作名称	技术要点	教学方法	易犯错误	改进措施	质量规格
5	靠墙三倒立、空手倒立	1. 两手与肩同宽，五指分开、微屈撑地 2. 眼视两手中间，直腿后摆 3. 两腿并拢成手倒立后，要直臂顶肩、略含胸、立腰、夹臀、紧腿绷脚尖 4. 身体重心要尽量保持在支撑面之内，主要靠两手和肩的调节维持平衡	1. 原地站立，双臂伸直上举，稍抬头、紧腰、夹臂保持直立 2. 面对墙做一脚蹬地，一腿摆动的靠墙手倒立 3. 脚蹬墙推起成面向墙的手倒立，主要体会含胸、顶肩、紧腰技术 4. 侧对墙 10 厘米左右做摆动成手倒立，当身体重心偏离时，可用靠近墙一侧的脚顶住墙，培养控制能力	1. 倒立时肩前冲、塌腰 2. 低头踢摆腿倒立	1. 教练员全程保护和辅助 2. 先在泡沫垫上做靠墙前后倒立练习，学会后再过渡到地面做倒立 3. 靠倒时间不宜过长，注意安全	身体线条直

四、模仿操

根据各年龄段训练内容，安排各种动作模仿操练习。

五、陆 台

序号	动作名称	技术要点	教学方法	易犯错误	改进措施	质量规格
1	立定向前起跳ABC脚着垫	1. 双臂侧平举的正确站立姿势，站在台前端 2. 双臂提至耳旁，同时提踵（重心上提） 3. 双臂经体侧后下方下摆过膝，同时作屈膝下蹲动作 4. 双臂迅速朝前上方摆动，同时双脚用力蹬离台面，空中成型ABC姿势，脚着垫 5. 跳离台端的距离应为30厘米左右	1. 立定向前起跳，摆臂模仿练习 2. 示范练习 特别提示：先练习A，再练习C，再练习B	1. 身体前倾后仰 2. 摆臂不连贯，起跳不充分，连接BC动作慢	1. 台端前30厘米处划安全标志线 2. 教练保护和辅助	起跳有力，角度合理，配合动作连贯协调
2	立定向后起跳ABC脚着垫	1. 面对台双臂侧平举正确站立姿势 2. 双臂提至耳旁，同时提踵（重心上提） 3. 双臂经体侧后下方下摆过膝，同时作屈膝下蹲动作 4. 双臂迅速朝前上方摆动，同时双脚用力蹬离台面，空中成型ABC姿势，脚着垫 5. 跳离台端的距离应为30厘米左右	1. 立定向后起跳，摆臂模仿练习 2. 示范练习 特别提示：先练习A，再练习C，再练习B	1. 身体前倾后仰 2. 摆臂不连贯，起跳不充分，连接BC动作慢	1. 台端前30厘米处划安全标志线 2. 教练保护和辅助	起跳角度合理，蹬台充分有力，配合动作连贯协调

续表

序号	动作名称	技术要点	教学方法	易犯错误	改进措施	质量规格
3	201C背着垫	1. 面对台正确姿势站立，手臂侧平举 2. 提踵手臂上举，稳住重心 3. 弯膝下摆臂时稍后移重心 4. 直臂摆臂，踝膝蹬伸迅速充分 5. 快速带臂至头上方，快速回臂抱腿（梗头、含胸、提膝、送髋、团紧） 6. 脚尖、小腿向前上方打开，看脚尖，双手伸直放置在体前，低头背着垫	1. 起跳模仿练习 2. 网上起跳AC脚站网—201C背着网 3. 陆台向后起跳AC脚下垫—201C背着垫	起跳时上体后倒、臀部后坐	教练注意辅助、保护，防止队员上身后仰及下垫的保护	起跳角度合理，蹬台有力，团身紧，完成高，不分腿，打开背躺垫正确
4	201B背着垫	1. 面对台正确姿势站立，手臂侧平举 2. 提踵手臂上举，稳住重心 3. 弯膝下摆臂时稍后移重心 4. 直臂摆臂，踝膝蹬伸迅速充分 5. 快速带臂至头上方，双腿直踢送髋，手臂、头肩往上往前，手指触摸脚尖呈屈体，向上向前伸脚尖打开，看脚尖，手指从脚尖小腿滑至大腿，双手伸直放置在体前，低头背着垫	1. 起跳模仿练习 2. 网上起跳AB脚站网—201B背着网 3. 陆台向后起跳AB脚下垫—201B背着垫	1. 起跳时上体后倒、臀部后坐 2. 空中屈体弯膝	教练注意辅助、保护，防止队员上身后仰及背躺垫的保护	起跳角度合理，蹬台有力，屈体紧，腿伸直，完成高，打开背躺垫正确

续表

序号	动作名称	技术要点	教学方法	易犯错误	改进措施	质量规格
5	301C背着垫	1. 向前正确姿势站立，手臂侧平举 2. 提踵手臂上举，稳住重心 3. 弯膝下摆臂时稍前移重心 4. 直臂摆臂，踝膝迅速往上往前蹬伸 5. 手臂快速向前向上带臂至头上方，提膝送髋，手臂回抱腿（梗头、含胸、提膝、送髋、团紧） 6. 脚尖、小腿向前上方打开，看脚尖，双手伸直放置在体前，低头背着垫	1. 起跳模仿练习 2. 网上起跳AC脚站网—301C背着网 3. 陆台向前起跳AC脚下垫—301C背着垫	1. 上体过多前倾，起跳带臂不充分 2. 打开背着垫松散	教练注意辅助、保护，特别注意上身和后背的保护及背躺垫的保护	起跳角度合理，蹬台有力，团身紧，完成高，打开有力，背躺垫正确
6	301B背着垫	1. 向前正确姿势站立，手臂侧平举 2. 提踵手臂上举，稳住重心 3. 弯膝下摆臂时稍前移重心 4. 直臂摆臂，踝膝迅速往上往前蹬伸 5. 手臂快速向前向上带臂至头上方，双腿直踢送髋，手臂、头肩往上往前，手指触摸脚尖呈屈体，向上向前伸脚尖打开，看脚尖，手指从脚尖小腿滑至大腿，双手伸直放置在体前，低头背着垫	1. 起跳模仿练习 2. 网上起跳AB脚站网—301B背着网 3. 陆台向前起跳AB脚下垫—301B背着垫	1. 上体过多前倾，起跳带臂不充分 2. 屈体弯膝	教练注意辅助、保护，特别注意上身和后背的保护及背躺垫的保护	起跳角度合理，蹬台有力，屈体紧，完成高，背躺垫正确

续表

序号	动作名称	技术要点	教学方法	易犯错误	改进措施	质量规格
7	立定102C	1. 台端向前正确姿势站立，双臂直臂上举头上方 2. 身体重心垂直，提踵弯膝，手臂自然向上向后做“鞭打”动作 3. 梗头含胸、圆腰，脚踝、膝盖充分蹬台 4. 前划臂，躬背提臀，连接翻腾	1. 立定 102C 起跳模仿 2. 网保护带：手上举 102C 坐网—站网 3. 网独立做手上举 102C 坐网—站网 4. 陆台 102C	1. 起跳前上身前倾角度大 2. 起跳蹬台易挺胸塌腰 3. 用上体下压，不蹬腿连接翻腾 4. 前划臂慢	1. 教练全程保护和辅助 2. 网台交替练习	起跳角度合理，蹬台有力，团身紧，完成高，不分腿
8	立定102B	1. 台端向前正确姿势站立，双臂直臂上举头上方 2. 身体重心垂直，提踵弯膝，手臂自然向上向后做“鞭打”动作 3. 梗头含胸、圆腰，脚踝、膝盖充分蹬台 4. 前划臂，躬背提臀，连接翻腾，空中抱屈紧，坐垫手臂侧平分，眼看脚尖方向屈紧（有能力的运动员可做 102B 站垫）	1. 立定 102B 起跳模仿 2. 网保护带：手上举 102B 坐网—站网 3. 网独立做手上举 102B 坐网—站网 4. 陆台 102B 坐或站垫	1. 起跳前上身前倾角度大 2. 起跳蹬台易挺胸塌腰 3. 用上体下压，不蹬腿连接翻腾 4. 前划臂慢 5. 空中屈体曲膝	1. 教练全程保护和辅助 2. 网台交替练习	起跳角度合理，蹬台充分有力，屈体紧，动作完成高

续表

序号	动作名称	技术要点	教学方法	易犯错误	改进措施	质量规格
9	跑台102C	1. 量准步点，步速从慢到快，步幅从小到大，垂直重心跑台至最后弯膝双脚全脚掌着地（踏跳腿刚蹬离台时即两臂快速从两侧上臂至头顶） 2. 双脚着地，手臂、肩自然做“鞭打”动作，即干脆蹬台 3. 前划臂、梗头含胸、圆腰提臀，连接翻腾，团身紧	1. 跑台模仿 2. 陆台立定 102C—单跳 102C 3. 后 3 步跑台 102C—全程跑台 102C	1. 跑台和跨跳步双脚落地时身体重心前倾不垂直 2. 跨跳步后双脚易前脚掌着台 3. 跨跳步上手臂慢，双脚落地时手臂、肩无“鞭打”动作 4. 蹬台时脚踝、膝盖发力不干脆	1. 分解法学习跑台：注重后 3 步和双脚全脚掌着地时身体重心的垂直 2. 先做单跳，再做跑台，结合练习 3. 陆上面对软墙做跑台起跳练习	跑台身体重心垂直，跑动协调，节奏好，蹬台有力干脆，连接翻腾快，完成高

续表

序号	动作名称	技术要点	教学方法	易犯错误	改进措施	质量规格
10	跑台102B	1. 量准步点，步速从慢到快，步幅从小到大，垂直重心跑台至最后弯膝双脚全脚掌着地（踏跳腿刚蹬离台时即两臂快速从两侧上臂至头顶） 2. 双脚着地，手臂、肩自然做“鞭打”动作，即干脆蹬台 3. 前划臂、梗头含胸、圆腰提臀，连接翻腾，屈体紧 4. 坐垫手臂侧平分，眼看脚尖方向屈紧（有能力的运动员可做102B站垫）	1. 跑台模仿 2. 陆台立定102B—单跳102B 3. 后3步跑台102B—全程跑台102B	1. 跑台和跨跳步双脚落地时身体重心前倾不垂直 2. 跨跳步后双脚易前脚掌着台 3. 跨跳步上手臂慢，双脚落地时手臂、肩无“鞭打”动作 4. 蹬台时脚踝、膝关节发力不干脆	1. 分解法学习跑台：注重后3步和双脚全脚掌着地时身体重心的垂直 2. 先做单跳，再做跑台，结合练习 3. 陆上面对软墙做跑台起跳练习	跑台身体重心垂直，跑动协调，节奏好，蹬台有力干脆，连接翻腾快，完成高

续表

序号	动作名称	技术要点	教学方法	易犯错误	改进措施	质量规格
11	跑台102B（手臂侧平分背着垫）	1. 量准步点，步速从慢到快，步幅从小到大，垂直重心跑台至最后弯膝双脚全脚掌着地（踏跳腿刚蹬离台时即两臂快速从两侧上臂至头顶） 2. 脚踝、膝关节全力向上蹬伸再提臀，蹬起后手臂、肩部充分上伸后侧平分 3. 空中屈紧，看脚尖方向背着垫	1. 跑台模仿 2. 陆台立定102B分臂臀着垫—102B背着垫—单跳102B分臂背着垫，后3步102B分臂背着垫，全程跑台102B分臂背着垫	1. 跑台和跨跳步双脚落地时身体重心前倾不垂直 2. 跨跳步双脚易前脚掌着地 3. 跨跳步上手臂慢，双脚落地时手臂、肩无“鞭打”动作 4. 蹬台用力方向和翻腾力的控制能力不强，造成头和颈着垫的危险动作	1. 分解法学习跑台：注重后3步和双脚全脚掌着地时身体重心的垂直 2. 先做单跳，再做跑台，结合练习 3. 教练保护、辅助：背着垫前根据翻腾力情况及时保护、辅助，以防头、颈着垫	跑台身体重心垂直，跑动协调，节奏好，蹬台干脆有力，充分向上，翻腾力适当，空中姿势正确漂亮，背着垫准确，无危险

续表

序号	动作名称	技术要点	教学方法	易犯错误	改进措施	质量规格
12	202C	1. 面对台正确姿势站立，手臂侧平举 2. 提踵手臂上举，稳住重心 3. 弯膝下摆臂时稍后移重心 4. 直臂摆臂，踝膝蹬伸迅速充分 5. 快速带臂至头上方，快速回臂抱腿（梗头、含胸、提膝、送髋、团紧） 6. 打开看落点站垫	1. 起跳翻腾模仿练习 2. 陆台向后起跳AC脚下垫 3. 网保护带202C—脱保202C 4. 陆台保护带202C—脱保202C	1. 起跳时上体后倒，仰头甩上身 2. 抬头挺胸连接翻腾	1. 陆地：教练后扶腰，做起跳托起202C起跳模仿 2. 陆台202C独立做时，教练员视翻腾力情况保护、辅助、加力	起跳角度合理，蹬台有力，团身紧，完成高，不分腿，站稳垫
13	202B	1. 面对台正确姿势站立，手臂侧平举 2. 提踵手臂上举，稳住重心 3. 弯膝下摆臂时稍后移重心 4. 直臂摆臂踝膝蹬伸迅速充分 5. 快速带臂至头上方，快速从肩上方两侧抱紧上踢腿 6. 梗头、含胸、直踢腿、送髋、连接翻腾 7. 打开看落点站垫	1. 起跳翻腾模仿练习 2. 陆台向后起跳AB脚下垫 3. 网保护带202B—脱保202B 4. 陆台保护带202B—脱保202B	1. 起跳时上体后倒，仰头甩上身 2. 抬头挺胸连接翻腾 3. 踝膝蹬伸不充分，造成屈体弯膝勾脚尖	1. 陆地：教练后扶腰，做起跳托起202B起跳模仿 2. 陆台202B独立做时，教练员视翻腾力情况保护、辅助、加力	起跳角度合理，蹬台有力，屈体紧，脚尖膝盖伸直，不分腿，完成高，站稳垫

续表

序号	动作名称	技术要点	教学方法	易犯错误	改进措施	质量规格
14	302C	1. 向前正确姿势站立，手臂侧平举 2. 提踵手臂上举，稳住重心 3. 弯膝下摆臂时稍前移重心 4. 直臂摆臂，踝膝迅速往上往前蹬伸 5. 手臂快速向前向上至后上方，提膝送髋，手臂回抱腿（梗头、含胸、提膝、送髋、团紧） 6. 打开看落点站垫	1. 起跳模仿练习 2. 网上起跳 AC 脚站网—302C 3. 陆台向前起跳 AC 脚下垫—302C	1. 上体过多前倾，起跳带臂不充分 2. 抬头挺胸压上身连接翻腾	1. 陆地：教练后扶腰，做起跳托起 302C 起跳模仿 2. 陆台 302C 独立做时，教练员视翻腾力情况保护、辅助、加力	起跳角度合理，蹬台有力，团身紧，完成高，站稳垫
15	402C	1. 正确姿势站立，手臂伸直上举至头顶 2. 提踵弯膝，重心稳住，同时手臂、肩做鞭打动作 3. 脚踝、膝发力协调，往上往后蹬离跳台 4. 前划臂、梗头、躬背、提臀连接翻腾团紧	1. 第四组起跳模仿 2. 背对海面垫做第四组起跳后蹬摆腿练习 3. 陆台立定 102C—陆台保护带 402C—脱保 402C	1. 起跳时身体重心不稳定 2. 起跳接翻腾时头部晃动 3. 起跳时脚踝和脚趾发力不协调、不充分	1. 陆台独立做 402C，教练保护加力做 2. 背对海面垫做第四组起跳后蹬摆腿练习和陆台 402C 交替练习	起跳身体重心稳定，起跳角度合理，蹬台协调有力，空中团紧，完成高，站稳垫

续表

序号	动作名称	技术要点	教学方法	易犯错误	改进措施	质量规格
16	402B（分手背着垫）	1. 面对台正确姿势站立，手臂伸直上举至头顶 2. 提踵弯膝，重心稳住，同时手臂、肩做适当鞭打动作 3. 脚踝、膝充分向上向后蹬伸，提臂，手臂、肩充分上带上提再侧平分手臂 4. 空中屈紧，眼看脚尖	1. 第四组起跳模仿 2. 背对海面垫做第四组起跳后蹬摆腿练习（蹬伸要尽量向上） 3. 陆台102B手臂分平背着垫 4. 陆台保护带402B手臂分平背着垫—脱保402B手臂分平背着垫	1. 起跳时身体重心不稳定 2. 起跳蹬台用力方向和翻腾力控制能力不强，造成头和颈着垫的危险动作	1. 教练保护：背着垫前根据翻腾力保护、辅助，以防头、颈着垫 2. 教练员面对练习运动员分腿坐1米处，手拿小海面垫，运动员蹬离跳台后，即把小海面垫推至台端，以防脚碰台	起跳身体重心稳定，蹬台协调有力，空中屈紧分平手，腿伸直，背着垫正确

续表

序号	动作名称	技术要点	教学方法	易犯错误	改进措施	质量规格
17	621A	1. 倒立稳3秒以上，身体线条直 2. 肩稍外移重心，同时弯小腿，略挺髋 3. 打腿，弹腰，推手有力，协调配合	1. 陆上空倒立练稳，且线条直 2. 平垫倒立621A脚着垫 3. 陆台621A	1. 打腿，弹腰，推手时间过早或过晚 2. 推手时抬头抬肩	教练扶倒立，辅助移动身体重心位置，并发令大腿、弹腰、推手的时间	倒立稳，线条直，推手打腿动作协调有力
18	622C（背着垫）	1. 倒立稳3秒以上，身体线条直 2. 肩稍外移重心，同时弯小腿，略挺髋 3. 打腿，弹腰，推手有力，协调配合 4. 手臂迅速收抱腿、团身背着垫	1. 陆上空倒立练稳，且线条直 2. 平垫倒立621A脚着垫 3. 陆台621A 4. 陆台622C背着垫	1. 打腿，弹腰，推手时间过早或过晚 2. 推手时抬头抬肩	教练扶倒立，辅助移动身体重心位置，并发令大腿、弹腰、推手的时间	倒立稳，线条直，推手打腿动作协调有力
19	622B（背着垫）	1. 倒立稳3秒以上，身体线条直 2. 肩稍外移重心，同时弯小腿，略挺髋 3. 打腿，弹腰，推手有力，协调配合 4. 手臂迅速直腿收抱腿、屈抱紧背着垫	1. 陆上空倒立练稳，且线条直 2. 平垫倒立621A脚着垫 3. 陆台621A 4. 陆台622 B背着垫	1. 打腿，弹腰，推手时间过早或过晚 2. 推手时抬头抬肩 3. 屈体弯膝勾脚尖	教练扶倒立，辅助移动身体重心位置，并发令大腿、弹腰、推手的时间	倒立稳，线条直，推手打腿动作协调有力

续表

序号	动作名称	技术要点	教学方法	易犯错误	改进措施	质量规格
20	跑台技术	1. 不少于四步 2. 步速稳定，由慢逐步加快，步幅由小到大 3. 踏跳腿刚蹬离台面时，两臂快速从两侧上摆至头顶 4. 两脚全脚掌同时着地弯膝，同时身体重心垂直，上体立直，梗头 5. 全脚掌着台时，手臂和肩部自然向上向后做“鞭打”动作，迅速蹬台 6. 脚踝膝关节发力，迅速蹬台	1. 地面两步跑台模仿不起跳—地面两步跑台蹬起—陆台两步跑台不起跳—陆台两步跑台蹬起 2. 地面全过程跑台不起跳—地面全过程跑台蹬起—陆台全过程跑台不起跳—陆台全过程跑台蹬起	1. 跑台速度过快过慢，不连贯 2. 步幅过大过小 3. 跨跳腿抬腿过高 4. 上手慢，双脚前脚掌着台端 5. 上身前倾过多，撅臀，造成退台	1. 示范教学 2. 地面上画模拟跳台练习模仿 3. 面对软墙练习跑台	跑台速度、步幅平稳适当，踏跳步时上臂迅速，双脚全脚掌着台端，上体立直，蹬台干脆、迅速、有力

六、陆　板

序号	动作名称	技术要点	教学方法	易犯错误	改进措施	质量规格
1	自由弹	1. 手脚动作要与板的弹性、节奏相配合 2. 身体重心尽量保持垂直 3. 弹板熟练后要求空中身体姿势成一直线 4. 腰腿夹紧绷脚尖	1. 原地弹起绷脚尖 2. 手脚配合自由弹板 3. 立定向前自由跳下 4. 立定向后自由跳下 5. 起跳摆臂模仿 6. 从弹网自由弹过渡到陆板自由弹	身体重心不平衡，不合板的节奏	1. 教练保护辅助弹 2. 保护带弹逐步过渡到独立弹	1. 初学者初步掌握跳板弹性节奏和调整身体平衡 2. 熟练后要求弹稳，起跳重心稳定，落板准，合节奏，空中人体线条直
2	向前立定A跳下	1. 在板端向前正确姿势站立，手臂侧平举 2. 提踵手上摆，下摆臂幅度大（两手指过膝盖），屈膝适当落踝用力压板 3. 充分蹬伸膝踝关节，脚趾抓板，手臂充分上带，眼看前下方，空中姿势保持一直线，下垫站稳	1. 立定起跳A模仿练习 2. 陆网立定起跳A练习 3. 陆板立定起跳A练习 特别提示：弯膝下蹲压板时，膝盖对准脚尖方向	1. 起跳上体前倾过多 2. 压板不充分 3. 摆臂屈肘	1. 网板交替练习 2. 板端距垫面30厘米处画安全标志线	起跳角度合理，快上臂，臀与下肢紧，空中呈一直线

续表

序号	动作名称	技术要点	教学方法	易犯错误	改进措施	质量规格
3	向前立定B跳下	1. 在板端正确姿势站立，手臂侧平举 2. 提踵手上摆，下摆臂幅度大（两手指过膝盖），屈膝适当落踝用力压板 3. 充分蹬伸膝踝关节，脚趾抓板，手臂充分上带，眼看前下方，最高点快速直腿上踢，手臂回臂，手指触脚尖，呈屈体姿势看脚尖 4. 脚尖、腿向前向下打开身体，手臂迅速上举，开直身体，着垫站稳	1. 立定起跳B模仿练习 2. 陆网立定起跳AB练习 3. 陆板立定起跳AB练习 特别提示：弯膝下蹲压板时，膝盖对准脚尖方向	1. 起跳上体前倾过多 2. 压板不充分 3. 摆臂屈肘 4. 屈体弯膝	1. 网板交替练习 2. 板端距垫面30厘米处画安全标志线	起跳角度合理，快上臂，空中屈体姿势正确，打开后臀与下肢紧，着垫站稳
4	向前立定C跳下	1. 在板端向前正确姿势站立，手臂侧平举 2. 提踵手上摆，下摆臂幅度大（两手指过膝盖），屈膝适当落踝用力压板 3. 充分蹬伸膝踝关节，脚趾抓板，手臂充分上带，眼看前下方，最高点快速提膝，手臂回抱腿，梗头，躬背含胸，团紧 4. 脚尖、腿向前向下打开身体，手臂迅速上举，开直身体，着垫站稳	1. 立定起跳C模仿练习 2. 陆网立定起跳AC练习 3. 陆板立定起跳AC练习 特别提示：弯膝下蹲压板时，膝盖对准脚尖方向	1. 起跳上体前倾过多 2. 压板不充分 3. 摆臂屈肘 4. 抬头挺胸连接	1. 网板交替练习 2. 板端距垫面30厘米处画安全标志线	起跳角度合理，快上臂，空中团身姿势正确，打开后臀与下肢紧，着垫站稳

续表

序号	动作名称	技术要点	教学方法	易犯错误	改进措施	质量规格
5	立定向后A跳下	1. 面对板正确姿势站立，手臂侧平举 2. 提踵手上摆，下摆臂幅度大（两手指过膝盖），屈膝适当落踝用力压板，身体重心垂直 3. 充分蹬伸膝踝关节，脚趾抓板，手臂充分上带，眼看前下方，空中姿势一直线，下垫站稳	1. 向后立定起跳A模仿练习 2. 陆网向后立定起跳A练习 3. 陆板向后立定起跳A练习 特别提示：弯膝下蹲压板时，膝盖对准脚尖方向	1. 起跳摆臂时身体重心不稳，下摆臂易早，易两次起跳 2. 压板不充分 3. 摆臂屈肘	1. 网板交替练习 2. 板端距垫面30厘米处画安全标志线	起跳充分，角度合理，无两次起跳，快上臂，臀与下肢紧，空中呈一直线
6	立定向后B跳下	1. 面对板正确姿势站立，手臂侧平举 2. 提踵手上摆，下摆臂幅度大（两手指过膝盖），屈膝适当落踝用力压板，身体重心垂直 3. 充分蹬伸膝踝关节，脚趾抓板，手臂充分上带，眼看前下方，最高点快速直腿上踢，手臂回臂手指触脚尖，呈屈体姿势看脚尖 4. 脚尖、腿向前向下打开身体，手臂迅速上举，开直身体，着垫站稳	1. 向后立定起跳B模仿练习 2. 陆网向后立定起跳B练习 3. 陆板向后立定起跳B练习 特别提示：弯膝下蹲压板时，膝盖对准脚尖方向	1. 起跳摆臂时身体重心不稳，下摆臂易早，易两次起跳 2. 压板不充分 3. 摆臂屈肘	1. 网板交替练习 2. 板端距垫面30厘米处画安全标志线	起跳充分，角度合理，无两次起跳，快上臂，臀与下肢紧，空中呈一直线

续表

序号	动作名称	技术要点	教学方法	易犯错误	改进措施	质量规格
7	立定向后C跳下	1. 面对板正确姿势站立，手臂侧平举 2. 提踵手上摆，下摆臂幅度大（两手指过膝盖），屈膝适当落踝用力压板 3. 充分蹬伸膝踝关节，脚趾抓板，手臂充分上带，眼看前下方，最高点快速提膝，手臂回抱腿，梗头，躬背含胸，团紧 4. 脚尖、腿向前向下打开身体，手臂迅速上举，开直身体，着垫站稳	1. 向后立定起跳C模仿练习 2. 陆网向后立定起跳AC练习 3. 陆板向后立定起跳AC练习 特别提示：弯膝下蹲压板时，膝盖对准脚尖方向	1. 起跳摆臂时身体重心不稳，下摆臂易早，易两次起跳 2. 压板不充分 3. 摆臂屈肘	1. 网板交替练习 2. 板端距垫面30厘米处画安全标志线	起跳角度合理，快上臂，空中团身姿势正确，打开后臀与下肢紧，着垫站稳
8	向前三弹A跳下	1. 向前近板端正确姿势站立，略低头，余光看板端，两脚分开略小于肩宽，脚尖略向外 2. 弯膝压板时膝关节对正脚尖，蹬板时脚趾抓板，脚踝用力 3. 弹板时重心直上直下，空中姿势成一直线，注意合板节奏及三弹力量的分配 4. 第三弹身体重心垂直压板，充分起跳带臂，蹬离跳板，空中呈一直线，着垫稳	1. 三弹起跳A模仿练习 2. 弹网三弹定点起跳A练习 3. 陆板三弹起跳A练习 特别提示：压板时膝关节对正脚尖，不能X型腿或O型腿弯膝压板	1. 每弹起跳重心不稳 2. 摆臂曲肘 3. 空中身体姿势不直	1. 单杠悬吊体会空中身体线条 2. 网板交替练习	弹板重心稳定，第三弹落板准，摆臂幅度大，起跳高，空中姿势直，着垫稳

续表

序号	动作名称	技术要点	教学方法	易犯错误	改进措施	质量规格
9	向前三弹B跳下	1. 向前近板端正确姿势站立，略低头，余光看板端，两脚分开略小于肩宽，脚尖略向外 2. 弯膝压板时膝关节对正脚尖，蹬板时脚趾抓板，脚踝用力 3. 弹板时重心直上直下，空中姿势成一直线，注意合板节奏及三弹力量的分配 4. 第三弹身体重心垂直压板，充分起跳带臂到头顶，蹬离跳板，最高点直腿上踢，回臂回肩，手触脚尖，呈屈体姿势，脚尖、腿向前向下打开，手臂迅速上带，开直身体，着垫稳	1. 三弹起跳B模仿练习 2. 弹网三弹定点起跳AB练习 3. 陆板三弹起跳AB练习 特别提示：压板时膝关节对正脚尖，不能X型腿或O型腿弯膝压板	1. 每弹起跳重心不稳 2. 摆臂曲肘 3. 空中姿势成型晚	1. 单杠悬吊体会空中身体线条 2. 网板交替练习	弹板重心稳定，第三弹落板准，摆臂幅度大，起跳高，最高点成型，打开脚尖膝盖直紧，着垫稳

续表

序号	动作名称	技术要点	教学方法	易犯错误	改进措施	质量规格
10	向前三弹C跳下	1. 向前近板端正确姿势站立，略低头，余光看板端，两脚分开略小于肩宽，脚尖略向外 2. 弯膝压板时膝关节对正脚尖，蹬板时脚趾抓板，脚踝用力 3. 弹板时重心直上直下，空中姿势成一直线，注意合板节奏及三弹力量的分配 4. 第三弹身体重心垂直压板，充分起跳带臂到头顶，蹬离跳板，最高点提膝，回臂回肩抱小腿，团紧，脚尖、腿向前向下打开，手臂迅速上带，开直身体，着垫稳	1. 三弹起跳C模仿练习 2. 弹网三弹定点起跳AC练习 3. 陆板三弹起跳AC练习 特别提示：压板时膝关节对正脚尖，不能X腿或O型腿弯膝压板	1. 每弹起跳重心不稳 2. 摆臂曲肘 3. 空中姿势成型晚	1. 单杠悬吊体会空中身体线条 2. 网板交替练习	弹板重心稳定，第三弹落板准，摆臂幅度大，起跳高，最高点成型，打开脚尖膝盖直紧，着垫稳

续表

序号	动作名称	技术要点	教学方法	易犯错误	改进措施	质量规格
11	走板训练	1. 不少于4步 2. 正确姿势站于起步点，看板端 3. 走板时，头正直，看板端（余光看板面），身体重心始终垂直，两臂自然伸直，作对称前后摆动 4. 走板路线直，步速逐步加快，步幅逐步加大（因人而异，恰当的步速和步幅） 5. 踏跳腿迈出时，两臂应大幅度后摆 6. 踏跳腿弯膝压板的幅度大小，应根据运动员能力决定 7. 当踏跳腿准备蹬起，板端处于最低位置时，跨跳腿提膝和两臂快速上摆至头顶动作要同步完成 8. 踏跳腿充分蹬伸蹬离跳板至最高点，跨跳腿自然下伸与踏跳腿并腿，身体下落时，身体应成一直线，两臂向上伸，调控身体重心	1. 示范教学 2. 陆地走板模仿 3. 由软网走网到硬网走网再到陆板走板 4. 陆板分解动作走板练习（在板上练习）： （1）3步跨跳步并腿着板不蹬起 （2）3步跨跳步并腿压板蹬起 （3）4步或5步跨跳步并腿着板不蹬起 （4）4步或5步跨跳步并腿压板蹬起	1. 走板路线不直 2. 踏跳腿迈出踏跳时，身体重心不垂直，上体前倾或后靠 3. 踏跳腿迈出落板时，前脚掌着板 4. 跨跳步并腿腾空时，身体重心不垂直，上体前倾或后靠 5. 跨跳步并腿腾空，人体下落时过早下摆臂 6. 曲肘下摆臂 7. 踏跳腿压死板或跨跳步并腿后下压板不合节奏（打板）或压死板	1. 陆上模仿走板—软网走网—硬网走网—陆上板走板循环练习或转换练习 2. 对镜子模仿，改进动作技术 3. 录像回放教学 4. 增强腿部力量训练 5. 加强弹板练习，熟悉板性	走板过程路线直，身体重心垂直，走速和步幅恰当，跨跳步并腿后双脚落板点正确，压板摆臂幅度大，压板符合节奏，起跳充分有力

续表

序号	动作名称	技术要点	教学方法	易犯错误	改进措施	质量规格
11	走板训练	9. 跨跳并腿过程中，稍低头，余光看板端，两脚即将着板，两臂开始下摆臂时，应梗头，稍含胸，身体重心垂直，眼看前下方 10. 下摆臂要晚，幅度大，蹬伸时快速上带手臂		8. 踏跳腿压板用力方向偏左或偏右，造成跨跳步并腿后着板时，偏左或偏右 9. 踏跳腿压板时，身体重心不垂直，上体前倾过多，臀后蹶或踏跳腿压板、蹬板不充分，造成退板 10. 踏跳腿压板前，步速过快或步幅过大，踏跳腿顶压板不充分，造成身体重心前移的抛物线角度过大和前移速度过快，使跨跳双脚并腿着板时，踩出板端		

续表

序号	动作名称	技术要点	教学方法	易犯错误	改进措施	质量规格
12	走板ABC跳下	1. 正确技术走板（参看走板技术要点） 2. 蹬离跳板角度、距离适宜，A空中身体线条直。BC最高点成型，站垫稳	1. 陆上走板ABC模仿练习 2. 网三弹、一弹到走网ABC练习 3. 陆板三弹、一弹到走板ABC跳下练习 特别提示：先练习A，再练习C，再练习B	同上	同上	走板过程路线直，身体重心垂直，走速和步幅恰当，摆臂压板幅度大，压板符合节奏，起跳高，空中BC成型姿势正确
13	三弹、一弹、走板102BC	1. 弹好板，走好板 2. 下摆臂要晚，充分压板下沉，手臂伸直，大幅度下摆，快速上臂到头顶 3. 前划臂，梗头，躬背，提臀，抱腿连接翻腾 4. 一周过来，眼看前下方目标，脚尖、腿向前向下有力打开，开直身体，站稳垫	1. 陆上模仿 2. 网三弹、一弹到走网102BC 3. 板三弹、一弹102BC到走板102BC 特别提示：先练习102 C，再练习102B	1. 手臂下摆幅度小 2. 压板不充分，压板时上臂慢	网板交替训练	充分压板，手上顶连接翻腾，动作完成高，站稳垫

续表

序号	动作名称	技术要点	教学方法	易犯错误	改进措施	质量规格
14	三弹、一弹、走板104BC（坐垫或站垫）	1. 弹好板，走好板 2. 下摆臂要晚，充分压板下沉，手臂自然伸直，大幅度下摆，快速上臂到头顶 3. 前划臂、梗头、躬背、提臀、抱腿连接翻腾 4. 空中翻腾团紧或屈紧，一周过来，眼看前下方目标。第二周过来，眼看前方目标，脚尖、腿迅速向前向下有力打开，坐垫或站稳垫	1. 陆上模仿 2. 网三弹、一弹102BC到走网102BC到保护带104BC到脱保104BC到走网104BC 3. 板三弹、一弹102BC到走板102BC到一弹保护带104BC到脱保104BC到走板104BC 特别提示：先练习104C，再练习104B	1. 手臂下摆幅度小 2. 压板不充分，压板时上臂慢，不到头顶 3. 看不清目标	网板交替训练	充分压板，手上头顶连接翻腾，完成高，每周看清目标，坐垫或站稳垫

续表

序号	动作名称	技术要点	教学方法	易犯错误	改进措施	质量规格
15	202C	1. 面对板手臂侧平举，正确姿势站立 2. 预摆时提踵手上举，稳住身体重心 3. 弯膝下摆臂充分压板时，身体重心与地面垂直 4. 充分蹬伸，手臂快速向上向后带过头顶 5. 最高点时，梗头、含胸、提膝、送髋、手臂快速回抱小腿团紧 6. 看落点，脚尖、腿向后向下开直身体，站稳垫	1. 陆上 202C 起跳摆臂模仿练习 2. 网立定 202C 3. 陆板保护带 202C—脱保 202C	1. 连接翻腾早，抬头挺胸连接翻腾 2. 起跳不充分，手臂上带慢	网板交替练习	起跳角度合理，起跳、上带臂充分，翻腾完成高，团身紧，站稳垫
16	202B	1. 面对板手臂侧平举，正确姿势站立 2. 预摆时提踵手上举，稳住身体重心 3. 弯膝下摆臂充分压板时，身体重心与地面垂直 4. 充分蹬伸，手臂快速向上向后带过头顶 5. 最高点时，梗头、含胸、直踢腿，前顶髋，两臂在肩上方回抱上踢腿，屈紧 6. 看落点，脚尖、腿向后向下开直身体，站稳垫	1. 陆上 202B 起跳摆臂模仿练习 2. 网立定 202B 3. 陆板保护带 202B—脱保 202B	1. 起跳时上体后倒，仰头甩上身 2. 连接翻腾早，抬头挺胸连接翻腾 3. 起跳不充分，手臂上带慢 4. 蹬伸不充分，造成屈体弯膝勾脚尖	网板交替练习	起跳角度合理，起跳、上带臂充分，翻腾完成高，屈体紧，站稳垫

续表

序号	动作名称	技术要点	教学方法	易犯错误	改进措施	质量规格
17	202A	1. 面对板手臂侧平举，正确姿势站立 2. 预摆时提踵手上举，稳住身体重心 3. 弯膝下摆臂充分压板时，身体重心与地面垂直 4. 充分蹬伸，蹬直膝、踝关节，脚趾抓板，手臂快速向上向后带过头顶 5. 蹬离跳板后，迅速绷脚尖，夹紧腿、臀，向前向上顶髋，梗头呈直体翻腾姿势，看落点，站稳垫	1. 陆上 202A 起跳摆臂模仿练习 2. 网保护带一弹 202A—立定 202A—脱保 202A 3. 陆板保护带 202A—脱保 202A	1. 起跳时仰头后倒甩上身 2. 起跳摆臂不充分，手臂上带慢，空中身体松散	网板交替练习	起跳角度合理，起跳、上带臂充分，翻腾完成高，下身紧，线条直，站稳垫
18	203C 背着垫	1. 面对板手臂侧平举，正确姿势站立 2. 预摆时提踵手上举，稳住身体重心 3. 弯膝下摆臂充分压板时，身体重心与地面垂直 4. 充分蹬伸，手臂快速向上向后带过头顶 5. 最高点时，梗头、含胸、提膝、送髋、手臂快速回抱小腿，团紧	1. 陆上 202C 起跳摆臂模仿练习 2. 网立定 202C—保护带 203C 躺网—脱保 203C 躺网 3. 陆板 202C—保护带 203C 背着垫—脱保 203C 背着垫	1. 起跳仰头后倒甩上身 2. 连接翻腾早，抬头挺胸连接翻腾 3. 起跳不充分，手臂上带慢 4. 背着垫身体松散	1. 网板交替练习 2. 背部下垫时，教练员用手在运动员背部保护	起跳角度合理，起跳、上带臂充分，翻腾完成高，团身紧，打开准确有力，人体紧，背着垫

续表

序号	动作名称	技术要点	教学方法	易犯错误	改进措施	质量规格
18	203C背着垫	6. 一周过来，看下方目标（准备打开），再看板端、板面前方目标，脚尖对准目标，开腿，开髋，看脚尖 7. 夹紧腿，收紧腹，低头含胸背着垫				
19	203B背着垫	1. 面对板手臂侧平举，正确姿势站立 2. 预摆时提踵手上举，稳住身体重心 3. 弯膝下摆臂充分压板时，身体重心与地面垂直 4. 充分蹬伸，手臂快速向上向后带过头顶 5. 最高点时，梗头、含胸，直踢腿，送髋，两臂肩上方两侧回抱上踢腿，屈紧 6. 一周过来，看下方目标（准备打开），再看板端、板面、前方目标，脚尖对准目标，伸脚尖，伸髋，看脚尖 7. 夹紧腿，收紧腹，低头含胸背着垫	1. 陆上202B起跳摆臂模仿练习 2. 网立定202B—保护带203B躺网—脱保203B躺网 3. 陆板202B—保护带203B背着垫—脱保203B背着垫	1. 起跳仰头后倒甩上身 2. 连接翻腾早，抬头挺胸连接翻腾 3. 起跳不充分，手臂上带慢 4. 背着垫身体松散	1. 网板交替练习 2. 背部下垫时，教练员用手在运动员背部保护	起跳角度合理，起跳、上带臂充分，翻腾完成高，屈体紧，打开准确有力，人体紧，背着垫

续表

序号	动作名称	技术要点	教学方法	易犯错误	改进措施	质量规格
20	204BC	1. 面对板手臂侧平举，正确姿势站立 2. 预摆时提踵手上举，稳住身体重心 3. 弯膝下摆臂充分压板时，身体重心与地面垂直 4. 充分蹬伸，手臂快速向上向后带过头顶 5. 团身：梗头、含胸，提膝，送髋，手臂快速回抱小腿抱紧。屈体：直踢腿，送髋、两臂肩上方两侧回抱腿，屈紧 6. 一周过来，看前下方目标，两周过来，看下方目标，脚尖、腿迅速向后向下开直身体，站垫	1. 陆上 202BC 起跳摆臂模仿练习 2. 网立定 202BC—保护带 204BC 3. 陆板 202BC—保护带 204BC 特别提示：204BC 都用保护带练习，先练习 204C，再练习 204B	1. 起跳仰头后倒甩上身 2. 连接翻腾早，抬头挺胸连接翻腾 3. 起跳不充分，手臂上带慢	1. 网板交替练习 2. 教练保护、辅助、加力	起跳角度合理，压板起跳、上带臂充分，翻腾完成高（C：团紧；B：屈紧），看清目标，打开准确有力，站稳垫

续表

序号	动作名称	技术要点	教学方法	易犯错误	改进措施	质量规格
21	三弹、一弹、走板302C	1. 弹好板，走好板，三弹或一弹或跨跳步并腿，身体下落时伸臂，直上直下，身体重心垂直，前脚掌先着板 2. 充分下摆臂压板，身体略微前倾 3. 腿充分向上向前蹬伸，手臂充分向前向上向后带过头顶 4. 梗头、含胸、提膝、送髋，手臂迅速回抱小腿，团紧 5. 看落点，脚尖、腿向后向下打开，站稳垫	1. 302C起跳摆臂模仿 2. 多做三组摆臂起跳的托起练习 3. 网三弹、一弹到走网302C 4. 陆板一弹保护带302C到三弹302C 到走板302C	1. 三弹、一弹、走板跨跳步并腿人体下落时向上伸臂不够，下摆臂过早 2. 下摆臂压板时上体过于前倾 3. 上摆臂时用力方向不对，造成起跳角度不合理 4. 抬头挺胸连接翻腾	1. 网板交替练习 2. 利用保护带改进技术，脱保、独立做交替练习 3. 注意保护辅助	弹板、走板技术正确，起跳角度合理，翻腾团紧，完成高，站稳垫

续表

序号	动作名称	技术要点	教学方法	易犯错误	改进措施	质量规格
22	三弹、一弹、走板302B	1. 弹好板，走好板，三弹或一弹或跨跳步并腿，身体下落时伸臂，直上直下，身体重心垂直，前脚掌先着板 2. 充分下摆臂压板，上体略微前倾 3 腿充分向上向前蹬伸，手臂充分向前向上向后带过头顶 4. 梗头，含胸，直踢腿，送髋，两手臂迅速在肩上方两侧回臂抱腿，屈紧 5. 看落点，脚尖、腿向后向下打开，站稳垫	1. 302B 起跳摆臂模仿 2. 多做三组的摆臂起跳的托起练习 3. 网三弹、一弹到走网 302B 4. 陆板一弹保护带 302B 到三弹 302B 到走板 302B	1. 三弹、一弹、走板跨跳步并腿人体下落时向上伸臂不够，下摆臂过早 2. 下摆臂压板时上体过于前倾 3. 上摆臂和腿蹬伸时用力方向不对，造成起跳角度不合理 4. 抬头挺胸连接翻腾	1. 网板交替练习 2. 利用保护带改进技术，脱保、独立做交替练习 3. 注意保护辅助	弹板、走板技术正确，起跳角度合理，翻腾屈紧，完成高，站稳垫

续表

序号	动作名称	技术要点	教学方法	易犯错误	改进措施	质量规格
23	三弹、一弹、走板302A	1. 弹好板，走好板，三弹或一弹或跨跳步并腿，身体下落时伸臂，直上直下，身体重心垂直，前脚掌先着板 2. 充分下摆臂压板，上体略微前倾 3. 腿充分向上向前蹬伸，手臂充分向前向上向后带过头顶 4. 蹬离跳板时脚趾抓板，紧腿、紧臂、顶髋、梗头，空中翻腾直体姿势线条直 5. 看落点，站稳垫	1. 302A 起跳摆臂模仿 2. 多做三组摆臂起跳的托起练习 3. 网三弹、一弹到走网 302A 4. 陆板一弹保护带 302A 到三弹 302A 到走板 302A	1. 三弹、一弹、走板跨跳步并腿人体下落时向上伸臂不够，下摆臂早 2. 下摆臂压板时上体过于前倾 3. 上摆臂和腿蹬伸时用力方向不对，造成起跳角度不合理 4. 空中人体松散，易屈髋	1. 网板交替练习 2. 利用保护带改进技术，脱保、独立做交替练习 3. 注意保护辅助	弹板、走板技术正确，起跳摆臂充分，角度合理，翻腾时人体下肢夹紧，线条直，完成高，站稳垫

续表

序号	动作名称	技术要点	教学方法	易犯错误	改进措施	质量规格
24	一弹304C（保护带）	1. 弹好板，充分下摆臂压板，上体略微前倾 2. 腿充分向上向前蹬伸，手臂充分向前向上向后带过头顶 3. 梗头，含胸，提膝，送髋，手臂迅速回抱小腿，团紧 4. 一周过来，看下方目标，第二周过来看下方目标，脚尖、腿迅速向后向下打开，站稳垫	1. 302C起跳摆臂模仿 2. 多做三组摆臂起跳的托起练习 3. 网三弹、一弹302C到保护带304C 4. 陆板一弹保护带302C到一弹304C 特别提示：304C都用保护带练习	1. 三弹、一弹下落时向上伸臂不够，下摆臂过早 2. 下摆臂压板时上体过于前倾 3. 上摆臂和腿蹬伸时用力方向不对，造成起跳角度不合理 4. 抬头挺胸连接翻腾 5. 团身不紧	1. 网板交替练习 2. 利用保护带改进技术，脱保、独立做交替练习，教练员注意保护	摆臂起跳充分，角度合理，翻腾团紧，完成高，看清目标，站稳垫

续表

序号	动作名称	技术要点	教学方法	易犯错误	改进措施	质量规格
25	402BC	1. 面对板手臂侧平举，正确姿势站立 2. 预摆时提踵手臂上举，稳住身体重心 3. 弯膝下摆压板时，手臂迅速上带到头顶，身体重心与地面垂直 4. 腿向上向后充分蹬伸，梗头，躬背，提臀，向前向下向后划臂抱腿连接翻腾 5. 一周过来，看前下方目标，脚尖、腿向前向下打开，站稳垫	1. 第四组起跳摆臂模仿 2. 多进行背对软墙第四组起跳后蹬腿，前划臂练习 3. 网 402BC 4. 陆板保护带 402BC—脱保 402BC 特别提示：先练习 402C，再练习 402B	1. 预摆、压板下摆臂时身体重心不稳 2. 起跳时倒肩，蹶臀 3. 下摆臂曲肘	1. 网板交替练习 2. 利用保护带改进技术，脱保、独立做交替练习	预摆、摆臂压板起跳过程重心稳定，压板起跳充分，角度合理，翻腾完成高，站稳垫
26	404C（保护带）	1. 面对板手臂侧平举，正确姿势站立 2. 预摆时提踵手臂上举，稳住身体重心 3. 弯膝下摆压板时，手臂迅速上带到头顶，身体重心与地面垂直	1. 第四组起跳摆臂模仿 2. 多进行背对软墙第四组起跳后蹬腿，前划臂练习	1. 预摆、压板下摆臂时身体重心不稳	1. 网板交替练习 2. 保护带根据运动员能力情况拉高或加力、加速	预摆、摆臂压板起跳过程重心稳定，压板起跳充分，角度合理，翻腾完成高，站稳垫

续表

序号	动作名称	技术要点	教学方法	易犯错误	改进措施	质量规格
		4. 腿向上向后充分蹬伸，梗头，躬背，提臀，向前向下向后划臂，抱小腿，连接翻腾 5. 一周过来，看前下方目标，二周过来看前下方目标，脚尖、腿向前向下迅速打开，站稳垫	3. 网 402C 到保护带 404C 到脱保 404C 4. 陆板保护带 402C 到 404C 特别提示：404C 都用保护带练习	2. 起跳时倒肩，蹶臀或手臂不到头顶，急于下压上身，不充分蹬板连接翻腾 3. 下摆臂屈臂		
27	5221D（坐垫或站垫）	1. 面对板手臂侧平举，正确姿势站立 2. 预摆时提踵手上举，稳住身体重心 3. 弯膝下摆臂充分压板时，身体重心与地面垂直 4. 充分蹬伸，带臂到头顶，梗头，夹腿夹臀，蹬离跳板后，用肩带动身体迅速连接转体 5. 转到位，两臂侧平分，提腿收髋，屈紧，眼看脚尖方向，呈屈体姿势坐垫（站垫：收停屈紧后，脚尖、腿向前向下打开）	1. 陆上 5221D 模仿练习 2. 弹网或立定 202A 到保护带 5221D 坐网过渡到脱保 5221D 坐网过渡到 5221D 站网	1. 连接转体时间早 2. 下肢松	1. 板 202A 和 5221D 交替练习 2. 网板交替练习 3. 脚夹小海绵做	起跳翻腾转体连接合理，转体时身体线条直而紧，转体顺畅，转体到位收停，收停姿势正确

续表

序号	动作名称	技术要点	教学方法	易犯错误	改进措施	质量规格
28	5223D	1. 面对板，手臂侧平举，正确姿势站立 2. 预摆时提踵手上举，稳住身体重心 3. 弯膝下摆臂充分压板时，身体重心与地面垂直 4. 充分蹬伸，带臂到头顶，梗头，夹腿夹臀，蹬离跳板后，迅速连接转体 5. 手臂、肩带动身体转动，加速度转到位，两臂侧平分，提腿收髋，屈紧，眼看脚尖方向，呈屈体姿势坐垫（站垫：收停屈紧后，脚尖、腿向前向下打开）	1. 陆上 5221D 到 5223D 模仿练习 2. 网保护带一弹、立定 202A—保护带 5223D—脱保 5223D	1. 连接转体时间早 2. 下肢松 3. 转体时分腿	1. 板 202A 和 5223D 交替练习 2. 网板交替练习 3. 脚夹小海绵做	起跳翻腾转体连接合理，转体时身体线条直而紧，转体顺畅，转体到位收停，收停姿势正确

续表

序号	动作名称	技术要点	教学方法	易犯错误	改进措施	质量规格
29	三弹、一弹、走板5122D	1. 弹好板，走好板 2. 弯膝压板、下摆臂充分，上手迅速到头顶，腿充分蹬伸，离板后，两臂迅速前侧分，躬背，提臀，再摆腿迅速连接转体 3. 手臂、肩带动身体转动，转到位两臂侧平分，提腿收髋，眼看脚尖方向，屈紧坐垫（站垫：收停屈紧后，脚尖、腿向前向下打开）	1. 陆上5122D模仿 2. 网一弹或三弹分手102B摆腿翻腾 3. 网保护带分手102B摆腿翻腾—5122D—脱保5122D练习 4. 陆板三弹分手102B摆腿翻腾到 5122D—走板分手102B摆腿翻腾—5122D	1. 起跳压板不充分，上手不到位 2. 过早下压上体连接翻腾 3. 转体过早连接 4. 转体分腿	1. 分手 102B摆腿翻腾与5122D交替练习 2. 网板交替练习	起跳翻腾转体连接合理，转体时身体线条直而紧，转体顺畅，转体到位，收停姿势和时间正确

七、弹 网

序号	动作名称	技术要点	教学方法	易犯错误	改进措施	质量规格
1	自由弹	1. 手脚动作要与网的弹性、节奏相配合 2. 身体重心尽量保持垂直 3. 弹熟练后要求空中身体姿势成一直线 4. 腰腿夹紧绷脚尖	1. 原地弹起绷脚尖自由弹 2. 起跳摆臂模仿 3. 手脚配合自由弹	1. 身体重心不平衡 2. 不合网的节奏	初学可用保护带过渡到独立弹	1. 初学者初步掌握跳网弹性节奏和调节身体平衡 2. 熟练后要求弹稳、弹高，起跳重心垂直，直上直下，空中身体线条直
2	立定起跳ABC站网	1. 正确姿势站立，手臂侧平举 2. 提踵手上摆，下摆臂幅度大（两手指过膝盖），屈膝落踝用力压网 3. 充分蹬伸膝踝关节，脚趾抓网，手臂充分上带到头顶，眼看前下方，空中姿势一直线（BC：最高点成型姿势，向前向下开腿站网）	1. 立定起跳ABC模仿练习 2. 网立定起跳由A过渡到C过渡到B （特别提示：压网时膝关节对正脚尖，不能X型腿或O型腿弯膝压网）	起跳摆臂身体重心不稳定，弯膝压网摆臂不充分	模仿和网交替练习	起跳摆臂压网充分，下摆臂幅度大，上臂快，到位，空中姿势正确，站稳网

续表

序号	动作名称	技术要点	教学方法	易犯错误	改进措施	质量规格
3	三弹、一弹ABC站网	1. 弹网时，身体重心垂直，直上直下，弹高弹稳 2. 压网时，两脚略小于肩宽分开，脚尖略向外，膝关节对正脚尖方向弯曲 3. 直臂大幅度摆臂，手指过膝盖，充分蹬伸、上带手臂到头顶 4. 空中身体线条直（BC：最高点成型，脚尖、腿向前向下打开站网）	1. 三弹、一弹起跳模仿练习 2. 三弹、一弹A到C到B练习 （特别提示：压网时膝关节对正脚尖，不能X型腿或O型腿弯膝压网）	1. 起跳重心不稳 2. 空中打开时腿松散	1. 模仿和网交替练习 2. 网面用细带设置直径为80厘米的圆圈，力求圈内弹网	1. 弹网身体重心垂直，线条直，直上直下，弹高弹稳 2. 力求每跳都在圈内（BC打开圈内站网、站稳）
4	十弹A站网	1. 弹网时，身体重心垂直，直上直下，弹高弹稳 2. 压网时，两脚略小于肩宽分开，脚尖略向外，膝关节对正脚尖方向弯曲 3. 直臂大幅度摆臂，手指过膝盖，充分蹬伸、上带手臂到头顶 4. 空中身体线条直，每弹注意绷脚尖	1. 十弹摆臂起跳模仿练习 2. 三弹、一弹A练习到十弹A练习 特别提示：压网时膝关节对正脚尖，不能X型腿或O型腿弯膝压网	1. 起跳重心不稳 2. 空中身体线条不直，下肢松	1. 模仿和网交替练习 2. 网面用细带设置直径为80厘米的圆圈，力求圈内弹网	1. 弹网身体重心垂直，线条直，直上直下，弹高弹稳 2. 力求每跳都在圈内

续表

序号	动作名称	技术要点	教学方法	易犯错误	改进措施	质量规格
5	十弹B站网	1. 弹网时，身体重心垂直，直上直下，弹高弹稳 2. 压网时，两脚略小于肩宽分开，脚尖略向外，膝关节对正脚尖方向弯曲 3. 直臂大幅度摆臂，手指过膝盖，充分蹬伸、上带手臂到头顶 4. 在最高点呈屈体，手指摸脚尖后迅速打开呈直体，再连接下一次起跳	1. 十弹摆臂起跳模仿练习 2. 三弹、一弹B练习到十弹B练习 特别提示：压网时膝关节对正脚尖，不能X型腿或O型腿弯膝压网	1. 起跳重心不稳 2. 空中打开后身体线条不直，下肢松散，手臂不到位，屈体弯膝	1. 模仿和网交替练习 2. 网面用细带设置直径为80厘米的圆圈，力求圈内弹网	1. 弹网身体重心垂直，线条直，直上直下，弹高弹稳 2. 力求每跳都在圈内
6	十弹C站网	1. 弹网时，身体重心垂直，直上直下，弹高弹稳 2. 压网时，两脚略小于肩宽分开，脚尖略向外，膝关节对正脚尖方向弯曲 3. 直臂大幅度摆臂，手指过膝盖，充分蹬伸、上带手臂到头顶 4. 在最高点呈团身，迅速打开呈直体，再连接下一次起跳	1. 十弹摆臂起跳模仿练习 2. 三弹、一弹C练习到十弹C练习 特别提示：压网时膝关节对正脚尖，不能X型腿或O型腿弯膝压网	1. 起跳重心不稳 2. 上带臂不到位，团身不紧，空中打开后身体线条不直，下肢松散	1. 模仿和网交替练习 2. 网面用细带设置直径为80厘米的圆圈，力求圈内弹网	1. 弹网身体重心垂直，线条直，直上直下，弹高弹稳 2. 力求每跳都在圈内

续表

序号	动作名称	技术要点	教学方法	易犯错误	改进措施	质量规格
7	走网跨跳步训练	1. 三步走网 2. 正确姿势站立开步点 3. 走网时，头正直，余光看踏跳点，走动时身体重心始终垂直，两臂自然伸直，做对称前后摆动 4. 合网节奏走动，走网路线直，踏跳腿迈出时，两臂应大幅度后摆 5. 踏跳腿弯膝压网的幅度大小，应根据运动员能力决定 6. 当踏跳腿准备蹬起时，网面处于最低位置时，跨跳腿提膝和两臂快速上摆至头顶动作要同步完成 7. 踏跳腿充分蹬伸蹬离网面至最高点，跨跳腿自然下伸与踏跳腿伸直并拢，人体下落时，应呈一直线，两臂向上伸，调控身体重心 8. 跨跳并腿过程中，稍低头，余光看双脚落网点，两脚即将着网时，两臂开始下摆臂时，应梗头，稍含胸，身体重心垂直，眼看前下方 9. 下摆臂要晚，幅度大，蹬伸时快速上带手臂	1. 示范教学 2. 陆地走板模仿 3. 网十弹、三弹 4. 由软网走网到硬网走网 特别提示：练习好直体后，再练C，再练B，起跳后最高点连接C、B动作，开腿迅速有力，落网站稳	1. 走网路线不直 2. 踏跳腿跨出踏跳时，身体重心不垂直，上体前倾或后靠 3. 踏跳腿迈出下落网时，前脚掌着网 4. 踏跳腿压死网 5. 跨跳步并腿腾空时，身体重心不垂直，上体前倾或后靠 6. 跨跳步并腿腾空，人体下落时过早下摆臂 7. 曲肘下摆臂	1. 陆上模仿走板—软网走网—硬网走网转换练习或循环练习 2. 对镜子模仿，改进动作技术 3. 录像回放教学	走网过程路线直，身体重心垂直，走速和步幅恰当，摆臂压网幅度大，走网、压网符合节奏，起跳高

续表

序号	动作名称	技术要点	教学方法	易犯错误	改进措施	质量规格
8	三弹、一弹101A腹着网	1. 弹稳网，充分压网、下摆臂，直臂迅速上臂到头顶 2. 到最高点手臂侧平分，抬头，紧臀，夹腿，绷脚尖，呈直体燕式姿势 3. 腹着网时，手臂从侧面向前至耳旁，下肢自然放松	1. 101A起跳模仿练习 2. 软垫上燕式腹着垫 3. 三弹、一弹A脚着网练习过渡到网上保护带三弹、一弹101A腹着网过渡到脱保三弹、一弹101A腹着网	1. 空中动作低头收髋 2. 下肢松	垫上燕式姿势静力训练	起跳角度合理，空中造型优美
9	立定101A腹着网	1. 双手侧平举，正确姿势站立 2. 提踵手臂上摆，身体重心稳定 3. 充分弯膝压网，大幅度下摆臂，快速上臂到头顶，身体重心略前倾 4. 充分蹬伸，最高点手臂侧平分，抬头，紧臀，夹腿，绷脚尖，呈直体燕式姿势 5. 腹着网时，手臂从侧面向前至耳旁，下肢自然放松	1. 101A起跳模仿练习 2. 软垫上燕式腹着垫 3. 立定A脚着网练习过渡到网上保护带立定101A腹着网过渡到脱保立定101A腹着网	1. 空中动作低头收髋 2. 下肢松	垫上燕式姿势静力训练	起跳角度合理，空中造型优美

续表

序号	动作名称	技术要点	教学方法	易犯错误	改进措施	质量规格
10	三弹、一弹101BC腹着网	1. 弹稳网，充分压网、下摆臂，直臂迅速上臂到头顶 2. 到最高点躬背，提臀（C：前划臂抱小腿。B：手臂侧平分提腿屈髋） 3. 腹着网时，手臂从侧面向前至耳旁，下肢自然放松	1. 101BC起跳模仿练习 2. 软垫上101BC腹着垫 3. 三弹、一弹ABC脚着网练习过渡到网上保护带三弹、一弹101BC腹着网过渡到脱保三弹、一弹101BC腹着网	1. 起跳弯膝压网下摆臂时身体重心不稳 2. 向上起跳、向上带臂不充分 3. 动作成型晚	软垫上教练辅助保护做熟练后再上网做	起跳角度合理，最高点成型
11	立定101BC腹着网	1. 两臂侧平举，王确姿势站立 2. 提踵手臂上摆，身体重心稳定 3. 充分弯膝压网，大幅度下摆臂，快速上臂到位，身体重心略前倾 4. 充分蹬伸和上带手臂（C：前划臂抱小腿。B：手臂侧平分，提腿屈髋） 5. 腹着网时，手臂从侧面向前至耳旁，下肢自然放松	1. 立定起跳101BC模仿练习 2. 软垫上立定101BC腹着垫 3. 立定起跳ABC脚着网练习过渡到网上保护带立定101BC腹着网过渡到脱保立定101BC腹着网	1. 起跳弯膝压网下摆臂时身体重心不稳 2. 向上起跳、向上带臂不充分 3. 动作成型晚	软垫上教练辅助保护做熟练后再上网做	起跳角度合理，高度高，最高点成型

续表

序号	动作名称	技术要点	教学方法	易犯错误	改进措施	质量规格
12	三弹、一弹、走网102BC	1. 弹稳网或走好网 2. 大幅度弯膝压网、下摆臂，身体重心稍前倾，快速充分上臂到头顶 3. 充分蹬伸，前划臂，梗头，躬背，提臀，连接翻腾（C：前划臂抱小腿。B：前划臂手抱膝关节后部） 4. 一周过来，看前下方目标，脚尖、腿向前向下打开，开直身体，站稳网	1. 陆上 102BC 模仿 2. 网保护带一弹 102BC 过渡到脱保 102BC—三弹、一弹、走网 102BC	1. 压网下摆臂身体重心不稳，上体过于前倾 2. 压网下摆臂不充分，上手不到位 3. 低头，提肩连接翻腾	1. 起跳摆臂模仿与弹网 102BC 相结合做 2. 三弹、一弹、走网交替做	弹网稳，走网正确，压网摆臂幅度大，上臂到位连接翻腾，起跳高，完成高，站稳网
13	保护带103C	1. 大幅度弯膝压网、下摆臂，身体重心稍前倾，快速充分上臂到头顶 2. 充分蹬伸，梗头，含胸，提臀，连接翻腾，前划臂抱小腿 3. 一周过来看前下方目标，团紧到位一次开直腿髋两手臂曲肘在体前，向头顶方向伸并手；或两次打开开小腿手侧平分、屈紧髋，调控身体位置到位，开直身体看入水点，并手伸肩手触网	1. 陆上打开模仿 2. 看目标入水模仿 3. 网保护带 101C—102C—103C	1. 打开后身体位置的控制能力和意识不强 2. 看目标不清楚	1. 初学者翻腾拉高，翻腾速度适当拉慢，有时间体会看目标和身体位置的调控 2. 放置明显目标	起跳连接翻腾技术合理，看目标清楚，打开技术正确，，调控能力强，手触网时身体位置垂直，线条直

续表

序号	动作名称	技术要点	教学方法	易犯错误	改进措施	质量规格
14	保护带103B	1. 大幅度弯膝压网、下摆臂，身体重心稍前倾，快速充分上臂到头顶 2. 充分蹬伸，梗头，含胸，提臀，连接翻腾，前划臂手抱膝关节后部 3. 一周过来看前下方的第一目标准备打开，手侧平分屈紧髋，调控到位，看入水点 4. 开腿展髋，开直身体，看网面，并手，伸肩，手触网	1. 陆上打开模仿 2. 看目标入水模仿 3. 网保护带 102B—103B	1. 打开后身体位置的控制能力和意识不强 2. 看目标不清楚	1. 初学者翻腾拉高，翻腾速度适当拉慢，有时间体会看目标和身体位置的调控 2. 放置明显目标	起跳连接翻腾技术合理，看目标清楚，打开技术正确，调控能力强，手触网时身体位置垂直，线条直
15	三弹、一弹、走网104BC	1. 弹好网、走好网 2. 按 102 起跳、起跳连接技术做 3. 空中团紧（C）、屈紧（B）加速，第一周过来看前下方目标，第二周过来看前上方目标，准备打开，坐网或站网	1. 陆上模仿练习 2. 网保护带 102BC—104BC 过渡到脱保三弹、一弹、走网 104BC	1. 压网摆臂不充分，上带手臂不到位，上体过于前倾 2. 连接翻腾早，靠下压上身连接翻腾或提肩连接翻腾 3. 空中翻腾团身、屈体不紧 4. 看目标不清	放置明显目标	起跳充分，团紧或屈紧，翻腾速度快，完成高，看目标清楚，坐网姿势正确或站稳网

续表

序号	动作名称	技术要点	教学方法	易犯错误	改进措施	质量规格
16	保护带105C	1. 大幅度弯膝压网、下摆臂，身体重心稍前倾，快速充分上臂到头顶 2. 充分蹬伸，梗头，含胸，提臂，连接翻腾，前划臂抱小腿 3. 空中翻腾团紧加速，第一周过来第一次看前下方目标，第二周过来第二次看前下方目标，准备打开 （1）一次打开：团紧到位，看入水点，脚尖带动膝关节、髋一次开直身体，手臂伸直放置体前，顺体前伸并手，伸肩，触网 （2）两次打开：先开小腿，手侧平举，屈紧，调控到位，看网面入水点，并手，伸肩，手触网	1. 陆上模仿练习 2. 网保护带103C—104C过渡到105C	1. 打开后，身体位置调控能力和意识不强 2. 看目标不清	1. 初学者翻腾拉高，翻腾速度适当拉慢，有时间体会看目标和身体位置的调控 2. 放置明显目标	起跳连接技术正确，空中翻腾团紧，加速度快，看目标清楚，调控能力强，打开技术正确，手触网时身体垂直，线条直

续表

序号	动作名称	技术要点	教学方法	易犯错误	改进措施	质量规格
17	保护带105B	1. 大幅度弯膝压网、下摆臂，身体重心稍前倾，快速充分上臂到头顶 2. 前划臂、梗头、含胸、提臀、抱腿连接翻腾 3. 空中翻腾屈紧加速，第一周过来第一次看前下方目标，第二周过来第二次看前下方目标，准备打开，分手侧平举，屈紧，调控到位，看网面，并手，伸肩，手触网	1. 陆上模仿练习 2. 网保护带103B—104B过渡到105B	1. 打开后，身体位置调控能力和意识不强 2. 看目标不清	1. 初学者翻腾拉高，翻腾速度适当拉慢，有时间体会看目标和身体位置的调控 2. 放置明显目标	起跳连接技术正确，空中翻腾屈紧，加速度快，看目标清楚，调控能力强，打开技术正确，手触网时身体垂直，线条直
18	保护带106C坐网	1. 弹稳网 2. 大幅度弯膝压网、下摆臂，身体重心稍前倾，快速充分上臂到头顶 3. 充分蹬伸，梗头，含胸，提臀，连接翻腾，前划臂抱小腿 4. 空中翻腾团紧加速，第一周过来看前下方目标，第二周过来看前下方目标，第三周过来看前上方目标，准备打开，开小腿，屈紧，手侧平分，眼看脚尖方向坐网	1. 陆上模仿练习 2. 网保护带102C—104C—106C	1. 压网摆臂不充分，上带手臂不到位，上体过于前倾 2. 连接翻腾早，靠下压上身连接翻腾或提肩连接翻腾 3. 空中翻腾团身不紧 4. 看目标不清	1. 初学者翻腾拉高，翻腾速度适当拉慢，有时间体会看目标和身体位置的调控 2. 放置明显目标	起跳带臂充分，团紧，翻腾加速度快，完成高，看目标清楚，坐网姿势正确

续表

序号	动作名称	技术要点	教学方法	易犯错误	改进措施	质量规格
19	保护带106B坐网	1. 弹好网 2. 大幅度弯膝压网、下摆臂，身体重心稍前倾，快速充分上臂到头顶 3. 前划臂、梗头、含胸、提臀、抱腿连接翻腾 4. 空中翻腾屈紧加速，第一周过来看前下方目标，第二周过来看前下方目标，第三周过来看前上方目标，准备打开，侧平分手，屈紧，眼看脚尖方向坐网	1. 陆上模仿练习 2. 网保护带102B—104B—106B	1. 压网摆臂不充分，上带手臂不到位，上体过于前倾 2. 连接翻腾早，靠下压上身连接翻腾或提肩连接翻腾 3. 空中翻腾屈体不紧 4. 看目标不清	1. 初学者翻腾拉高，翻腾速度适当拉慢，有时间体会看目标和身体位置的调控 2. 放置明显目标	起跳充分，屈紧，翻腾加速度快，完成高，看目标清楚，坐网姿势正确
20	三弹、一弹、立定201A背着网	1. 弹好网 2. 充分压网、下摆臂，快速上带，手臂到头顶 3. 充分蹬伸，手臂上带，最高点侧平分手臂，抬头微挺胸，绷脚尖，夹紧腿、臀，空中呈反燕姿势 4. 低回头、躬背、着网	1. 201A模仿练习 2. 网三弹、一弹、立定A起跳—保护带201A背着网—脱保201A背着网	起跳不充分，手臂上带不到位，成型晚，易收髋	三弹、一弹、立定起跳A脚着网和201A交替练习	起跳带臂充分，起跳角度合理，反燕造型美

续表

序号	动作名称	技术要点	教学方法	易犯错误	改进措施	质量规格
21	三弹、一弹、立定201C背着网	1. 弹好网 2. 充分压网、下摆臂，快速上臂到头顶 3. 充分蹬伸，手臂上带，最高点梗头，躬背，含胸，提腿送髋，前回臂抱小腿，团紧 4. 定位向上向前伸脚尖开腿，送髋 5. 低头看脚尖、躬背、收紧腹、夹紧腿、绷脚尖、背着网	1. 起跳201C模仿 2. 网三弹、一弹、立定起跳AC脚着网练习—保护带201C背着网—脱保201C背着网	起跳摆臂不充分，手臂上带不到位，成型晚，打开无力	三弹、一弹、立定起跳C脚着网和201C背着网交替练习	起跳带臂充分，起跳角度合理，高度高，成型早，团身紧，打开准确有力
22	三弹、一弹、立定201B背着网	1. 弹好网 2. 充分压网、下摆臂，快速上臂到头顶 3. 充分蹬伸和手臂上带，最高点梗头，躬背，含胸，直踢腿送髋，前回臂、肩，手指触摸脚尖，屈紧 4. 定位向上向前伸脚尖开腿，展髋 5. 低头看脚尖、躬背、收紧腹、夹紧腿、绷脚尖、背着网	1. 起跳201B模仿 2. 网三弹、一弹、立定起跳AB脚着网练习—保护带201B背着网—脱保201B背着网	手臂上带不到位，成型晚，打开无力	三弹、一弹、立定起跳B脚着网和201B背着网交替练习	起跳带臂充分，起跳角度合理，高度高，成型早，屈体紧，打开准确有力

续表

序号	动作名称	技术要点	教学方法	易犯错误	改进措施	质量规格
23	保护带201A（手触网）	1. 充分压网、下摆臂，快速上带，手臂到头顶 2. 充分蹬伸，手臂上带，最高点侧平分手臂，抬头微挺胸，绷脚尖，夹紧腿、臀，空中呈反燕姿势，抬头看入水点，并手伸拉肩触网	1. 201A模仿练习 2. 网三弹或一弹A起跳—保护带201A背着网—脱保201A背着网—过渡到保护带201A头入水	手臂上带不到位，成型晚，易收髋	保护带将动作拉高	起跳带臂充分，起跳角度合理，反燕造型美，手触网时身体垂直，线条直，略呈反弓姿势
24	保护带201B（手触网）	1. 充分压网、下摆臂，快速上臂到头顶 2. 充分蹬伸和手臂上带，最高点梗头，躬背，含胸，直踢腿送髋，前回臂、肩，手指触摸脚尖，屈紧 3. 定位向上向前伸脚尖开腿，展髋，手顺脚尖、小腿划至体前，抬头看入水点，调控到位，侧面并手，伸拉肩，手触网	1. 起跳201B模仿 2. 网三弹、一弹起跳AB脚着网练习—201B背着网—保护带201B手触网	手臂上带不到位，成型晚，打开无力	保护带将动作拉高	起跳带臂充分，起跳角度合理，高度高，成型早，屈体紧，打开准确有力

续表

序号	动作名称	技术要点	教学方法	易犯错误	改进措施	质量规格
25	保护带201C（手触网）	1. 充分压网、下摆臂，快速上臂到头顶 2. 充分蹬伸，手臂上带，最高点梗头，躬背，含胸，提腿送髋，前回臂抱小腿，团紧 3. 定位向上向前伸脚尖开腿，送髋，手臂伸直停置体前，眼看脚尖，调控到位，抬头看入水点，手臂体前曲肘伸并手，伸拉肩，手触网	1. 起跳201C模仿 2. 网三弹、一弹起跳AC脚着网练习—脱保201C背着网—保护带201C手触网	手臂上带不到位，成型晚，打开无力	保护带将动作拉高	起跳带臂充分，起跳角度合理，高度高，成型早，团身紧，打开准确有力
26	三弹、一弹202C	1. 弹好网 2. 弯膝下摆臂充分压网时，身体重心垂直 3. 充分蹬伸，快速充分向上向后带手臂 4. 最高点时，梗头、含胸、提膝、送髋、手臂快速回抱小腿团紧 5. 看落点，脚尖、腿往后往下开直身体，站稳网	1. 陆上202C起跳摆臂模仿练习 2. 保护带202C—脱保202C	1. 起跳不充分，手臂上带慢、不到位、不充分 2. 上体后倒,仰头甩上身 3. 连接翻腾早，抬头挺胸 4. 连接翻腾慢，团身松	保护带和脱保交替改进技术	起跳角度合理，起跳、上带臂充分，翻腾完成高，团身紧，站稳网

续表

序号	动作名称	技术要点	教学方法	易犯错误	改进措施	质量规格
27	立定202C	1. 手臂侧平举，正确姿势站立 2. 预摆时提踵手上举，稳住身体重心 3. 弯膝下摆臂充分压网时，身体重心垂直 4. 充分蹬伸，充分快速向上向后带臂 5. 最高点时，梗头、含胸、提膝、送髋、手臂快速回抱小腿团紧 6. 看落点，脚尖、腿往后往下开直身体，站稳网	1. 陆上 202C 起跳摆臂模仿练习 2. 保护带 202C—脱保 202C	1. 起跳不充分，手臂上带慢、不到位、不充分 2. 上体后倒,仰头甩上身 3. 连接翻腾早，抬头挺胸 4. 连接翻腾慢，团身松	保护带和脱保交替改进技术	起跳角度合理，起跳、上带臂充分，翻腾完成高，团身紧，站稳网
28	三弹、二弹202B	1. 弹好网 2. 弯膝下摆臂充分压网时，身体重心垂直 3. 充分蹬伸，快速充分向上向后带手臂 4. 最高点时，梗头、含胸、直腿上踢、送髋、手臂在肩上方快速从两侧回抱腿，屈紧 5. 看落点，脚尖、腿往后往下开直身体，站稳网	1. 陆上 202B 起跳摆臂模仿练习 2. 保护带 202B—脱保 202B	1. 起跳不充分，手臂上带慢、不到位、不充分 2. 上体后倒,仰头甩上身 3. 连接翻腾早，抬头挺胸 4. 连接翻腾慢，屈体松	保护带和脱保交替改进技术	起跳角度合理，起跳、上带臂充分，翻腾完成高，屈紧，站稳网

续表

序号	动作名称	技术要点	教学方法	易犯错误	改进措施	质量规格
29	立定202B	1. 手臂侧平举，正确姿势站立 2. 预摆时提踵手上举，稳住身体重心 3. 弯膝下摆臂充分压网时，身体重心垂直 4. 充分蹬伸，充分快速向上向后带臂 5. 最高点时，梗头、含胸、直腿上踢，送髋，手臂在肩上方快速从两侧回抱腿，屈紧 6. 看落点，脚尖、腿往后往下开直身体，站稳网	1. 陆上 202B 起跳摆臂模仿练习 2. 保护带 202B—脱保 202B	1. 起跳不充分，手臂上带慢、不到位、不充分 2. 上体后倒，仰头甩上身 3. 连接翻腾早，抬头挺胸 4. 连接翻腾慢，屈体松	保护带和脱保交替改进技术	起跳角度合理，起跳、上带臂充分，翻腾完成高，屈紧，站稳网
30	三弹、一弹202A	1. 弹好网 2. 弯膝压网下摆臂时，身体重心与网面垂直 3. 充分压网下摆臂，充分蹬伸，充分向上向后带臂，蹬离网面时，脚趾抓网，夹紧腿臀，顶髋，最高点侧平分手臂，空中翻腾时梗头，绷脚尖，夹紧腿臀，站稳网	1. 202A 起跳模仿练习 2. 网保护带 202A—脱保 202A	起跳不充分，手臂上带不到位，空中翻腾收髋，腿、臀松	保护带和脱保交替改进技术	起跳带臂充分，起跳角度合理，空中翻腾腿腰夹紧，身体线条呈一直线，翻腾完成高，站稳网

续表

序号	动作名称	技术要点	教学方法	易犯错误	改进措施	质量规格
31	立定202A	1. 手侧平举，正确姿势站网 2. 弯膝压网下摆臂时，身体重心与网面垂直 3. 充分压网下摆臂，充分蹬伸，充分向上向后带臂，蹬离网面时，脚趾抓网，夹紧臀腿，顶髋 4. 最高点侧平分手臂，空中翻腾时梗头，绷脚尖，夹紧腿臀，站稳网	1. 202A 起跳模仿练习 2. 网保护带 202A—脱保 202A	起跳不充分，手臂上带不到位，空中翻腾收髋，腿、臀松	保护带和脱保交替改进技术	起跳带臂充分，起跳角度合理，空中翻腾腿腰夹紧，身体线条呈一直线，翻腾完成高，站稳网
32	三弹、一弹、立定203C背着网	1. 弯膝压网下摆臂时，身体重心与网面垂直 2. 充分压网下摆臂，充分蹬伸，充分向上向后带臂 3. 最高点时梗头含胸，提膝送髋，手臂快速回抱小腿 4. 一周过来看下方目标，准备打开，再看前下方目标，开腿开髋打开 5. 低头看脚尖、含胸、躬背、收紧腹、手臂放置体前、夹紧腿、绷脚尖、背着网	1. 陆上 203C 起跳摆臂、翻腾连接、打开模仿练习 2. 垫上团身后滚翻开腿展髋，前伸手臂放置体前打开动作模仿 3. 网：201C 背着网—202C—保护带 203C 背着网—脱保 203C 背着网	打开时间不准，开腿无力，躺网时腿松	1. 网面放置明显目标 2. 保护带过渡 3. 初学者教练及时发出打开口令	起跳连接技术正确，打开时间准确有力，绷脚尖、收紧腹、夹紧腿臀背着网

续表

序号	动作名称	技术要点	教学方法	易犯错误	改进措施	质量规格
33	三弹、一弹、立定203B背着网	1. 弯膝下摆臂充分压网时，身体重心垂直 2. 充分蹬伸，充分快速向上向后带臂 3. 最高点时，梗头、含胸、直腿上踢，送髋，手臂在肩上方快速从两侧回抱腿，屈紧 4. 一周过来看下方目标，准备打开，再看前下方目标，前伸脚尖、腿，送髋 5. 低头看脚尖、含胸、躬背、收紧腹、手臂放置体前、夹紧腿、绷脚尖、背着网	1. 陆上203B起跳摆臂、翻腾连接、打开模仿练习 2. 垫上坐垫屈体抱腿，伸脚尖、腿，展髋打开模仿 3. 保护带202B—203B背着网—脱保203B背着网	打开时间不准，开腿无力，躺网时腿松	1. 网面放置明显目标 2. 保护带过渡 3. 初学者教练及时发出打开口令	起跳连接技术正确，打开时间准确有力，绷脚尖、收紧腹、夹紧腿臀背着网
34	保护带203C手触网	1. 手臂侧平举，正确姿势站立 2. 预摆时提踵手上举，稳住身体重心 3. 弯膝下摆臂充分压网时，身体重心垂直 4. 充分蹬伸，充分快速向上向后带臂 5. 保护带拉高翻腾	1. 垫上团身后滚翻一周过来看下方垫面，再后滚时看前下方垫面，再看前方目标，开腿开髋，开直身体，抬头看后方目标，做伸并手打开模仿练习	看目标不清，打开时间不准，调控能力和意识不强	1. 网面放置明显目标 2. 初学者教练将保护带拉高，放慢翻腾速度，让运动员看清目标，调控身体位置	1. 起跳连接技术正确，看清目标，打开时间准确有力 2. 手触网时伸拉肩，夹紧肘，身体垂直，绷脚尖，夹紧腿臀，身体线条直，略呈反弓形

续表

序号	动作名称	技术要点	教学方法	易犯错误	改进措施	质量规格
34	保护带203C手触网	6. 一周过来看下方目标，准备打开，再看前方第二目标，脚尖对准目标，开小腿，眼看脚尖，手臂放置体前，调控身体位置，到位后送髋，抬头，看入水点，再调控身体位置到位，曲肘在体前伸并手，伸拉肩，手触网	2. 保护带202C—203C手触网			
35	保护带203B手触网	1. 手臂侧平举，正确姿势站立 2. 预摆时提踵手上举，稳住身体重心 3. 弯膝下摆臂充分压网时，身体重心垂直 4. 充分蹬伸，充分快速向上向后带臂 5. 保护带拉高翻腾 6. 一周过来看下方目标，准备打开，再看前方第二目标，脚尖对准目标，前伸脚尖、腿，送髋，开直身体，眼看脚尖，手臂放置体前，调控身体位置到位，抬头，看入水点，再调控身体位置到位，曲肘在体前伸并手，伸拉肩，手触网	1. 垫上坐垫屈体抱腿，伸脚尖、腿，展髋打开模仿 2. 保护带202B—203B手触网	看目标不清，打开时间不准，调控能力和意识不强	1. 网面放置明显目标 2. 初学者教练将保护带拉高，放慢翻腾速度，让运动员看清目标，调控身体位置	1. 起跳连接技术正确，看清目标，打开时间准确有力 2. 手触网时伸拉肩，夹紧肘，身体垂直，绷脚尖，夹紧腿臀，身体线条直，略呈反弓形

续表

序号	动作名称	技术要点	教学方法	易犯错误	改进措施	质量规格
36	保护带203A手触网	1. 手臂侧平举，正确姿势站立 2. 预摆时提踵手上举，稳住身体重心 3. 弯膝压网下摆臂时，身体重心与网面垂直 4. 充分压网下摆臂，快速上带手臂到头顶 5. 梗头、夹紧腿臀、绷脚尖、完成整个过程翻腾 6. 一周过来看下方目标，手臂放置体前，夹紧腿臀，顶髋，调控到位，抬头看入水点，再调控身体位置到位，曲肘在体前伸并手，伸拉肩，手触网	1. 垫上直体仰卧做并手模仿（绷脚尖，夹紧腰腿） 2. 保护带202A—203A	翻腾过程腰腿松散	1. 网面放置明显目标 2. 初学者教练将保护带拉高，放慢翻腾速度，让运动员看清目标，调控身体位置 3. 脚夹小海绵做	起跳连接技术正确，整个翻腾过程呈直体姿势，绷脚尖，夹紧腿臀，触网时身体线条直，略呈反弓形

续表

序号	动作名称	技术要点	教学方法	易犯错误	改进措施	质量规格
37	三弹、一弹204C	1. 弹好网 2. 弯膝下摆臂充分压网时，身体重心垂直 3. 充分蹬伸，快速充分向上向后带手臂 4. 最高点时，梗头、含胸、提膝、送髋、手臂快速回抱小腿，团紧加速度 5. 一周过来，看下方目标，第二周过来，再看下方目标，脚尖、腿向后向下打开，开直身体站稳网	保护带 202C—204C—脱保 204C	1. 起跳不充分，手臂上带慢、不到位、不充分 2. 上体后倒,仰头甩上身 3. 连接翻腾早，抬头挺胸，团身松 4. 看目标不清	1. 保护带过渡 2. 放置明显目标	起跳角度合理，起跳、上带臂充分，翻腾完成高，团身紧，看目标清，站稳网
38	三弹、一弹204B	1. 弹好网 2. 弯膝下摆臂充分压网时，身体重心垂直 3. 充分蹬伸，快速充分向上向后带手臂 4. 最高点时，梗头、含胸、直提腿、送髋，手臂在肩上方快速从两侧回抱腿，屈紧 5. 一周过来看下方目标，第二周过来再看下方目标，脚尖、腿向后向下打开，站稳网	保护带 202B—204B—脱保 204B	1. 起跳不充分，手臂上带慢、不到位、不充分 2. 上体后倒，仰头甩上身 3. 连接翻腾早，抬头挺胸，屈体松，屈膝	1. 保护带过渡 2. 放置明显目标	起跳角度合理，起跳、上带臂充分，翻腾完成高，屈紧，看目标清，站稳网

续表

序号	动作名称	技术要点	教学方法	易犯错误	改进措施	质量规格
39	保护带205C手触网	1. 手侧平举，正确姿势站立 2. 弯膝下摆臂充分压网时，身体重心垂直 3. 充分蹬伸，快速充分向上向后带手臂 4. 最高点时，梗头、含胸、提膝、送髋、手臂快速回抱小腿，团紧加速度 5. 保护带拉高翻腾加力、加速 6. 一周过来，看下方目标，第二周过来，再看下方目标，顺着网面再看前方或前上方目标，脚尖对准目标开小腿，手臂伸直放置体前，眼看脚尖，调控身体位置到位，展髋，开直身体，再抬头看入水点，再调控身体位置，曲肘在体前伸并手，伸拉肩，夹紧肘，手掌触网	保护带203C手触网—204C—205C手触网	1. 看目标不清 2. 调控能力和意识不强	1. 放置明显目标 2. 初学者保护带拉高翻腾，放慢翻腾速度，让运动员看清目标和进行调控，熟练后教练保护带拉高翻腾，加力加速翻腾速度，提高看目标和调控身体的能力	看目标清楚，打开准确有力，手掌触网时，绷脚尖，夹紧腿臀，身体线条直，略呈反弓姿势

续表

序号	动作名称	技术要点	教学方法	易犯错误	改进措施	质量规格
40	保护带一弹206C	1. 弹好网 2. 弯膝下摆臂充分压网时，身体重心垂直 3. 充分蹬伸，快速充分向上向后带手臂 4. 最高点时，梗头、含胸、提膝、送髋、手臂快速回抱小腿，团紧加速度，教练保护带根据运动员能力情况拉高、加力、加速 5. 一周过来，看下方目标，第二周过来，再看下方目标，第三周过来看下方目标，脚尖、腿向后向下打开，开直身体站稳网	保护带 204C—206C	1. 起跳不充分，手臂上带慢、不到位、不充分 2. 上体后倒,用上身发力翻腾 3. 连接翻腾早或连接翻腾慢，团身松 4. 看目标不清	1. 保护带拉高和加速翻腾 2. 放置明显目标	起跳角度合理，起跳、上带臂充分，翻腾完成高，翻腾团紧加速度好，看目标清，站稳网
41	走网302C	1. 正确的走网技术 2. 弯膝下摆臂充分压网时，身体重心垂直 3. 腿充分向上向前蹬伸，手臂快速充分向前向上向后带 4. 最高点时，梗头、含胸、提膝、送髋、手臂快速回抱小腿团紧 5. 看落点，脚尖、腿向后向下开直身体，站稳网	1. 陆上走板 302C 起跳摆臂模仿练习 2. 网:三弹、一弹 202C—三弹、一弹 302C（起跳角度合理，翻腾打开后双脚站网落点距离起跳点 20—30 厘米） 3. 走网 302C	1. 起跳不充分，手臂上带慢、不到位、不充分 2. 带臂路线不正确 3. 上体后倒,仰头甩上身 4. 连接翻腾早，抬头挺胸，连接翻腾慢，团身松	1. 教练托起做第三组起跳带臂模仿 2. 一弹、三弹 302C 和走网 302C 交替做	起跳角度合理，起跳、上带臂充分，翻腾完成高，团身紧，站稳网

续表

序号	动作名称	技术要点	教学方法	易犯错误	改进措施	质量规格
42	走网302B	1. 正确的走网技术 2. 弯膝下摆臂充分压网时，身体重心垂直 3. 腿充分向上向前蹬伸，手臂快速充分向前向上向后带 4. 最高点时，梗头、含胸、直腿上踢，送髋、手臂在肩上方快速从两侧回抱腿，屈紧 5. 看落点，脚尖、腿向后向下开直身体，站稳网	1. 陆上走板302B起跳摆臂模仿练习 2. 网:三弹、一弹202B—三弹、一弹302B（起跳角度合理，翻腾打开后双脚站网落点距离起跳点20—30厘米） 3. 走网302B	1. 起跳不充分，手臂上带慢、不到位、不充分 2. 带臂路线不正确 3. 上体后倒,仰头甩上身 4. 连接翻腾早，抬头挺胸，连接翻腾慢，屈体弯膝	1. 教练托起做第三组起跳带臂模仿 2. 一弹、三弹302B和走网302B交替做	起跳角度合理，起跳、上带臂充分，翻腾完成高，屈紧，站稳网
43	走网302A	1. 正确的走网技术 2. 弯膝压网下摆臂时，身体重心与网面垂直 3. 充分压网下摆臂，腿充分向上向前蹬伸，充分向前向上向后带臂，蹬离网面时，脚趾抓网，夹紧腿臀，顶髋 4. 最高点侧平分手臂，空中翻腾时梗头，绷脚尖，夹紧臀腿，站稳网	1. 陆上走板302A起跳摆臂模仿练习 2. 网:三弹、一弹202A—三弹、一弹302A（起跳角度合理，翻腾打开后双脚站网落点距离起跳点20—30厘米） 3. 走网302A	起跳不充分，手臂上带不到位，空中翻腾收髋，腿、臀松	1. 教练托起做第三组起跳带臂模仿 2. 一弹、三弹302A和走网302A交替做	起跳带臂充分，起跳角度合理，空中翻腾腿腰夹紧，身体线条呈一直线，翻腾完成高，站稳网

续表

序号	动作名称	技术要点	教学方法	易犯错误	改进措施	质量规格
44	402BC	1. 手臂侧平举，正确姿势站立 2. 预摆时提踵手臂上举，稳住身体重心 3. 弯膝下摆压网时，身体重心垂直，略提踵 4. 腿充分向上后方蹬伸时脚趾抓网，膝盖充分蹬直，梗头，圆腰，提臀，向前下方划臂抱腿（C：屈膝抱小腿，B：直膝抱膝关节后部）连接翻腾 5. 一周过来看前下方目标，脚尖、腿向前向下打开，站稳网	1. 第四组起跳摆臂模仿 2. 多进行背对软墙第四组起跳，后蹬腿，前划臂练习 3. 网立定 102BC—402BC（起跳角度合理，翻腾打开后双脚站网落点距离起跳点 20—30 厘米）	1. 预摆、压网下摆臂时身体重心不稳 2. 起跳时倒肩，蹶臀 3. 下摆臂屈肘	4 组翻腾交替练习	预摆、摆臂压网起跳过程重心稳定，压网起跳充分，上臂快、到位，角度合理，翻腾完成高，站稳网

续表

序号	动作名称	技术要点	教学方法	易犯错误	改进措施	质量规格
45	404BC坐网或站网	1. 手臂侧平举，正确姿势站立 2. 预摆时提踵手臂上举，稳住身体重心 3. 弯膝下摆压网时，身体重心垂直，略提踵 4. 腿充分向上后方蹬伸时脚趾抓网，膝关节充分蹬直，梗头，圆腰，提臀，向前下方划臂抱腿（C：屈膝抱小腿。B：直膝抱膝关节后部）连接翻腾 5. 一周过来看前下方目标，第二周过来看前上方目标，（C开小腿手臂侧平分；B手侧平分），屈紧髋，眼看脚尖方向坐网（站网：第二周过来看前下方目标，脚尖、腿向前下方打开，站稳网）	1. 第四组起跳摆臂模仿 2. 多进行背对软墙第四组起跳，后蹬腿，前划臂练习 3. 网立定402BC—立定104BC—保护带404BC—脱保404BC（起跳角度合理，翻腾打开后双脚站网落点距离起跳点20～30厘米。坐网身体重心落点距离起跳点20～30厘米） 特别提示：先练习404C，再练习404B	1. 预摆、压网下摆臂时身体重心不稳 2. 起跳时倒肩，蹶臀 3. 下摆臂屈肘	4组翻腾交替练习	预摆、摆臂压网起跳过程重心稳定，压网起跳充分，上臂快、到位，角度合理，翻腾完成高，坐好网或站稳网

续表

序号	动作名称	技术要点	教学方法	易犯错误	改进措施	质量规格
46	三弹、一弹、立定5221D坐网或站网	1. 正确做好202A起跳连接翻腾技术 2. 带臂到头顶，梗头，夹腿夹臀，腿蹬离网后连接转体 3. 转到位两臂侧平分，提腿收髋，屈紧，眼看脚尖，呈屈体姿势坐网或收停时腿向前向下开腿站网	1. 陆上5221D模仿练习 2. 网三弹、一弹、立定202A—网保护带一弹202A—5221D—脱保5221D	1. 起跳不充分，带臂不到位，连接转体时间早 2. 转体时腰腿松、分腿	1. 202A与5221D交替练习 2. 脚夹小海绵练习	翻腾转体连接合理，转体时身体线条直而紧，转体顺畅，收停转体时间和姿势正确
47	三弹一弹5223D坐网或站网	1. 正确做好202A起跳连接翻腾技术 2. 带臂到头顶，梗头，夹腿夹臀，腿蹬离网后迅速连接转体 3. 手臂、肩带动身体转动，转体时梗头，夹紧臀、腿，身体直，加速转到位，两臂迅速侧平分，提腿收髋屈紧，眼看脚尖方向坐网或收停时腿向前向下开腿站网	1. 陆上5223D模仿练习 2. 网三弹、一弹202A—网保护带一弹202A—5223D—脱保5223D	1. 起跳不充分，带臂不到位，连接转体时间早 2. 转体时腰腿松、分腿	1. 202A与5223D交替练习 2. 脚夹小海绵练习 3. 陆上多做转体加速度模仿	翻腾转体连接合理，转体时身体线条直而紧，转体加速度好、顺畅，收停转体时间和姿势正确

续表

序号	动作名称	技术要点	教学方法	易犯错误	改进措施	质量规格
48	三弹一弹5225D坐网	1. 正确做好202A起跳连接翻腾技术 2. 带臂到头顶，梗头，夹腿夹臀，腿蹬离网后迅速连接转体 3. 手臂、肩带动身体转动，转体时梗头，夹紧臀、腿，身体直，加速转到位，两臂迅速侧平分，提腿收髋屈紧，眼看脚尖方向坐网或收停时腿向前向下开腿站网	1. 陆上5225D模仿练习 2. 网三弹、一弹202A—网保护带一弹202A—5225D—脱保5225D	1. 起跳不充分，带臂不到位，连接转体时间早 2. 转体时腰腿松、分腿 3. 转体加速度用力方法不合理，转速慢	1. 202A与5225D交替练习 2. 保护带和脱保交替练习 3. 脚夹小海绵练习 4. 陆上做转体加速度模仿	翻腾转体连接合理，转体时身体线条直而紧，转体加速度好、顺畅，收停转体时间和姿势正确

续表

序号	动作名称	技术要点	教学方法	易犯错误	改进措施	质量规格
49	三弹、一弹5122D坐网或站网	1. 压网充分，摆臂上手快，脚蹬离网面后两臂前侧分，梗头躬背，提臀摆腿迅速连接转体，手臂、肩带动身体转动，夹紧臀腿 2. 转到位，两臂迅速侧平分，提腿收髋屈紧，眼看脚尖方向坐网或收停时腿向前向下开腿站网	1. 陆上5122D模仿练习 2. 网三弹、一弹分手102B摆腿翻腾—网保护带分手102B摆腿翻腾—5122D—脱保5122D	1. 起跳不充分，上臂不到位，连接转体时间早 2. 转体时腰腿松、分腿 3. 转体身体不直，收髋	分手102B摆腿翻腾练习与5122D交替练习	翻腾转体连接合理，转体时身体线条直而紧，转体加速度好、顺畅，收停转体时间和姿势正确
50	三弹、一弹5124D坐网	1. 压网充分，摆臂上手快，脚蹬离网面后两臂前侧分，梗头躬背，提臀摆腿迅速连接转体，手臂、肩带动身体转动，转体时夹紧腿臀，身体直 2. 加速转到位，两臂迅速侧平分，提腿收髋屈紧，眼看脚尖方向坐网	1. 陆上5124D模仿练习 2. 网三弹、一弹分手102B摆腿翻腾—5122D—保护带分手102B摆腿—保护带5124D—脱保5124D	1. 起跳不充分，上臂不到位，连接转体时间早 2. 转体时腰腿松、分腿 3. 转体加速度用力方法不合理，转速慢	1. 分手102B摆腿翻腾练习与5124D交替练习 2. 陆上做转体加速度模仿	翻腾转体连接合理，转体时身体线条直而紧，转体加速度好、顺畅，收停转体时间和姿势正确

八、陆上保护带

弹网（头入水动作）翻腾动作保护带教学方法及要点	1. 顺着网上下颤动的节奏和压网、蹬网的幅度大小，绳松紧适宜，拉直跟动人体 2. 运动员起跳蹬起后拉高，连接翻腾后适时加力加速 3. 打开人体下落时拉紧绳，放慢人体下落速度，根据情况帮助运动员调控身体位置，绳跟紧下落人体，配合运动员做伸并手、手触网动作 4. 半周一次拉高动作，成型到位后，即拉紧绳，再放绳，跟紧下落人体，手触网拉紧绳 5. 翻腾动作一次拉高，多周翻腾根据翻腾周数，进行一次或多次加力加速 6. 拉保护带看目标训练 （1）向前翻腾每周过来看前下方目标，最后一周看前下方目标准备打开，并根据情况掌握打开时间，一次或两次打开后进行调控身体位置到位，看网面入水目标，开直身体，接近网面时快速并手、伸肩，双肘夹紧耳旁，翻掌触压网面；翻掌触压网面时，身体线条直，身体和网面保持垂直，含胸微抬头，绷脚尖，全身夹紧 （2）向后翻腾每周过来看下方网面目标，最后一周看下方网面目标准备打开，顺网面由后往前看前下方—前方—前上方目标，脚尖点向目标打开，两臂伸直，停置体前，迅速调节身体位置，完全开直身体后，自然抬头看后下方网面，再次迅速调控身体位置到位，双臂曲肘顺体前向头顶方向伸并手，双肘夹紧耳旁，伸拉肩，翻掌触压网面；翻掌触压网面时，身体线条直（略呈反弓姿势），入水角度稍不够，微抬头，绷脚尖，全身夹紧 （3）初学者翻腾拉高拉慢，有节奏的加速，让运动员有时间看清目标，调控身体位置 7. 保护带注意事项 （1）经常检查保护带器械，确保安全 （2）严格控制保护带训练量；每堂训练课总数不宜超过 30 次，每组不宜超过 10 次

续表

弹网转体动作保护带教学方法及要点	1. 绳拉 （1）按运动员转体反方向由上往下绕紧腰腹部 （2）顺着网上下颤动的节奏和压网、蹬网的幅度大小，绳松紧适宜，拉直跟动人体 （3）起跳翻腾转体时，绳一定要不松不紧跟着走，转体到位收停坐网或站网时要适当拉紧绳，辅助运动员安全坐网或站网 2. 轴承保护带 （1）收紧轴承环扣带 （2）视运动员起跳翻腾能力和动作难度，起跳翻腾时可适当拉高和加翻腾力 （3）转体到位收停坐网或站网时，要适度拉紧绳，保护辅助运动员安全坐网或站网
陆板翻腾动作保护带教学方法及	要点 1. 顺着板上下颤动的节奏和压板、蹬板的幅度大小，绳松紧适宜，拉直跟动人体 2. 运动员起跳后视情况拉高加翻腾力 3. 动作打开，双脚准备着垫时，适当拉紧绳，让运动员缓冲安全着垫 4. 半周动作一次拉高成型到位打开下落时，拉紧绳，放慢人体下落速度，让运动员并手轻着垫 特别提示：做 1 ~3 组翻腾或转体动作时，可先将绳子绕肩部一周，有利于充分摆臂和压板 5. 保护带多周翻腾看目标训练 （1）向前、向内翻腾每周过来看前下方目标，最后一周过来看前下方目标时，脚尖、腿向前向下打开着垫 （2）向后、反身翻腾每周过来看下方目标，最后一周过来看下方目标时，脚尖、腿向后向下打开着垫

续表

陆板转体动作保护带教学方法及要点	1. 绳拉 （1）按运动员转体反方向由上往下绕紧腰腹部 （2）顺着板上下颤动的节奏和压板、蹬板的幅度大小，绳松紧适宜，拉直跟动人体 （3）起跳翻腾转体时，绳一定要不松不紧跟着走，转体到位收停坐垫或站垫时要适当拉紧绳，辅助运动员安全坐垫或站垫 2. 轴承保护带 （1）收紧轴承环扣带 （2）视运动员起跳翻腾能力和动作难度，起跳翻腾时可给予适当拉高和加翻腾力 （3）转体到位收停坐垫或站垫时，要适度拉紧绳，保护辅助运动员安全坐垫或站垫 特别提示：做 1 ~3 组翻腾或转体动作时，可先将绳子绕肩部一周，有利于充分摆臂和压板
陆台翻腾动作保护带教学方法及要点	1. 运动员站台时，绳松紧适度拉直 2. 下蹲起跳跟绳及时不脱节 3. 视运动员完成动作能力拉高或加翻腾力 4. 运动员打开后适当用力拉紧绳，保护辅助运动员安全坐垫或站垫

第三节　各年龄阶段水上训练的方法学提示与指导

一、游泳（5～6岁）

序号	动作名称	技术要点	教学方法	易犯错误	改进措施	质量规格
1	水性练习	1. 水面上嘴吸气，水下憋气和吐气 2. 手划水，脚踩水以及手脚动作的配合	1. 陆上踩水动作模仿 2. 救生圈自由活动 3. 教练池边保护，学习脚踩水、划手 4. 腰间吊绳跳下水练习脚踩水、手划水 5. 独立池边跳下，脚踩水、手划水	解决怕水的心理	教练全程准备救护	离池边2～3米后能自己游回

二、池　边

序号	动作名称	技术要点	教学方法	易犯错误	改进措施	质量规格
1	向前起跳ABC脚入水	1. 面对水向前正确姿势站立，直臂充分摆臂头顶，充分起跳 2. 起跳角度合理 3. A：空中身体重心垂直，身体线条直，绷脚尖、夹紧下肢脚入水 C：最高点迅速提膝，手臂回抱小腿，含胸躬背，团紧，脚尖、腿向前向下开直身体，绷脚尖、夹紧下肢脚入水 B：最高点迅速直腿上踢腿，手触摸脚尖，屈紧，脚尖、腿向前向下开直身体，绷脚尖、夹紧下肢脚入水	1. 站台姿势练习 2. 起跳摆臂模仿练习 3. 陆台向前起跳 ABC 脚落垫练习 4. 水上池边向前起跳 ABC 脚入水	1. 起跳摆臂易曲肘 2. 摆臂起跳时身体重心不稳，造成起跳角度忽远忽近 3. C、B 起跳后团身或屈体连接慢 4. 手臂上带不到位	1. 教练站身后保护或辅助做 2. 陆上练习起跳摆臂，要求下摆臂时手指擦碰膝关节外侧，做连续上摆臂	起跳上体定位准确，入水点距池边 30 ~ 40 厘米，身体直，腿紧绷脚尖

续表

序号	动作名称	技术要点	教学方法	易犯错误	改进措施	质量规格
2	向后起跳ABC脚入水	1. 面对池边正确姿势站立，直臂充分摆臂到头顶，充分起跳 2. 起跳角度合理 3. A：空中身体重心垂直，身体线条直，绷脚尖、夹紧下肢脚入水 C：最高点迅速提膝，手臂回抱小腿，含胸躬背，团紧，脚尖、腿向前向下开直身体，绷脚尖、夹紧下肢脚入水 B：最高点迅速直腿上踢腿，手触摸脚尖，屈紧，脚尖、腿向前向下开直身体，绷脚尖、夹紧下肢脚入水	1. 向后站台姿势练习 2. 陆台面对台起跳摆臂模仿练习 3. 陆台向后起跳 ABC 脚落垫练习 4. 水上池边向后起跳 ABC 脚入水	1. 起跳摆臂易曲肘 2. 摆臂起跳时身体重心不稳，造成起跳角度忽远忽近 3. C、B 起跳后团身或屈体连接慢 4. 手臂上带不到位	1. 教练适宜距离面对运动员保护做 2. 陆上练习起跳摆臂，要求下摆臂时手指擦碰膝关节外侧，做连续上摆臂	起跳上体定位准确，入水点距池边 30 ~ 40 厘米，身体直，腿紧绷脚尖
3	向前倒下B（并手做）	1. 池边体前屈站好，双臂伸直夹紧耳旁于头上，双手握紧翻掌对水 2. 自然开腿展髋，身体呈一直线向前向下 70 度左右角度入水 3. 入水尽量深	1. 陆上倒下模仿练习 2. 池边臂立放下入水 3. 池边向前倒下 B	1. 身体过早松散 2. 入水浅	1. 教练员在运动员身后，扶住其髋关节，辅助做 2. 运动员双脚夹小海绵练习	入水时身体线条直、伸肩夹肘翻掌，脚尖绷直，下肢夹紧

续表

序号	动作名称	技术要点	教学方法	易犯错误	改进措施	质量规格
4	向前鱼跃头入水	1. 池边正确姿势站立 2. 双臂伸直上举并手于耳侧头上方，稍翻掌 3. 人体直立连贯做提踵，弯膝，双臂、肩自然往上往后做“鞭打”动作，脚踝、膝盖有力向上向前蹬伸，同时手臂连同上体躬背含胸往上往下看入水点 4. 入水时微抬头，含胸，人体一直线，入水垂直	1. 陆上鱼跃起跳模仿练习 2. 倒立练习 3. 池边向前鱼跃头入水教练保护 4. 池边独立完成	起跳身体重心不稳，上体易前倾，下压过早，入水腰腿松	1. 陆上软墙正面、背面做鱼跃起跳练习 2. 教练蹲在身后抓踝保护辅助	起跳角度合理，蹬台有力。入水角度垂直，身体线条直，水花小
5	向后鱼跃头入水（手臂自然伸直放置体前）	1. 面对池边正确立定起跳姿势站立 2. 略提踵，重心稍前倾，手臂自然伸直放置体前，眼看前下方 3. 提踵弯膝时，重心稍后移，踝膝有节奏的充分向上向后蹬伸 4. 蹬离台后，绷脚尖，夹腿紧臀，顶髋，空中略呈反弓姿势，调控到位看后下方水面时，两臂屈肘迅速顺体前伸并手至头顶，双肘夹耳，伸拉肩入水	1. 向后直体入水并手模仿 2. 1米台上放置平滑长凳，运动员仰躺，肩在凳端，抬头看水面，手臂自然伸直放置体前，教练辅助抬凳将运动员推入水中做向后伸并手入水动作 3. 1米台直体后倒练习 4. 池边向后鱼跃头入水	1. 起跳时身体重心不稳，易后倒（后坐），抬头甩上身 2. 蹬伸不充分，腰腿松散	教练下蹲抓踝保护辅助 特别提示：训练器材改革，可制作类似跷跷板的器械进行辅助训练	起跳角度合理，蹬台有力，腰腿夹紧，空中身体线条直，并手路线正确

续表

序号	动作名称	技术要点	教学方法	易犯错误	改进措施	质量规格
6	101C	1. 正确姿势站立，双臂上举于头上方 2. 起跳时身体重心稳定，连贯做提踵弯膝，双臂、肩自然向上向后做鞭打动作，脚踝、膝迅速蹬伸，躬背提臀，前划臂抱腿团紧身 3. 迅速开腿开髋，开直身体，再两臂迅速屈肘顺体前伸并手，伸肩夹肘翻掌，垂直入水	1. 陆上 101C 起跳模仿练习 2. 打开模仿练习 3. 池边向前鱼跃头入水 4. 池边 101C	起跳身体重心不稳，上体易前倾，成型晚，腰腿易松散	陆上面对软墙做起跳练习	起跳角度合理，蹬台有力，入水角度垂直，身体线条直水，花小
7	101B	1. 正确姿势站立，双臂上举于头上方 2. 起跳时身体重心稳定，连贯做提踵弯膝，双臂、肩自然向上向后做“鞭打”动作，脚踝、膝迅速蹬伸，躬背提臀，屈体紧，手侧平分，开腿展髋，开直身体 3. 两臂迅速从侧面并手，伸肩夹肘翻掌，垂直入水	1. 陆上 101 B 起跳模仿练习 2. 打开模仿练习 3. 池边向前鱼跃头入水 4. 池边 101B	起跳身体重心不稳，上体易前倾，成型晚，腰腿易松散	双手撑适宜高度木台（大约在膝盖位置），双脚蹬地提臀、含胸躬背练习	起跳角度合理，蹬台有力，入水角度垂直，身体线条直，水花小

续表

序号	动作名称	技术要点	教学方法	易犯错误	改进措施	质量规格
8	201C臀坐水	1. 面对池边正确姿势站立，手臂侧平举 2. 提踵手臂上举，稳住重心 3. 弯膝下摆臂时稍后移重心 4. 直臂摆臂，踝膝蹬伸迅速充分 5. 快速带臂至头上方，快速回臂抱腿（梗头、含胸、提膝、送髋、团紧） 6. 脚尖、小腿向前上方打开，看脚尖，双手侧平分，呈屈体姿势，伸直放置在体前，低头臀坐水	1. 起跳模仿练习 2. 网上起跳AC脚站网—201C背着网 3. 池边向后起跳AC脚入水—201C臀坐水	起跳时上体后倒、臀部后坐	池边向后AC脚入水结合201C臀坐水练习	起跳角度合理，蹬伸有力,团身紧,动作完成高,不分腿
9	201B臀坐水	1. 面对池边正确姿势站立，手臂侧平举 2. 提踵手臂上举，稳住重心 3. 弯膝下摆臂时稍后移重心 4. 直臂摆臂，踝膝蹬伸迅速充分 5. 快速带臂至头顶上方，双腿直踢、送髋，手臂、头肩往上往前，手指触摸脚尖呈屈体，向上向前伸脚尖打开，看脚尖，手指从脚尖小腿滑至大腿，双手伸直放置在体前，低头臀坐水	1. 起跳模仿练习 2. 网上起跳AB脚站网—201B背着网 3. 池边向后起跳AB脚入水—201B臀坐水	1. 起跳时上体后倒、臀部后坐 2. 空中屈体弯膝	池边向后AB脚入水结合201B臀坐水练习	起跳角度合理，蹬伸有力,屈体紧,腿伸直,动作完成高

续表

序号	动作名称	技术要点	教学方法	易犯错误	改进措施	质量规格
10	301C臀坐水	1. 正确姿势站立，手臂侧平举 2. 提踵手臂上举，稳住重心 3. 弯膝下摆臂时稍前移重心 4. 直臂摆臂，踝膝迅速往上往前蹬伸 5. 手臂快速向前向上带臂至头上方，提膝送髋，手臂回抱腿（梗头、含胸、提膝、送髋、团紧） 6. 脚尖、小腿向前上方打开，看脚尖，双臂侧平分，呈屈体姿势臀坐水	1. 起跳模仿练习 2. 网上起跳 AC 脚站网—301C 背着网 3. 池边向前起跳 AC 脚下水—301C 臀坐水	1. 上体过多前倾，起跳带臂不充分 2. 打开身体松散	教练注意辅助、保护，特别注意上身和后背的保护	起跳角度合理，蹬台有力，团身紧，动作完成高
11	301B臀坐水	1. 正确姿势站立，手臂侧平举 2. 提踵手臂上举，稳住重心 3. 弯膝下摆臂时稍前移重心 4. 直臂摆臂，踝膝迅速往上往前蹬伸 5. 手臂快速向前向上带臂至头上方，双腿直踢送髋，手臂、头肩往上往前，手指触摸脚尖呈屈体臀坐水	1. 起跳模仿练习 2. 网上起跳 AB 脚站网—301B 背着网 3. 池边向前起跳 AB 脚下水—301B 臀坐水	1. 上体过多前倾，起跳带臂不充分 2. 屈体弯膝	教练注意辅助、保护，特别注意上身和后背的保护	起跳角度合理，蹬台有力，屈体紧，动作完成高

续表

序号	动作名称	技术要点	教学方法	易犯错误	改进措施	质量规格
12	立定102C	1. 池边正确姿势站立，双臂直臂上举头上方 2. 身体重心垂直，提踵弯膝，手臂自然向上向后做“鞭打”动作，脚踝、膝关节充分蹬台 3. 前划臂，躬背提臀，连接翻腾 4. 一周过来看前下方水面，向前向下开腿入水	1. 立定102C起跳模仿 2. 网保护带：手上举102C坐网—站网 3. 网独立做手上举102C坐网—站网 4. 陆台立定102C坐垫或站垫 5. 池边102C	1. 起跳前上身前倾角度大 2. 起跳蹬台易挺胸塌腰 3. 用上体下压，不蹬腿连接翻腾 4. 前划臂慢	1. 教练全程保护和辅助 2. 网和陆台、池边立定102C交替练习	起跳角度合理，蹬台充分有力，团身紧，完成动作高度高，不分腿
13	立定102B	1. 池边正确姿势站立，双臂直臂上举头上方 2. 身体重心垂直，提踵弯膝，手臂自然向上向后做“鞭打”动作，脚踝、膝关节充分蹬台 3. 前划臂，躬背提臀，连接翻腾，空中抱屈紧 4. 一周过来看前下方水面，向前向下开腿入水	1. 立定102B起跳模仿 2. 网保护带：手上举102B坐网—站网 3. 网独立做手上举102B坐网—站网 4. 陆台立定102B坐垫或站垫 5. 池边102B	1. 起跳前上身前倾角度大 2. 起跳蹬台易挺胸塌腰 3. 用上体下压，不蹬腿连接翻腾 4. 前划臂慢 5. 空中屈体屈膝	1. 教练全程保护和辅助 2. 网和陆台、池边立定102B交替练习	起跳角度合理，蹬台充分有力，屈体紧，完成动作高度高

续表

序号	动作名称	技术要点	教学方法	易犯错误	改进措施	质量规格
14	202C	1. 面对池边正确姿势站立，手臂侧平举 2. 提踵手臂上举，稳住重心 3. 弯膝下摆臂时稍后移重心 4. 直臂摆臂，踝膝蹬伸迅速充分 5. 快速带臂至头上方，快速回臂抱腿，梗头、含胸、提膝、送髋、团紧 6. 一周过来看下方水面，向后向下开腿入水	1. 起跳翻腾模仿练习 2. 陆台向后起跳 AC 脚下垫 3. 网保护带 202C—脱保 202C 4. 陆台 202C 5. 池边 202C	1. 起跳时上体后倒，仰头甩上身 2. 抬头挺胸连接翻腾	1. 陆地：教练后扶腰，做起跳托起 202C 起跳模仿 2. 池边 202C 独立做时，教练员视翻腾力情况保护、辅助、加力	起跳角度合理，蹬台有力,团身紧，动作完成高
15	202B	1. 面对池边正确姿势站立，手臂侧平举 2. 提踵手臂上举，稳住重心 3. 弯膝下摆臂时稍后移重心 4. 直臂摆臂，踝膝蹬伸迅速充分 5. 快速带臂至头上方，快速从肩上方两侧抱紧上踢腿，梗头、含胸、直踢腿、送髋、连接翻腾 6. 一周过来看下方水面，向后向下开腿入水	1. 起跳翻腾模仿练习 2. 陆台向后起跳 AB 脚下垫 3. 网保护带 202B —脱保 202B 4. 陆台 202B 5. 池边 202B	1. 起跳时上体后倒，仰头甩上身 2. 抬头挺胸连接翻腾 3. 踝膝蹬伸不充分，造成屈体弯膝勾脚尖	1. 陆地：教练后扶腰，做起跳托起 202B 起跳模仿 2. 池边 202B 独立做时，教练员视翻腾力情况保护、辅助、加力	起跳角度合理，蹬台有力,屈体紧，脚尖膝关节伸直，不分腿，动作完成高

续表

序号	动作名称	技术要点	教学方法	易犯错误	改进措施	质量规格
16	302C	1. 正确姿势站立，手臂侧平举 2. 提踵手臂上举，稳住重心 3. 弯膝下摆臂时稍前移重心 4. 直臂摆臂，踝膝迅速往上往前蹬伸 5. 手臂快速向前向上至后上方，提膝送髋，手臂回抱腿，梗头、含胸、提膝、送髋、团紧 6. 一周过来看下方水面，向下开腿入水	1. 起跳模仿练习 2. 网上起跳 AC 脚站网—302C 3. 陆台：起跳 AC 脚站垫—302C 4. 池边向前起跳 AC 脚下水—302C	1. 上体过多前倾，起跳带臂不充分 2. 抬头挺胸压上身连接翻腾	1. 陆地：教练后扶腰，做起跳托起 302C 起跳模仿 2. 池边 302C 独立做时，教练员视翻腾力情况保护、辅助、加力	起跳角度合理，蹬台有力,团身紧，动作完成高
17	402C	1. 正确姿势站立，手臂伸直上举至头顶 2. 提踵弯膝，重心稳住，同时手臂、肩做鞭打动作 3. 脚踝、膝发力协调，往上往后蹬离跳台 4. 前划臂、梗头、躬背、提臀连接翻腾团紧 5. 一周过来看下方水面，向下开腿入水	1. 第四组起跳模仿 2. 背对海面垫做第四组起跳后蹬摆腿练习 3. 陆台立定 102C—402C 4. 池边 102C—402C	1. 起跳时身体重心不稳定 2. 起跳接翻腾时头部晃动 3. 起跳时脚踝和脚趾发力不协调、不充分	1. 池边独立做 402C，教练保护加力做 2. 背对海面垫做第四组起跳后蹬摆腿练习和池边 402C 交替练习	起跳身体重心稳定，蹬台协调有力，空中团紧，动作完成高

续表

序号	动作名称	技术要点	教学方法	易犯错误	改进措施	质量规格
18	611B臀坐水	1. 倒立直、稳 2. 外移重心时，肩头不动，由脚尖向上向前移至45度左右，向上向前推手，脚尖向上向前伸，提腿屈髋，手侧平分屈紧	1. 陆上空倒立练稳，且线条直 2. 陆台611B臀坐垫 3. 池边611B臀坐水	1. 外移重心时，用肩头外移重心 2. 推手成型屈体时间过早或过晚	教练扶倒立，辅助移动身体重心位置，并发令推手和屈体时间	倒立稳，线条直，推手有力，屈体紧
19	621A脚入水	1. 倒立稳3秒以上，身体线条直 2. 肩稍外移重心，同时弯小腿，略挺髋 3. 打腿，弹腰，推手有力，协调配合	1. 陆上空倒立练稳，且线条直 2. 平垫倒立621A脚着垫 3. 陆台621A 4. 池边621A	1. 打腿，弹腰，推手时间过早或过晚 2. 推手时抬头抬肩	教练扶倒立，辅助移动身体重心位置，并发令打腿、弹腰、推手的时间	倒立稳，线条直，推手打腿动作协调有力
20	622C背着水	1. 倒立稳3秒以上，身体线条直 2. 肩稍外移重心，同时弯小腿，略挺髋 3. 打腿，弹腰，推手有力，协调配合 4. 迅速收抱腿、团身背着水	1. 陆上空倒立练稳，且线条直 2. 平垫倒立621A脚着垫 3. 陆台621A—622C背着垫 4. 池边622C背着水	1. 打腿，弹腰，推手时间过早或过晚 2. 推手时抬头抬肩	教练扶倒立，辅助移动身体重心位置，并发令打腿、弹腰、推手的时间	倒立稳，线条直，推手打腿动作协调有力
21	622B背着水	1. 倒立稳3秒以上，身体线条直 2. 肩稍外移重心，同时弯小腿，略挺髋 3. 打腿，弹腰，推手有力，协调配合 4. 迅速向后向下向前直踢收抱腿、屈抱紧背着水	1. 陆上空倒立练稳，且线条直 2. 平垫倒立621A脚着垫 3. 陆台621A—622B背着垫 4. 池边622B背着水	1. 打腿，弹腰，推手时间过早或过晚 2. 推手时抬头抬肩 3. 弯膝勾脚尖	教练扶倒立，辅助移动身体重心位置，并发令打腿、弹腰、推手的时间	倒立稳，线条直，推手打腿动作协调有力

三、1米台

序号	动作名称	技术要点	教学方法	易犯错误	改进措施	质量规格
1	向前起跳AEC脚入水	1. 面对水向前正确姿势站立，直臂充分摆臂到头顶，充分起跳 2. 起跳角度合理 3. A：空中身体重心垂直，身体线条直，绷脚尖、夹紧下肢脚入水 C：最高点迅速提膝，手臂回抱小腿，含胸躬背，团紧，脚尖、腿向前向下开直身体，绷脚尖、夹紧下肢脚入水 B：最高点迅速直腿上踢腿，手触摸脚尖，屈紧，脚尖、腿向前向下开直身体，绷脚尖、夹紧下肢脚入水	1. 站台姿势练习 2. 起跳摆臂模仿练习 3. 陆台向前起跳ABC脚落垫练习 4. 1米台向前起跳ABC脚入水	1. 起跳摆臂易曲肘 2. 摆臂起跳时身体重心位置不稳，造成起跳角度忽远忽近 3. C、B起跳后团身或屈体连接慢 4. 手臂上带不到位	1. 教练保护或辅助做 2. 陆上练习起跳摆臂，要求下摆臂时手指擦碰膝关节外侧，做连续上摆臂	起跳身体定位准确，入水点距台端30～40厘米，身体直，腿紧绷脚尖

续表

序号	动作名称	技术要点	教学方法	易犯错误	改进措施	质量规格
2	向后起跳ABC脚入水	1. 面对台正确姿势站立，直臂充分摆臂到头顶，充分起跳 2. 起跳角度合理 3. A：空中身体重心垂直，身体线条直，绷脚尖、夹紧下肢脚入水 C：最高点迅速提膝，手臂回抱小腿，含胸躬背，团紧，脚尖、腿向前向下开直身体，绷脚尖、夹紧下肢脚入水 B：最高点迅速直腿上踢腿，手触摸脚尖，屈紧，脚尖、腿向前向下开直身体，绷脚尖、夹紧下肢脚入水	1. 向后站台姿势练习 2. 陆台面对台起跳摆臂模仿练习 3. 陆台向后起跳ABC脚落垫练习 4. 1米台向后起跳ABC脚入水	1. 起跳摆臂易曲肘 2. 摆臂起跳时身体重心位置不稳，造成起跳角度忽远忽近 3. C、B起跳后团身或屈体连接慢 4. 手臂上带不到位	1. 教练在适宜距离面对运动员保护做 2. 陆上练习起跳摆臂，要求下摆臂时手指擦碰膝关节外侧，做连续上摆臂	起跳上体定位准确，入水点距台端30～40厘米，身体直，腿紧绷脚尖

续表

序号	动作名称	技术要点	教学方法	易犯错误	改进措施	质量规格
3	向前倒下B（并手做）	1. 台端体前屈站好，双臂伸直夹紧耳旁于头上，双手握紧翻掌对水 2. 自然开腿展髋，身体呈一直线向前向下70度左右角度入水 3. 入水尽量深	1. 陆上倒下模仿练习 2. 池边臂立放下入水 3. 1米台向前倒下B	1. 身体过早松散 2. 入水浅	1. 教练员在运动员身后，扶住其髋关节 2. 运动员双脚夹小海绵练习入水时身体线条直、伸肩夹肘翻掌，脚尖绷直，下肢夹紧	
4	向前鱼跃头入水	1. 正确姿势站立，双臂伸直上举并手于耳侧头上方，稍翻掌 2. 身体直立连贯做提踵，弯膝双臂、肩自然往上往后做“鞭打”动作，脚踝、膝盖有力向上向前蹬伸，同时手臂连同上体躬背含胸往上往下看入水点 3. 入水时微抬头，含胸，人体一直线，入水垂直	1. 陆上鱼跃起跳模仿练习 2. 倒立练习 3. 1米台向前鱼跃头入水教练保护做 4. 1米台独立完成	起跳身体重心不稳，上体易前倾，下压过早，入水腰腿松	1. 陆上软墙正面、背面做鱼跃起跳练习 2. 教练蹲在身后抓踝保护辅助	起跳角度合理，蹬台有力。入水垂直，身体线条直，水花小

续表

序号	动作名称	技术要点	教学方法	易犯错误	改进措施	质量规格
5	向后鱼跃头入水（手臂自然伸直放置体前）	1. 面对台正确立定起跳姿势站立 2. 略提踵，重心稍前倾，手臂自然伸直放置体前，眼看前下方 3. 提踵弯膝时，重心稍后移，踝膝有节奏的充分向后向上蹬伸 4. 蹬离台后，绷脚尖，夹腿紧臀，顶髋，空中略呈反弓姿势，调控到位看后下方水面时，两臂屈肘迅速顺体前伸并手至头顶，双肘夹耳，伸拉肩入水	1. 向后直体入水并手模仿 2. 1 米台上放置平滑长凳，运动员仰躺，肩在凳端，抬头看水面，手臂自然伸直放置体前，教练辅助抬凳将运动员推入水中做向后伸并手入水动作 3. 1 米台直体后倒练习 4. 1 米台后鱼跃头入水	1. 起跳时身体重心不稳，易后倒（后坐），抬头甩上身 2. 蹬伸不充分，腰腿松散	教练下蹲抓踝保护辅助 特别提示：训练器材改革，可制作类似跷跷板的器械进行辅助训练	起跳角度合理，蹬台有力，腰腿夹紧，空中身体线条直，伸并手路线正确

续表

序号	动作名称	技术要点	教学方法	易犯错误	改进措施	质量规格
6	101C	1. 正确姿势站立，双臂上举于头上方 2. 起跳时身体重心稳定，连贯做提踵弯膝，双臂、肩自然向上向后做“鞭打”动作，脚踝、膝迅速蹬伸，躬背提臀，前划臂抱腿团紧身 3. 迅速开腿开髋，开直身体，再两臂迅速屈肘顺体前伸并手，伸肩夹肘翻掌，垂直入水	1. 陆上 101C 起跳模仿练习 2. 打开模仿练习 3. 1 米台向前鱼跃头入水 4. 1 米台 101C	起跳身体重心不稳，上体易前倾，成型晚，腰腿易松散	陆上面对软墙做起跳练习	起跳角度合理，蹬台有力，入水身体线条直、角度垂直，水花小
7	101B	1. 正确姿势站立，双臂上举于头上方 2. 起跳时身体重心稳定，连贯做提踵弯膝，双臂、肩自然向上向后做“鞭打”动作，脚踝、膝迅速蹬伸，躬背提臀，屈体紧，手侧平分 3. 开腿展髋，开直身体，两臂迅速从侧面并手，伸肩夹肘入水	1. 陆上 101B 起跳模仿练习 2. 打开模仿练习 3. 1 米台向前鱼跃头入水 4. 1 米台 101B	起跳身体重心不稳，上体易前倾，成型晚，腰腿易松散	双手撑适宜高度木台（大约在膝盖位置），双脚蹬地提臀，含胸躬背练习	起跳角度合理，蹬台有力，入水身体线条直、角度垂直，水花小

四、3米台

序号	动作名称	技术要点	教学方法	易犯错误	改进措施	质量规格
1	向前分手屈体倒下	1. 台端体前屈站好，双臂伸直于两侧，看入水点 2. 倒下时提踵重心要稳，离台后开腿展髋，双臂伸直经体侧上举并手至头上方 3 入水时与水面垂直成一直线，并手伸肩夹肘翻掌，脚尖绷直入水	1. 入水模仿练习 2. 1 米台向前倒下 B 3. 3 米台臂立放下水 4. 3 米台向前倒下 B	1. 倒下时松腰松腿 2. 打开后蹶臀挺胸，身体线条不直	1. 教练站身后扶髋辅助做 2. 两腿间夹小海绵做	入水身体成一直线，与水面垂直，压水花
2	向前倒下 A	1. 台端向前手侧平举，正确姿势站立 2. 提踵站稳，梗头，身体直而紧，往下倒 3. 到位并手晚而快	1. 入水模仿练习 2. 3 米台臂立放入水 3. 3 米台向前倒下 A	倒下时身体变形，松腰松腿	1. 教练站身后扶髋辅助做 2. 两腿间夹小海绵做	倒下时身体保持一直线，入水时与水面垂直，身体紧、绷脚尖压水花
3	向前坐倒 C	1. 正确团身姿势，臀部坐台前端 2. 倒下时团身紧，到位看入水点，小腿带动大腿果断有力一次打开，再迅速伸并手	1. 入水模仿练习 2. 肋木反抓手抱膝打开 3. 池边坐倒 C 滚下水 4. 3 米台向前坐倒 C	1. 团身松早打开 2. 先伸手，后开腿 3. 过分低头入水	1. 教练在身后辅助做 2. 两腿间夹小海绵做	倒下时团紧身，到位打开有力，身体保持一直线，入水时与水面垂直，身体紧、脚尖绷直，压水花

续表

序号	动作名称	技术要点	教学方法	易犯错误	改进措施	质量规格
4	向前坐倒B	1. 屈体姿势（抱腿和分平手）臀部坐台端 2. 倒下时屈紧提髋，上体压到位，看入水点，开腿展髋开直身体 3. 并手晚而迅速	1. 入水模仿练习 2. 陆上提髋辅助练习 3. 3米台向前坐倒B	打开时屈体不到位、不提髋，松腰松腿	1. 教练在身后辅助做 2. 两腿间夹小海绵做	屈紧倒下到位时开腿展髋，开直身体，入水身体成一直线，与水面垂直，压水花
5	向后倒下A	1. 向后正确直体姿势站立台端 2. 后倒时提踵，身体重心稳定，上体放松，髋与下肢夹紧抬头，保持身体一直线 3. 到位看水面，伸并手晚而快，伸拉肩入水	1. 入水模仿练习 2. 垫上仰卧抬头伸并手模仿练习 3. 3米台向后倒下A	倒下时离台过晚，身体变形	1. 如脚离台过晚，教练帮助下压脚尖，控制入水角度 2. 两脚间夹小海绵做	倒下、空中时身体直，入水成一直线，与水面垂直，压水花
6	向后倒下C	1. 向后团紧身，蹲台端 2. 团紧向后滚动倒下，定位伸脚尖，开腿展髋，手臂自然伸直放置体前，眼看脚尖 3. 调控身体位置到位后，抬头看水面，迅速伸拉肩入水	1. 入水模仿练习 2. 池边团身后滚入水 3. 3米台向后倒下C	后倒打开时下肢易松散，打开无力，先开上身	1. 垫上后滚翻背着垫打开模仿和向后倒下C交替做 2. 两脚间夹小海绵做	后倒时团身紧，打开有力，入水时身体一直线，与水面垂直，身体紧、绷脚尖，压水花

续表

序号	动作名称	技术要点	教学方法	易犯错误	改进措施	质量规格
7	向后倒下B	1. 向后正确抱腿屈体姿势站台端 2. 屈紧、后倒到位伸脚尖伸腿推髋，开直身体，手臂前伸放置体前调控身体位置 3. 抬头看水面，快速伸拉肩入水	1. 入水模仿练习 2. 垫上屈体打开动作模仿 3. 3米台向后倒下B	倒下时离台过晚或过早，打开时间、动作不正确，松腰松腿，甩上身	1. 垫上屈体打开动作模仿和向后倒下B交替做 2. 两脚间夹小海绵做	后倒时屈体紧，打开伸腿送髋，入水身体成一直线，与水面垂直，压水花
8	101C	1. 向前正确姿势站立，手臂伸直，上举头顶 2. 提踵时身体重心稳定，提踵、弯膝时手臂、肩自然向上向后做“鞭打”动作 3. 脚踝、脚趾、膝关节有节奏、迅速向上向前蹬伸，手臂上带充分 4. 最高点躬背含胸，提臀，前划臂连接抱腿 5. 团紧到位一次开直腿髋或两次打开开小腿手侧平分、屈紧髋，调控身体位置到位，开直身体看入水点，并手伸肩入水	1. 陆上101C起跳模仿练习 2. 网：手上举101C腹着网；手上举101C保护带并手触网 3. 水上池边101C—1米台101C—3米台101C	团身不到位一次开或两次开屈髋不紧，提不到位	由池边到1米台到3米台学习101C，再由3米台到1米台改进技术、交替练习	起跳角度合理，干脆充分，团紧到位，打开有力，入水角度垂直，身体线条直压水花

续表

序号	动作名称	技术要点	教学方法	易犯错误	改进措施	质量规格
9	101B	1. 向前正确姿势站立，手臂伸直上举头顶 2. 提踵时身体重心稳定，提踵、弯膝时手；臂肩自然向上向后做“鞭打”动作 3. 脚踝、脚趾、膝关节有节奏、迅速向上、向前蹬伸，手臂上带到头顶 4. 最高点侧平分手臂，躬背含胸，提臀，屈髋 5. 调控身体位置到位，开腿展髋，开直身体看入水点，迅速并手伸肩入水	1. 陆上 101B 模仿练习 2. 网：手上举 101B 腹着网；手上举 101B 保护带手触网 3. 水上池边 101B—1 米台 101B—3 米台 101B	1. 调控身体位置能力和意识不强 2. 上身下压时，手臂过于后摆（俗称“喷气式”）	由池边到 1 米台到 3 米台学习 101B，再由 3 米台到 1 米台改进技术、交替练习	起跳角度合理，干脆充分，屈紧到位打开，入水角度垂直，身体线条直压水花
10	401C	1. 面对台正确姿势站立，手臂伸直上举头顶 2. 提踵时身体重心稳定，提踵、弯膝时手臂、肩自然向上向后做“鞭打”动作 3. 脚踝、脚趾、膝关节有节奏的迅速充分向上向后蹬伸 4. 最高点前划臂，躬背、含胸提臀连接团紧 5. 团紧到位一次开直腿髋或两次打开开小腿手侧平分、屈紧髋，调控身体位置到位，开直身体看入水点，并手伸肩入水	1. 陆上 401C 起跳动作模仿 2. 网：手上举 401C 腹着网；手上举 401C 保护带并手触网 3. 水上 1 米台 401C—3 米台 401C	1. 团身不到位就开腿并手 2. 先并手，再开腿	1. 由 1 米台到 3 米台学习 401C，再由 3 米台到 1 米台改进技术、交替练习 2. 教练员辅助保护	起跳角度合理，蹬台干脆充分，团紧。到位打开有力，入水角度垂直，身体线条直压水花

续表

序号	动作名称	技术要点	教学方法	易犯错误	改进措施	质量规格
11	401B	1. 面对台正确姿势站立，手臂伸直上举头顶 2. 提踵时身体重心稳定，提踵、弯膝时手臂、肩自然向上向后做“鞭打”动作 3. 脚踝、脚趾、膝关节有节奏的迅速充分向上向后蹬伸 4. 最高点侧平分手，躬背含胸，提臀提腿，屈紧髋 5. 调控身体位置到位，开腿展髋，开直身体看入水点，迅速做并手伸肩入水	1. 陆上 401B 起跳动作模仿 2. 网：手上举 401B 腹着网；手上举 401B 保护带并手触网 3. 水上 1 米台 401B—3 米台 401B	1. 屈髋不紧 2. 调控身体位置能力和意识不强 3. 上身下压时，手臂过于后摆（俗称“喷气式”）	1. 由 1 米台到 3 米台学习 401B，再由 3 米台到 1 米台改进技术、交替练习 2. 教练员辅助保护	起跳角度合理，蹬台干脆充分，屈紧到位打开，入水角度垂直，身体线条直压水花
12	201C	1. 手臂侧平举，正确姿势面对台站立 2. 提踵手臂上摆时，身体重心稳定 3. 弯膝下蹲下摆臂时，身体重心稍后移，脚踝、膝关节迅速充分蹬伸，手臂快速上带头顶	1. 陆上 201C 起跳动作模仿 2. 陆台 201C 背着垫 3. 网：201C 背着网—保护带 201C 手触网 4. 水上池边 201C 臀部入水	1. 起跳时身体重心不稳，造成起跳距离过远或过近 2. 打开甩上身	1. 教练员保护辅助 2. 垫上做团身后滚半周打开入水模仿	起跳角度合理，蹬台有力，完成高，团紧，开腿有力，入水线条直，垂直压水花

续表

序号	动作名称	技术要点	教学方法	易犯错误	改进措施	质量规格
12	201C	4. 最高点梗头，含胸，提膝，送臀，回臂抱腿团紧 5. 定位伸脚尖开小腿，手臂放置体前，调控身体位置，推髋抬头看水开直身体，再次调控身体位置到位，两臂屈肘迅速在体前做并手伸拉肩入水	5. 3 米台后倒 C—向后跳下 AC 脚入水—201C			
13	301C	1. 面对水手侧平分正确姿势站立 2. 提踵手上举时，身体重心稳定 3. 弯膝下蹲下摆臂时，身体重心略前移，脚跟稍离台面 4. 脚踝、脚趾、膝关节迅速充分向上向前蹬伸，手臂充分向前向上向后带臂，蹬离跳台 5. 最高点梗头，含胸，快速提膝送臀，回臂抱小腿团紧 6. 定位伸脚尖，开小腿，手臂伸直停置体前，调控身体位置，推髋抬头看水开直身体，再次调控身体位置到位，手臂弯肘在体前迅速做并手伸拉肩入水	1. 陆台三组起跳练习 2. 陆台 301 背着垫（注意保护） 3. 网立定 301C 背着网—保护带 301C 手触网 4. 水上池边向前跳水脚入水 AC 到 301C 臀部入水 5. 3 米台向前起跳 AC 脚入水到 301C	1. 起跳时上体过于前倾，蹬台带臂不充分 2. 打开甩上身	1. 垫上做团身后滚半周打开入水模仿 2. 陆上教练托做 301C 起跳动作模仿 3. 初学时教练站运动员身后保护	起跳角度合理，蹬台和上带臂充分有力，团身紧，打开有力，入水角度垂直，身体线条直，压水花

续表

序号	动作名称	技术要点	教学方法	易犯错误	改进措施	质量规格
14	跑台103C	1. 正确技术跑台 2. 双脚全脚掌落至台端，上体直立，梗头，手臂、肩自然向上向后做“鞭打”动作 3. 脚踝、膝关节发力迅速充分，梗头躬背提臀，前划臂连接翻腾团紧 4. 一周过来看前下方水面，开小腿手侧平分屈紧，调控到位开腿展髋，开直身体，眼看入水点，并手伸肩入水	1. 陆上跑台练习 2. 陆台立定102C到单跳102C到跑台102C 3. 水上3米台立定101C—立定103C—跑台103C	1. 踏跳腿上蹬与跨跳腿上抬过高 2. 双脚落台端时，上体前倾，起跳角度远，或者跑至台头时，向后蹶臀，造成翻腾后缩，角度过近	1. 通过立定—单跳——步跑台—全程跑台改进起跳 2. 通过3米台跑台起跳A脚入水、101C结合跑台103C改进起跳连接技术	起跳角度合理，蹬台充分，翻腾完成高，打开正确有力，身体线条直，入水垂直，压水花
15	跑台103B（抱腿）	1. 正确技术跑台 2. 双脚全脚掌落至台端，上体直立，梗头，手臂、肩自然向上向后做“鞭打”动作 3. 脚踝、膝关节发力迅速充分，梗头躬背提臀，前划臂连接翻腾屈紧 4. 一周过来看前下方水面，手臂侧平分，屈紧，调控到位开腿展髋，开直身体，看入水点，并手伸肩入水	1. 陆上跑台练习 2. 陆台立定102B到单跳102B到跑台102B 3. 水上3米台立定101B—立定103B—跑台103B	1. 踏跳腿上蹬与跨跳腿上抬过高 2. 双脚落台端时，上体前倾，起跳角度远，或者跑至台头时，向后蹶臀，造成翻腾后缩，角度过近	1. 通过立定—单跳——步跑台—全程跑台改进起跳 2. 通过3米台跑台起跳A脚入水、101B结合跑台103B改进起跳连接技术	起跳角度合理，蹬台充分，翻腾完成高，打开正确有力，入水角度垂直，身体线条直，压水花

续表

序号	动作名称	技术要点	教学方法	易犯错误	改进措施	质量规格
16	跑台 104C	1. 正确技术跑台 2. 双脚全脚掌落至台端，上体直立，梗头，手臂、肩自然向上向后做“鞭打”动作 3. 脚踝、膝关节发力迅速充分，梗头躬背提臀，前划臂连接翻腾团紧 4. 一周过来看前下方水面，第二周过来看前下方水面准备打开，迅速向前向下伸脚尖开腿脚入水	1. 陆上跑台练习 2. 陆台立定 102C 到单跳 102C 到跑台 102C 3. 水上 3 米台立定 101C—立定 103C—跑台 103C—104C	1. 踏跳腿上蹬与跨跳腿上抬过高 2. 双脚落台端时，上体前倾，起跳角度远，或者跑至台头时，向后蹶臀，造成翻腾后缩，角度过近	1. 通过立定—单跳——步跑台—全程跑台改进起跳 2. 通过 3 米台跑台起跳 A 脚入水、101C 改进起跳	起跳角度合理，蹬台充分，翻腾完成高，团紧，看清目标，打开时间正确
17	跑台 104B	1. 正确技术跑台 2. 双脚全脚掌落至台端，上体直立，梗头，手臂、肩自然向上向后做“鞭打”动作 3. 脚踝、膝关节发力迅速充分，梗头躬背提臀，前划臂连接翻腾屈紧 4. 一周过来看前下方水面，第二周过来看前方水目标准备打开，迅速向前向下伸脚尖开腿脚入水	1. 陆上跑台练习 2. 陆台立定 102B 到单跳 102B 到跑台 102B 3. 水上 3 米台立定 101B—立定 103B—跑台 103B—跑台 104B	1. 踏跳腿上蹬与跨跳腿上抬过高 2. 双脚落台端时，上体前倾，起跳角度远，或者跑至台头时，向后蹶臀，造成翻腾后缩，角度过近	1. 通过立定—单跳——步跑台—全程跑台改进起跳 2. 通过 3 米台跑台起跳 A 脚入水、101B 结合跑台 103B、104B 改进起跳连接技术	起跳角度合理，蹬台充分，翻腾完成高，屈紧，看清目标，打开时间正确

续表

序号	动作名称	技术要点	教学方法	易犯错误	改进措施	质量规格
18	204C	1. 手臂侧平举，正确姿势面对台站立 2. 提踵手臂上摆时，重心稳定 3. 弯膝下蹲下摆臂时，身体重心稍后移，脚踝、膝关节迅速充分蹬伸，手臂充分向上向后带臂 4. 最高点梗头，含胸，提膝，送髋，回臂抱腿团紧 5. 一周过来看下方水面，第二周过来再看下方水面准备打开，迅速向后向下伸脚尖开腿脚入水	1. 陆台 202C 2. 网保护带 202C—204C—脱保 204C 3. 池边 202C—3 米台 204C	1. 起跳时身体重心后移过多，倒肩或后坐 2. 抬头挺胸连接翻腾	1. 陆台（把陆台和海绵包搬到游泳池池边进行练习）202C 结合 3 米台 204C 交替练习改进技术 2. 利用一米板 203 代替三米台 203C 练习	起跳角度合理，蹬台有力，团身紧，翻腾速度快，完成高，看清目标
19	303C	1. 面对水手臂侧平分正确姿势站立 2. 提踵手上举时，身体重心稳定 3. 弯膝下蹲下摆臂时，身体重心略前移，脚跟稍离地面 4. 脚踝、脚趾、膝关节迅速充分向上向前蹬伸，手臂充分向前向上向后带臂，蹬离跳台	1. 陆台第三组起跳练习 2. 陆台 302C 3. 网 303C 背着网—保护带 303C 手触网 4. 池边 302C—3 米台 301C—303C	1. 起跳时上体过于前倾 2. 起跳带臂不充分，连接翻腾早	1. 垫上做团身后滚半周打开入水模仿 2. 陆台：正常起跳角度 302C—拉远 302C—正常起跳角度 302C	起跳角度合理，蹬台和上带臂充分有力，团身紧，打开有力，入水线条直、角度垂直、压水花

续表

序号	动作名称	技术要点	教学方法	易犯错误	改进措施	质量规格
19	303C	5. 最高点梗头，含胸，快速提膝送臀，回臂抱小腿团紧 6. 一周过来看下方水面准备打开，顺着水面再看前方目标，脚尖、小腿迅速向目标打开，双臂直臂停置体前，调控身体位置到位，推髋开直身体，抬头看水，手臂屈肘沿体前迅速做并手伸拉肩入水			3. 初学时教练站运动员身后保护	
20	304C	1. 面对水手侧平分正确姿势站立 2. 提踵手上举时，身体重心稳定 3. 弯膝下蹲下摆臂时，身体重心略前移，脚跟稍离地面 4. 脚踝、脚趾、膝关节迅速充分向上向前蹬伸，手臂充分向前向上向后带臂，蹬离跳台 5. 最高点梗头，含胸，快速提膝送髋，回臂抱小腿团紧 6. 一周过来看下方水面，第二周过来看下方水面准备打开，脚尖、腿迅速向下向后打开脚入水	1. 陆台第三组起跳练习 2. 陆台 302C 3. 网保护带 302C—304C—脱保 304C 4. 池边 302C—3 米台 303C—304C	起跳时身体重心过于前移，上身前倾过多，起跳带臂不充分，连接翻腾早	1. 陆上教练托做 302C 起跳动作模仿 2. 陆台：正常起跳角度 302C—拉远 302C—正常起跳角度 302C 3. 初学时教练站运动员身后保护	起跳角度合理，蹬台和上带臂充分有力，团身紧，完成高，看目标清楚

续表

序号	动作名称	技术要点	教学方法	易犯错误	改进措施	质量规格
21	403C	1. 面对台正确姿势站立，手臂伸直上举头顶 2. 提踵时身体重心稳定，提踵、弯膝时手臂、肩自然向上向后做“鞭打”动作 3. 脚踝、脚趾、膝关节有节奏的迅速充分向上向后蹬伸蹬离跳台 4. 最高点迅速前划臂，躬背，提臀连接，团紧 5. 一周过来看前下方水面，团紧到位一次开直腿髋两手臂曲肘在体前，向头顶方向伸并手；或两次打开开小腿手侧平分、屈紧髋，调控身体位置到位，开直身体看入水点，并手伸肩入水	1. 跳台第四组起跳模仿 2. 陆台 402C 3. 网保护带 403C 手触网 4. 池边 402C—3 米台 401C—403C	1. 起跳时身体重心不稳，后倒或撅臀 2. 脚踝、脚趾不会蹬抓台	1. 陆上多练背靠软墙第四组翻腾起跳前划臂后蹬腿练习 2. 教练员辅助保护	起跳角度合理，蹬台迅速充分，团紧，翻腾高快，打开准确果断，入水角度垂直，身体线条直压水花

续表

序号	动作名称	技术要点	教学方法	易犯错误	改进措施	质量规格
22	404C	1. 面对台正确姿势站立，手臂伸直上举头顶 2. 提踵时身体重心稳定，提踵、弯膝时手臂、肩自然向上向后做“鞭打”动作 3. 脚踝、脚趾、膝关节有节奏的迅速充分向上向后蹬伸 4. 最高点前划臂，躬背，提臀连接团紧 5. 一周过来看前下方水面，第二周过来看前方目标准备打开，脚尖、腿迅速向前向下开直身体脚入水	1. 跳台第四组起跳模仿 2. 陆台 402C 3. 网保护带 402C—404C—脱保 404C 4. 池边 402C—3 米台 403C—404C	1. 起跳时身体重心不稳，后倒或蹶臀 2. 脚踝、脚趾不会蹬抓台	1. 陆上多练背靠软墙第四组翻腾起跳前划臂后蹬腿练习 2. 教练员辅助保护	起跳角度合理，蹬台迅速充分，团身紧，翻腾速度快，看清目标
23	跑台 5122D	1. 正确技术跑台 2. 双脚全脚掌落至台端，上体直立，梗头，手臂、肩自然向上向后做“鞭打”动作 3. 脚踝、膝关节发力迅速充分蹬伸，前侧分臂，梗头躬背提臀摆腿打直身体接转体，用手臂和肩带动身体转 4. 转到位，手臂迅速侧平分，提腿屈髋收停转体，脚尖、腿向前向下开直身体脚下水	1. 陆上 5122D 模仿 2. 网—弹 102B 摆腿翻腾—保护带 5122D—脱保 5122D 3. 水上一米板三弹 102B 摆腿翻腾—5122D 4. 3 米台跑台 102B 摆腿翻腾—5122D	1. 跑台双脚落至台端上体前倾 2. 蹬伸不充分，连接转体过早 3. 转体时下肢松、分腿	1. 1 米板 5122D 熟练后再练习 3 米台 5122D 2. 102B 摆腿翻腾和 5122D 交替练习	起跳角度合理，蹬台有力，转体时身体一直线、转体顺畅，腰腿紧，收正收紧

续表

序号	动作名称	技术要点	教学方法	易犯错误	改进措施	质量规格
24	5221D	1. 面对台手臂侧平举，正确姿势站立 2. 弯膝下蹲下摆臂时，身体重心稍后移 3. 脚踝、膝关节充分迅速蹬伸，快速充分上带臂 4. 蹬离跳台后，手臂带到头顶，梗头，夹紧腿臀，再接转体，用手臂和肩带动身体转 5. 转到位迅速侧平分手臂，提腿屈髋收停转体，脚尖、腿向前向下开直身体脚下水	1. 陆上 5221D 模仿 2. 网 202A—保护带 5221D—脱保 5221D 3. 1 米板 202A—5221D 4. 3 米台 202A—5221D	1. 起跳时身体重心后移过多，抬头倒肩 2. 蹬伸不充分，上臂慢不到位，连接转体早	1. 1 米板 5221D 熟练后再练习 3 米台 5221D 2. 202A 和 5221D 交替练习	起跳角度合理，蹬伸充分，上带臂快到位，转体顺畅，收正收紧

续表

序号	动作名称	技术要点	教学方法	易犯错误	改进措施	质量规格
25	5223D	1. 面对台手臂侧平举，正确姿势站立 2. 弯膝下蹲下摆臂时，身体重心稍后移 3. 脚踝、膝关节充分迅速蹬伸，快速充分上带臂 4. 蹬离跳台后，手臂带到头顶，梗头，夹紧腿臀迅速连接转体，用手臂和肩带动身体转 5. 加速转到位迅速侧平分手臂，提腿屈髋收停转体，脚尖、腿向前向下开直身体脚下水	1. 陆上 5223D 模仿 2. 网202A—5221D—保护带 5223D—脱保 5223D 3. 水上 1 米板 202A—5221D—5223D 4. 3 米台 202A—5221D—5223D	1. 起跳时身体重心后移过多，抬头倒肩 2. 蹬伸不充分，上臂慢，连接转体早 3. 转体时身体松散分腿	1. 202A 和 5223D 交替练习 2. 1 米板 5223D 熟练后再练习 3 米台 5223D	起跳角度合理，蹬伸充分，上带臂快到位，转体顺畅，收正收紧
26	623C	1. 倒立直、稳 2. 顶肩，由肩部稍外移重心，看台端，屈小腿、略顶髋，梗头，迅速打腿弹腰收髋，推手顶肩，手臂抱小腿团紧 3. 翻腾过来看下方水面，脚尖、腿向后向下迅速打开脚入水	1. 陆垫倒立 621A 练习 2. 陆台 621C 背着垫 3. 池边 621C 背着水 4. 3 米台 623C 脚入水	1. 外移重心过多或过少，打腿推手时间掌握不好 2. 推手打腿连接时抬头抬肩	1. 陆台倒立直、稳后，教练员辅助外移重心位置，发口令打腿推手 2. 621A 脚着垫和 621C 背着垫相结合练习	倒立直，稳，打腿弹腰推手协调有力，团紧，翻腾快

五、5米台

序号	动作名称	技术要点	教学方法	易犯错误	改进措施	质量规格
1	向前起跳ABC脚入水	1. 面对水向前正确姿势站立，直臂充分摆臂到头顶，充分起跳 2. 起跳角度合理 3. A：空中身体重心垂直，身体线条直，绷脚尖、夹紧下肢脚入水 C：最高点迅速提膝，手臂回抱小腿，含胸躬背，团紧，脚尖、腿向前向下开直身体，绷脚尖、夹紧下肢脚入水 B：最高点迅速直腿上踢腿，手触摸脚尖，屈紧，脚尖、腿向前向下开直身体，绷脚尖、夹紧下肢脚入水	1. 起跳摆臂模仿练习 2. 陆台向前起跳ABC脚落垫练习 3. 3米台—5米台向前起跳ABC脚入水	1. 起跳摆臂易曲肘 2. 摆臂起跳时身体重心位置不稳，造成起跳角度忽远忽近 3. C、B起跳后团身或屈体连接慢 4. 手臂上带不到头顶	1. 教练保护或辅助做。（初学者） 2. 陆上练习起跳摆臂，要求下摆臂时手指擦碰膝关节外侧，做连续上摆臂	起跳身体定位准确，入水点距台端40～50厘米，BC打开后身体线条直，腿紧绷脚尖入水

续表

序号	动作名称	技术要点	教学方法	易犯错误	改进措施	质量规格
2	向后起跳ABC脚入水	1. 面对台正确姿势站立，直臂充分摆臂到头顶，充分起跳 2. 起跳角度合理 3. A：空中身体重心垂直，身体线条直，绷脚尖、夹紧下肢脚入水 C：最高点迅速提膝，手臂回抱小腿，含胸躬背，团紧，脚尖、腿向前向下开直身体，绷脚尖、夹紧下肢脚入水 B：最高点迅速直腿上踢腿，手触摸脚尖，屈紧，脚尖、腿向前向下开直身体，绷脚尖、夹紧下肢脚入水	1. 陆台面对台起跳摆臂模仿练习 2. 陆台向后起跳ABC脚落垫练习 3. 3米台—5米台向后起跳ABC脚入水	1. 起跳摆臂易曲肘 2. 摆臂起跳时身体重心位置不稳，造成起跳角度忽远忽近 3. C、B起跳后团身或屈体连接慢 4. 手臂上带不到头顶	1. 教练适宜距离面对运动员保护做。（初学者） 2. 陆上练习起跳摆臂，要求下摆臂时手指擦碰膝关节外侧，做连续上摆臂	起跳上体定位准确，入水点距台端40～50厘米，BC打开后身体线条直，腿紧绷脚尖入水
3	向前倒下A	1. 台端向前手侧平举，正确姿势站立 2. 提踵站稳，梗头，身体直而紧，往下倒，空中保持直体姿势 3. 到位并手晚而快	1. 入水模仿练习 2. 3米台臂立放入水 3. 3米台向前倒下A—5米台向前倒下A	倒下时身体变形，松腰松腿	1. 教练站身后扶髋辅助做。（初学者） 2. 两腿间夹小海绵做	倒下时身体保持一直线，入水时与水面垂直，身体紧、绷脚尖压水花

续表

序号	动作名称	技术要点	教学方法	易犯错误	改进措施	质量规格
4	向前分手屈体倒下	1. 台端体前屈站好，双臂伸直于两侧，看入水点 2. 倒下时提踵重心要稳，离台后开腿展髋，双臂伸直经体侧上举并手至头上方 3. 入水时与水面垂直成一直线，并手伸肩夹肘翻掌，脚尖绷直入水	1. 入水模仿练习 2. 1 米台向前倒下 B 3. 3 米台臂立放下水，教练辅助 4. 3 米台向前倒下 B—5 米台向前倒下 B	倒下时松腰松腿	1. 教练站身后扶髋辅助做 2. 两腿间夹小海绵做	入水身体成一直线，与水面垂直，压水花
5	向前坐倒 C	1. 正确团身姿势，臀部坐台前端 2. 倒下时团身紧，到位看入水点，小腿带动大腿果断有力一次打开开直身体，再迅速伸并手。或两次开，开小腿，手臂侧平分，屈紧，提到位，看入水点，开直身体，手臂两侧并手至耳旁，夹紧肘，翻掌入水	1. 入水模仿练习 2. 3 米台向前坐倒 C—5 米台向前坐倒 C	1. 团身松早打开 2. 先伸手，后开腿 3. 过分低头入水	1. 教练在身后辅助做。（初学者） 2. 两腿间夹小海绵做	倒下时团紧身，到位打开有力，身体保持一直线，入水时与水面垂直，身体紧、脚尖绷直，压水花

续表

序号	动作名称	技术要点	教学方法	易犯错误	改进措施	质量规格
6	向前坐倒B	1. 屈体姿势（抱腿和分平手）臀部坐台端 2. 倒下时屈紧提髋，上体压到位，看入水点，开腿展髋开直身体 3. 并手晚而迅速，夹紧肘关节，伸肩翻掌入水	1. 入水模仿练习 2. 陆上提髋辅助练习 3. 3米台向前坐倒B—5米台向前坐倒B	打开时屈体不到位、不提髋，松腰松腿	1. 教练在身后辅助做。（初学者） 2. 两腿间夹小海绵做	屈紧提到位开腿展髋，开直身体，入水身体成一直线，与水面垂直，压水花
7	向后倒下A	1. 向后正确直体姿势站立台端 2. 后倒时提踵，身体重心稳定，上体放松，臀与下肢夹紧抬头，保持身体一直线 3. 到位看水面，伸并手晚而快，伸拉肩入水	1. 入水模仿练习 2. 垫上仰卧抬头伸并手模仿练习 3. 3米台向后倒下A—5米台向后倒下A	倒下时离台过晚，身体变形	1. 如脚离台过晚，教练帮助下压脚尖，控制入水角度。（初学者） 2. 两脚间夹小海绵做	倒下空中时身体直，入水成一直线，与水面垂直，压水花
8	向后倒下C	1. 向后团紧身，蹲台端 2. 团紧向后滚动倒下，定位伸脚尖，开腿展髋，手臂自然伸直放置体前，眼看脚尖 3. 调控身体位置到位后，抬头看水面，迅速伸拉肩入水	1. 入水模仿练习；垫上团身后滚打开模仿练习 2. 3米台向后倒下C—5米台向后倒下C	后倒打开时下肢易松散，打开无力，先开上身	1. 垫上后滚翻背着垫打开模仿和向后倒下C交替做 2. 两脚间夹小海绵做。（初学者）	后倒时团身紧，打开有力，入水时与水面垂直，身体紧、绷脚尖，压水花

续表

序号	动作名称	技术要点	教学方法	易犯错误	改进措施	质量规格
9	向后倒下B	1. 正确抱腿屈体姿势向后站台端 2. 屈紧、后倒到位伸脚尖伸腿推髋，开直身体，手臂前伸放置体前调控身体位置 3. 抬头看水面，快速伸拉肩入水	1. 入水模仿练习 2. 垫上屈体打开动作模仿 3. 3米台向后倒下B—5米台向后倒下B	倒下时离台过晚，打开时间掌握不好，打开动作不正确，松腰松腿，甩上身	1. 垫上屈体打开动作模仿和向后倒下B交替做 2. 两脚间夹小海绵做。（初学者）	后倒时屈体紧，打开伸腿送髋，入水身体成一直线，与水面垂直，压水花
10	101C	1. 向前正确姿势站立，手臂伸直，上举头顶 2. 提踵时身体重心稳定，提踵、弯膝时手臂、肩自然向上向后做“鞭打”动作 3. 脚踝、脚趾、膝关节有节奏、迅速向上向前蹬伸，手臂上带充分 4. 最高点躬背含胸，提臀，前划臂连接抱腿 5. 团紧到位，看入水点，一次开直腿髋伸并手入水或两次打开屈紧，手侧平分，调控身体位置到位，开腿展髋，开直身体看入水点，并手伸肩入水	1. 陆上101C起跳模仿练习 2. 网：手上举101C腹着网—手上举101C保护带并手触网 3. 水上池边101C—1米台101C—3米台101C—5米台101C	团身不到位就一次打开，两次开时屈髋不紧提不到位就打开	由池边到1米台到3米台到5米台学习101C，再由5米台到3米台到1米台改进技术、交替练习	起跳角度合理，干脆充分，团紧到位，打开有力，入水角度垂直，身体线条直压水花

续表

字号	动作名称	技术要点	教学方法	易犯错误	改进措施	质量规格
11	101B	1. 向前正确姿势站立，手臂伸直上举头顶 2. 提踵时身体重心稳定，提踵、弯膝时手臂肩自然向上向后做“鞭打”动作 3. 脚踝、脚趾、膝关节有节奏、迅速向上向前蹬伸，手臂肩上带充分 4. 最高点侧平分手，躬背含胸，提腿提臀，屈紧髋 5. 调控身体位置到位，开腿展髋，开直身体看入水点，迅速做并手伸肩入水	1. 陆上 101B 模仿练习 2. 网：手上举 101B 腹着网—手上举 101B 保护带并手触网 3. 水上池边 101B—1 米台 101B—3 米台 101B—5 米台 101B	1. 调控身体位置能力和意识不强 2. 上身下压时，手臂过于后摆（俗称“喷气式”）	由池边到 1 米台到 3 米台到 5 米台学习 101B，再由 5 米台到 3 米台改进技术、交替练习	起跳角度合理，蹬台充分，空中手臂分平成一直线，屈紧到位打开，入水垂直，身体线条直，压水花
12	401C	1. 面对台正确姿势站立，手臂伸直上举头顶 2. 提踵时身体重心稳定，提踵、弯膝时手臂、肩自然向上向后做“鞭打”动作 3. 脚踝、脚趾、膝关节有节奏的迅速充分向上向后蹬伸	1. 陆上 401C 起跳动作模仿 2. 网：手上举 401C 腹着网—手上举 401C 保护带并手触网	1. 团身不到位就一次打开，两次开时屈髋不紧提不到位就打开 2. 先并手，再开腿	1. 由1 米台到 3 米台到 5 米台学习 401C，再由 5 米台到 3 米台改进技术、交替练习 2. 教练员辅助保护	起跳角度合理，蹬台充分，团紧。到位打开，入水垂直，身体线条直，压水花

续表

序号	动作名称	技术要点	教学方法	易犯错误	改进措施	质量规格
12	401C	4. 最高点前划臂，躬背、含胸提臀连接团紧 5. 团紧到位，看入水点，一次开直腿髋伸并手入水或两次打开手侧平分，开小腿、屈紧髋，调控身体位置到位，开直身体看入水点，并手伸肩入水	3. 水上1米台401C—3米台401C—5米台401C			
13	401B	1. 面对台正确姿势站立，手臂伸直上举头顶 2. 提踵时身体重心稳定，提踵、弯膝时手臂、肩自然向上向后做“鞭打”动作 3. 脚踝、脚趾、膝关节有节奏的迅速充分向上向后蹬伸 4. 最高点侧平分手，躬背含胸，提腿屈髋 5. 调控身体位置到位，开腿展髋，开直身体看入水点，迅速做并手伸肩入水	1. 陆上401B起跳动作模仿 2. 网：手上举401B腹着网—手上举401B保护带并手触网 3. 水上1米台401B—3米台401B—5米台401B	1. 屈髋不紧 2. 调控身体位置能力和意识不强 3. 上身下压时，手臂过于后摆（俗称“喷气式”）	1. 由1米台到3米台到5米台学习401B，再由5米台到3米台改进技术、交替练习 2. 教练员辅助保护	起跳角度合理，蹬台充分，空中手臂分平成一直线，屈紧到位打开，入水垂直，身体线条直，压水花

续表

序号	动作名称	技术要点	教学方法	易犯错误	改进措施	质量规格
14	201C	1. 手臂侧平举，正确姿势面对台站立 2. 提踵手臂上摆时，身体重心稳定 3. 弯膝下蹲下摆臂时，身体重心稍后移，脚踝、膝关节迅速充分蹬伸，手臂快速上带到头顶 4. 最高点梗头，含胸，提膝，送臀，回臂抱腿团紧 5. 定位伸脚尖开腿，手臂放置体前，调控身体位置，推髋抬头看水开直身体，再次调控身体位置到位，两臂屈肘迅速在体前做并手伸拉肩入水	1. 陆上 201C 起跳动作模仿 2. 陆台 201C 背着垫 3. 网：201C 背着网—保护带 201C 手触网 4. 水上池边 201C 臀部入水 5. 3 米台后倒 C—向后跳下 AC 脚入水—201C—5 米台后倒 C—向后跳下 AC 脚入水—201C	1. 起跳时身体重心不稳，造成起跳距离过远或过近 2. 打开甩上身	1. 教练员保护辅助 2. 垫上做团身后滚半周打开入水模仿	起跳角度合理，蹬台有力，完成高，团紧，开腿有力，入水角度垂直，身体线条直，压水花
15	201B	1. 手臂侧平举，正确姿势面对台站立 2. 提踵手臂上摆时，身体重心稳定 3. 弯膝下蹲下摆臂时，身体重心稍后移，脚踝、膝关节迅速充分蹬伸，手臂快速上带到头顶	1. 陆上 201B 起跳动作模仿 2. 陆上台 201B 背着垫 3. 网上 201B 背着网—保护带 201B 手触网	1. 起跳时身体重心不稳定，易倒肩后坐 2. 蹬台上带臂不充分，屈体时弯膝关节	1. 教练员保护 2. 池边 201B 坐下水和 5 米台向后起跳 AB 脚入水到 201B 交替练习	起跳角度合理，蹬台带臂充分，空中成型姿势正确美观，入水角度垂直，身体线条直，压水花

续表

序号	动作名称	技术要点	教学方法	易犯错误	改进措施	质量规格
15	201B	4. 最高点梗头，含胸，直腿上踢腿到位，手臂头肩向上向前手指触摸脚尖呈屈体姿势，调控身体位置 5. 定位向上向前伸脚尖伸腿送髋，手指从脚尖小腿滑至大腿，手臂停置体前开直身体，调控身体位置到位，抬头看水，手臂从两侧并手到位，伸拉肩入水	4. 池边201B臀部入水 5. 5米台向后起跳AB脚入水—201B			
16	301C	1. 面对水手侧平分正确姿势站立 2. 提踵手上举时，身体重心稳定 3. 弯膝下蹲下摆臂时，身体重心略前移，脚跟稍离台面 4. 脚踝、脚趾、膝关节迅速充分向上向前蹬伸，手臂充分向前向上带臂，蹬离跳台 5. 最高点梗头，含胸，快速提膝送臀，回臂抱小腿团紧	1. 陆台三组起跳模仿练习 2. 陆台301背着垫（注意保护） 3. 网立定301C背着网—保护带301C手触网 4. 水上池边向前跳水脚入水AC到301C臀部入水	1. 起跳时上体过于前倾，蹬台带臂不充分 2. 打开甩上身	1. 垫上做团身后滚半周打开入水模仿 2. 陆上教练托做301C起跳动作模仿 3. 初学时教练站运动员身后保护	起跳角度合理，蹬台和上带臂充分有力，团身紧，打开有力，入水角度垂直，身体线条直，压水花

续表

序号	动作名称	技术要点	教学方法	易犯错误	改进措施	质量规格
16	301C	6. 定位伸脚尖，开小腿，手臂伸直停置在体前，调控身体位置，推髋抬头看水开直身体，再次调控身体位置到位，手臂弯肘在体前迅速做并手伸拉肩入水	5. 3米台向前起跳AC脚入水到301C 6. 5米台向前起跳AC脚入水到301C			
17	301B	1. 面对水手侧平分正确姿势站立 2. 提踵手上举时，身体重心稳定 3. 弯膝下蹲下摆臂时，身体重心略前移，脚跟稍离台面 4. 脚踝、脚趾、膝关节迅速充分向上向前蹬伸，手臂充分向前向上带臂，蹬离跳台 5. 最高点梗头，含胸，直腿上踢腿到位，手臂头肩向上向前手指触摸脚尖呈屈体姿势，调控身体位置 6. 定位伸脚尖开腿送髋，手指从脚尖小腿滑至大腿，手臂停置体前开直身体，调控身体位置到位，抬头看水，手臂从两侧并手到位，伸拉肩入水	1. 陆台三组起跳模仿练习 2. 陆台301B背着垫（注意保护） 3. 网立定301B背着网—保护带301B手触网 4. 水上池边向前跳水脚入水AB到301B臀部入水 5. 5米台向前起跳AB脚入水到301B	1. 起跳时上体过于前倾，蹬台带臂不充分 2. 屈体时弯膝关节 3. 打开甩上身	1. 垫上做手指摸脚尖屈体打开并手模仿 2. 陆上教练托做第三组起跳动作模仿 3. 初学时教练站运动员身后保护	起跳角度合理，蹬台和上带臂充分有力，屈紧，造型美，入水角度垂直，身体线条直，压水花

续表

序号	动作名称	技术要点	教学方法	易犯错误	改进措施	质量规格
18	跑台103B（分臂）	1. 正确技术跑台 2. 双脚全脚掌落至台端，上体直立，梗头，手臂、肩自然向上向后做“鞭打”动作 3. 脚踝、膝关节发力迅速充分蹬伸，最高点手臂侧平分，梗头躬背提臀连接翻腾屈紧 4. 一周过来看前下方水面准备打开，调控身体位置到位开腿展髋，开直身体，看入水点，并手伸肩入水	1. 陆上跑台模仿练习 2. 陆台单跳分臂102B到跑台分臂102B背着垫 3. 水上3米台跑台分臂102B—5米台跑台103B	1. 踏跳腿上蹬与跨跳腿上抬过高 2. 双脚落台端时，上体前倾，起跳角度远，或者跑至台头时，向后撅臀，造成翻腾后缩，角度过近	1. 通过立定102B—单跳102B—一步跑台102B—全程跑台102B改进起跳 3. 通过3米台跑台起跳A脚入水、101B结合改进起跳连接技术	起跳角度合理，蹬台充分，翻腾完成高，到位打开，入水角度垂直，身体线条直，压水花
19	跑台105C	1. 正确技术跑台 2. 双脚全脚掌落至台端，上体直立，梗头，手臂、肩自然向上向后做“鞭打”动作 3. 脚踝、膝关节发力迅速充分，梗头躬背提臀，前划臂迅速连接翻腾团紧	1. 陆上跑台模仿练习 2. 陆台立定102C到单跳102C到跑台102C 3. 网保护带104C到105C手触网	1. 踏跳腿上蹬与跨跳腿上抬过高	1. 通过立定102C—单跳102C——步跑台102C—全程跑台102C改进起跳 2. 通过3米台诱导动作与5米台105C交替练习改进技术	起跳角度合理，蹬台充分，翻腾快完成高，团紧，看清目标，打开时间正确，入水角度垂直，身体线条直，压水花

续表

序号	动作名称	技术要点	教学方法	易犯错误	改进措施	质量规格
19	跑台105C	4. 一周过来看前下方水面，第二周过来看前下方水面准备打开（一次开：团身到位看入水点，一次迅速开腿开髋开直身体伸并手入水），两次打开：迅速开小腿，手侧平分屈紧髋，调控身体位置到位，看入水点，手从侧面并手到位伸肩入水	4. 水上3米台立定101C—立定103C—跑台103C—104C 5. 5米跑台105C	2. 双脚落台端时，上体前倾，起跳角度远，或者跑至台头时，向后蹶臀，造成翻腾后缩，角度过近，看水看目标不清		
20	跑台105B	1. 正确技术跑台 2. 双脚全脚掌落至台端，上体直立，梗头，手臂、肩自然向上向后做“鞭打”动作 3. 脚踝、膝关节发力迅速充分 4. 最高点梗头躬背提臂，前划臂迅速连接翻腾屈紧 5. 一周过来看前下方水面，第二周过来看前下方水面准备打开，手臂侧平分屈紧髋调控身体位置到位，看入水点，开腿展髋，开直身体，手臂从侧面迅速并手伸肩入水	1. 陆台立定102B到单跳102B到跑台102B 2. 网104B到保护带105B手触网 3. 水上3米台立定101B—立定103B—跑台103B—跑台104B 4. 5米台跑台105B	1. 踏跳腿上蹬与跨跳腿上抬过高 2. 双脚落台端时，上体前倾、急于下压翻腾，起跳角度远，或者跑至台头时，向后蹶臀，造成翻腾后缩，角度过近 3. 屈体弯膝	1. 通过立定102B—单跳102B——一步跑台102B—全程跑台102B改进起跳 2. 通过3米台诱导动作和5米台105B交替练习改进技术	起跳角度合理，蹬台充分，翻腾快完成高，屈紧，看清目标，打开时间正确，入水角度垂直，身体线条直，压水花

续表

序号	动作名称	技术要点	教学方法	易犯错误	改进措施	质量规格
21	203C	1. 手臂侧平举，正确姿势面对台站立 2. 提踵手臂上摆时，重心稳定 3. 弯膝下蹲下摆臂时，身体重心稍后移，脚踝、膝关节迅速充分蹬伸，手臂充分向上向后带臂 4. 最高点梗头，含胸，提膝，送臀，回臂抱腿团紧 5. 一周过来看下方水面，准备打开，再看前方目标，脚尖对准目标开小腿，两臂伸直放置体前，调控身体位置，迅速展髋开直身体，抬头看水再调控身体位置到位，两臂屈肘迅速在体前做并手伸拉肩入水	1. 垫上团身后滚翻一周过来看下方垫面，继续后滚看前下方垫面，再看前方目标，臀背部着垫，迅速向目标伸脚尖，开腿开髋，开直身体，抬头做伸并手动作 2. 陆台 202C 3. 网保护带 203C 手触网 4. 1 米台 202C 5. 5 米台 201C—203C	1. 起跳时上体过于倒肩或后坐 2. 打开仰头甩上身	垫上团身 C 打开并手动作与 5 米台 203C 交替练习	起跳角度合理，蹬台有力，完成高，团紧，看清目标打开，入水角度垂直，身体线条直，压水花

续表

序号	动作名称	技术要点	教学方法	易犯错误	改进措施	质量规格
22	203B	1. 手臂侧平举，正确姿势面对台站立 2. 提踵手臂上摆时，重心稳定 3. 弯膝下蹲下摆臂时，身体重心稍后移，脚踝、膝关节迅速充分蹬伸，手臂充分向上向后带臂 4. 最高点梗头，含胸，直腿上踢腿，顶髋，两臂在肩上方迅速从侧面回抱腿 5. 一周过来看下方水面，准备打开，再看前方目标，脚尖对准目标伸腿送髋开直身体，两臂伸直 放置体前，调控身体位置到位，抬头看水，两臂屈肘迅速在体前做并手伸拉肩入水	1. 垫上抱腿屈体打开并手动作模仿 2. 陆台 202B 3. 网保护带 203B 手触网 4. 1 米台 202B 5. 5 米台 201B—203B	1. 起跳时身体重心不稳，上体过于后倒，后坐 2. 打开仰头甩上身 3. 屈体弯膝	垫上抱腿屈体打开并手动作与 5 米台 203B 交替练习	起跳角度合理，蹬台有力，完成高，屈紧，看清目标打开，入水角度垂直，身体线条直，压水花

续表

序号	动作名称	技术要点	教学方法	易犯错误	改进措施	质量规格
23	204C	1. 手臂侧平举，正确姿势面对台站立 2. 提踵手臂上摆时，重心稳定 3. 弯膝下蹲下摆臂时，身体重心稍后移，脚踝、膝关节迅速充分蹬伸，手臂充分向上向后带臂 4. 最高点梗头，含胸，提膝，送臀，回臂抱腿团紧 5. 一周过来看下方水面，第二周过来再看下方水面准备打开，迅速向后向下伸脚尖开腿脚入水	1. 陆台 202C 2. 网保护带 202C—204C—脱保 204C 3. 池边 202C—5 米台 203C—5 米台 204C	1. 起跳时身体重心后移过多，倒肩或后坐 2. 抬头挺胸连接翻腾	陆台（把陆台和海绵包搬到游泳池池边进行练习）202C 结合 5 米台 204C 交替练习改进技术	起跳角度合理，蹬台有力，团紧速度快，完成高，看目标清楚
24	204B	1. 手臂侧平举，正确姿势面对台站立 2. 提踵手臂上摆时，重心稳定 3. 弯膝下蹲下摆臂时，身体重心稍后移，脚踝、膝关节迅速充分蹬伸，手臂充分向上向后带臂 4. 最高点梗头，含胸，快速直腿上踢腿，顶髋，两臂从肩上方侧面回抱腿，屈紧	1. 陆台 202B 2. 网保护带 202B—204B—脱保 204B 3. 池边 202B—5 米台 203B—5 米台 204B	1. 起跳时身体重心后移过多，倒肩或后坐 2. 抬头挺胸连接翻腾 3. 屈体弯膝	陆台（把陆台和海绵包搬到游泳池池边进行练习）202B 结合 5 米台 204B 交替练习改进技术	起跳角度合理，蹬台有力，屈紧速度快，完成高，看目标清楚

续表

序号	动作名称	技术要点	教学方法	易犯错误	改进措施	质量规格
24	204B	5. 一周过来看下方水面，第二周过来再看下方水面准备打开，迅速向后向下伸脚尖开腿脚入水				
25	205C	1. 手臂侧平举，正确姿势面对台站立 2. 提踵手臂上摆时，重心稳定 3. 弯膝下蹲下摆臂时，身体重心稍后移，脚踝、膝关节迅速充分蹬伸，手臂充分向上向后带臂 4. 最高点梗头，含胸，提膝，送臀，迅速回臂抱腿团紧、加速度 5. 一周过来看下方水面，第二周过来再看下方水面准备打开，看前方或前上方目标，脚尖迅速对准目标开小腿，手臂放置体前，调节身体位置，送髋抬头看水，开直身体，再次调控身体位置到位，两臂屈肘在体前迅速伸并手到位，伸拉肩入水（调控过程一气呵成）	1. 陆台 202C 2. 网保护带 202C—204C—205C 3. 池边 202C—3 米台 204C—5 米台 205C	1. 起跳时身体重心后移过多，倒肩或后坐 2. 抬头挺胸连接翻腾 3. 仰头甩上身连接翻腾 4. 看水看目标不清楚	陆台（把陆台和海绵包搬到游泳池池边进行练习）202C 结合 3 米台 204C 和 5 米台 205C 交替练习改进技术	起跳角度合理，蹬台迅速有力，翻腾团紧速度快，完成高，看清目标，打开技术正确，入水角度垂直，身体线条直，压水花

续表

序号	动作名称	技术要点	教学方法	易犯错误	改进措施	质量规格
26	303C	1. 面对水手臂侧平分正确姿势站立 2. 提踵手上举时，身体重心稳定 3. 弯膝下蹲下摆臂时，身体重心略前移，脚跟稍离地面 4. 脚踝、脚趾、膝关节迅速充分向上向前蹬伸，手臂充分向前向上向后带臂，蹬离跳台 5. 最高点梗头，含胸，快速提膝送臀，回臂抱小腿团紧 6. 一周过来看下方水面准备打开，顺着水面再看前方目标，脚尖对准目标开小腿，两臂伸直放置体前，调控身体位置，迅速展髋开直身体，抬头看水再调控身体位置到位，两臂屈肘迅速在体前做并手伸拉肩入水。（调控过程一气呵成）	1. 陆台第三组起跳模仿练习 2. 陆台 302C 3. 网 303C 背着网—保护带 303C 手触网 4. 池边 302C—5 米台 301C—303C	起跳时身体重心过于前移，上身前倾过多，起跳带臂不充分，连接翻腾早	1. 垫上做团身后滚一周看水看目标打开并手模仿 2. 陆台：正常起跳角度 302C—拉远 302C—正常起跳角度 302C 3. 初学时教练站运动员身后保护	起跳角度合理，蹬台和上带臂充分有力，团身紧，看清目标，打开技术正确，入水角度垂直，身体线条直，压水花

续表

序号	动作名称	技术要点	教学方法	易犯错误	改进措施	质量规格
27	304C	1. 面对水手侧平分正确姿势站立 2. 提踵手上举时，身体重心稳定 3. 弯膝下蹲下摆臂时，身体重心略前移，脚跟稍离地面 4. 脚踝、脚趾、膝关节迅速充分向上向前蹬伸，手臂充分向前向上向后带臂，蹬离跳台 5. 最高点梗头，含胸，快速提膝送臀，回臂抱小腿团紧 6. 一周过来看下方水面，第二周过来看下方水面准备打开，脚尖、腿迅速向下向后打开脚入水	1. 陆台第三组起跳模仿练习 2. 陆台 302C 3. 网保护带 302C—304C—脱保 304C 4. 池边 302C—5 米台 304C	1. 起跳时身体重心过于前移，上身前倾过多，起跳带臂不充分，连接翻腾早 2. 看目标不清	1. 陆上教练托做 302C 起跳动作模仿 2. 陆台：正常起跳角度 302C—拉远 302C—正常起跳角度 302C 3. 初学时教练站运动员身后保护	起跳角度合理，蹬台和上带臂充分有力，团身紧，完成高，看目标清
28	403C	1. 面对台正确姿势站立，手臂伸直上举头顶 2. 提踵时身体重心稳定，提踵、弯膝时手臂、肩自然向上向后做“鞭打”动作 3. 脚踝、脚趾、膝关节有节奏的迅速充分向上向后蹬伸蹬离跳台	1. 跳台第四组起跳模仿 2. 陆台 402C 3. 网保护带 403C 手触网 4. 池边 402C—5 米台 401C—403C	1. 起跳时身体重心不稳，后倒或蹶臀 2. 脚踝、脚趾不会蹬抓台	1. 陆上多练背靠软墙第四组翻腾起跳前划臂后蹬腿练习 2. 教练员辅助保护	起跳角度合理，蹬台迅速充分，团紧，翻腾高，打开准确果断，入水角度垂直，身体线条直，压水花

续表

序号	动作名称	技术要点	教学方法	易犯错误	改进措施	质量规格
28	403C	4. 最高点迅速前划臂，躬背，提臂连接团紧 5. 一周过来看前下方水面准备打开，团紧到位一次打开开直身体伸并手入水或两次打开调控身体位置到位，开腿展髋，开直身体，看入水点，做并手伸肩入水				
29	403B	1. 面对台正确姿势站立，手臂伸直上举头顶 2. 提踵时身体重心稳定，提踵、弯膝时手臂、肩自然向上向后做“鞭打”动作 3. 脚踝、脚趾、膝关节有节奏的迅速充分向上向后蹬伸蹬离跳台 4. 最高点梗头躬背提臂，迅速前划臂抱腿屈紧 5. 一周过来看前下方水面准备打开，手臂侧平分，屈紧，调控身体位置到位，开腿展髋，开直身体，看入水点，做并手伸肩入水	1. 跳台第四组起跳模仿 2. 陆台 402B。(保护辅助) 3. 网保护带 403B 手触网 4. 池边 402B 臀部入水—5 米台 401B—403B	1. 起跳时身体重心不稳，后倒或蹶臀 2. 脚踝、脚趾不会蹬抓台	1. 陆上多练背靠软墙第四组翻腾起跳前划臂后蹬腿练习 2. 教练员辅助保护	起跳角度合理，蹬台迅速充分，屈紧，翻腾高，打开准确果断，入水角度垂直，身体线条直，压水花

续表

序号	动作名称	技术要点	教学方法	易犯错误	改进措施	质量规格
30	405C	1. 面对台正确姿势站立，手臂伸直上举头顶 2. 提踵时身体重心稳定，提踵、弯膝时手臂、肩自然向上向后做“鞭打”动作 3. 脚踝、脚趾、膝关节有节奏的迅速充分向上向后蹬伸 4. 最高点迅速前划臂，躬背，提臀连接团紧、加速度 5. 一周过来看前下方水面，第二周过来团紧到位一次打开开直身体伸并手入水或两次打开调控身体位置到位，开腿展髋，开直身体，看入水点，并手伸肩入水	1. 跳台第四组起跳模仿 2. 陆台 402C 3. 网保护带 402C—404C—405C 手触网 4. 池边 402C—3 米台 401C—403C—404C—5 米台 405C	1. 起跳时身体重心不稳，后倒或蹶臀 2. 脚踝、脚趾不会蹬抓台 3. 蹬台不充分，前划臂不迅速	1. 陆上多练背靠软墙第四组翻腾起跳前划臂后蹬腿练习 2. 教练员辅助保护 3. 陆台正常起跳 402C—拉 远 402C—正常起跳 402C	起跳角度合理，蹬台迅速充分，团紧，翻腾速度快，看清目标，打开技术正确，入水角度垂直，身体线条直，压水花
31	跑台 5132D	1. 正确技术跑台 2. 双脚全脚掌落至台端，上体直立，梗头，手臂、肩自然向上向后做“鞭打”动作 3. 脚踝、膝关节迅速发力充分蹬伸，前侧分臂，梗头躬背提臀，摆腿打直身体接转体，用手臂和肩带动身体转	1. 陆上 5132D 模仿 2. 网 102B 摆腿翻腾—保护带 5122D—脱保 5122D 3. 1 米板三弹 102B 摆腿翻腾—5122D—5132D	1. 跑台双脚落至台端上体过于前倾 2. 蹬伸不充分，连接转体过早 3. 转体时下肢松、分腿	3 米台 5122D 和 5 米台 5132D 交替练习	起跳角度合理，蹬台有力，转体连接合理，转体时身体一直线、转体顺畅，腰腿紧，收正收紧，入水角度垂直，身体线条直，压水花

续表

序号	动作名称	技术要点	教学方法	易犯错误	改进措施	质量规格
31	跑台5132D	4. 转到位，手臂迅速侧平分、提腿提臂屈紧髋收停转体，看脚尖方向，屈紧提到位看入水点，开腿开髋开直身体，手臂从两侧迅速并手伸肩入水	4. 三米板三弹103B—5132D 5. 3米台跑台102B摆腿翻腾—5122D—5米台103B—5132D			
32	5231D	1. 上臂侧平举，面对台正确姿势站立 2. 弯膝下蹲下摆臂时，身体重心稍后移 3. 脚踝、膝关节迅速蹬伸，快速上带臂 4. 蹬离跳台后，手臂带到位，梗头连接转体，用手臂和肩带动身体转 5. 转到位迅速侧平分手臂，提腿提臂屈髋收停转体，看脚尖方向，屈紧提到位看入水点，开腿开髋开直身体，手臂从两侧迅速并手伸肩入水	1. 陆上5221D模仿 2. 网202A—保护带 5221D—脱保5221D 3. 1米板202A—5221D—3米板5231D 4. 3米台202A—5221D—5米台5231D	1. 起跳时身体重心后移过多，抬头倒肩 2. 蹬伸不充分，上臂慢不到位，连接转体早	3米台202A和5221D交替练习—5米台5231D练习	起跳角度合理，蹬伸充分，上带臂快到位，转体顺畅，收正收紧，入水角度垂直，身体线条直，压水花

续表

序号	动作名称	技术要点	教学方法	易犯错误	改进措施	质量规格
33	5233D	1. 上臂侧平举，面对台正确姿势站立 2. 弯膝下蹲下摆臂时，身体重心稍后移 3. 脚踝、膝关节迅速蹬伸，快速上带臂 4. 迅速蹬离跳台后，手臂迅速带到位，梗头迅速连接转体，用手臂和肩带动身体转，转体时夹紧下肢 5. 加速度转到位迅速侧平分手臂、提腿提臀屈髋收停转体，看脚尖方向，屈紧提到位看入水点，开腿开髋开直身体，手臂从两侧迅速并手伸肩入水	1. 陆上 5223D 模仿 2. 网202A—5221D—保护带 5223D—脱保 5223D 3. 水上 1 米板 202A—5221D—5223D—3 米板 5233D 4. 3 米台 202A—5221D—5223D—5 米台 5231D—5233D	1. 起跳时身体重心后移过多，抬头倒肩 2. 蹬伸不充分，上臂慢，连接转体早 3. 转体时身体松散，分腿	3 米台 202A 和 5223D 交替练习—5 米台 5233D 练习	起跳角度合理，蹬伸充分，上带臂快到位，转体加速度好、顺畅，收正收紧，入水角度垂直，身体线条直，压水花

六、7.5 米台至 10 米台

序号	动作名称	技术要点	教学方法	易犯错误	改进措施	质量规格
1	向前坐倒B	1. 屈体姿势（抱腿和分平手）臀部尽量前移坐台端 2. 倒下时屈紧提髋，上体压到位，看入水点，开腿展髋开直身体 3. 并手晚而迅速，夹紧肘关节，伸肩翻掌入水	1. 入水模仿练习 2. 陆上提髋辅助练习 3. 5 米台向前坐倒B—7.5 米台向前坐倒 B—10 米台向前坐倒 B	打开时屈体不到位、不提髋，松腰松腿	1. 教练在身后辅助做 2. 两腿间夹小海绵做	屈紧提到位开腿展髋，开直身体，入水角度垂直，身体线条直，与水面垂直，压水花
2	101B	1. 向前正确姿势站立，手臂伸直上举头顶 2. 提踵时身体重心稳定，提踵、弯膝时手臂肩自然向上向后稍做“鞭打”动作 3. 脚踝、脚趾、膝关节有节奏、迅速向上向前蹬伸，手臂肩充分上带上提，向前提腿屈紧髋 4. 最高点侧平分手，躬背含胸，提腿提臀，屈紧髋 5. 调控身体位置到位，开腿展髋，开直身体看入水点，并手晚而迅速，夹紧肘关节，伸肩翻掌入水	1. 陆上 101B 模仿练习 2. 网：手上举 101B 腹着网；手上举 101B 保护带并手触网 3. 水上 5 米台 101B—7.5 米台 101B—10 米台 101B	1. 调控身体位置能力和意识不强 2. 起跳时向上蹬伸、手臂肩上带上提不充分，上身下压过早 3. 不到位就开腿并手 4. 并手时间和入水时夹紧肘关节伸拉肩用力时间掌握不好 5. 空中屈体调控身体位置，提臀下压肩时，手臂过于后摆（俗称“喷气式”）	由 5 米台到 7.5 米台到 10 米台循序练习	起跳角度合理，充分向上蹬伸，手臂平分成一直线，屈紧到位打开，入水角度垂直，身体线条直，压水花

续表

序号	动作名称	技术要点	教学方法	易犯错误	改进措施	质量规格
3	201B	1. 手臂侧平举，正确姿势面对台站立 2. 提踵手臂上摆时，身体重心稳定 3. 弯膝下蹲下摆臂时，身体重心稍后移，脚踝、膝关节充分向上蹬伸，手臂充分上带到头顶 4. 最高点梗头，含胸，直腿上踢腿到位，手臂头肩向上向前手指触摸脚尖，看脚尖，呈屈体姿势，调控身体位置 5. 定位向上向前伸脚尖伸腿送髋，手指从脚尖小腿滑至大腿，手臂停置体前开直身体，调控身体位置到位，抬头看水，手臂从两侧并手到位，伸拉肩入水	1. 陆上 201B 起跳动作模仿 2. 陆上台 201B 背着垫 3. 网上 201B 背着网—保护带 201B 手触网 4. 池边 201B 臀部入水 5. 5 米台向后起跳 AB 脚入水—201B—7.5 米向后直体脚入水—201B—10 米台 201B	1. 起跳时身体重心不稳定，易倒肩后坐 2. 蹬台上带臂不充分，屈体时弯膝关节	1. 教练员保护 2. 池边 201B 坐下水和 5 米台向后起跳 AB 脚入水到 201B 交替练习 3. 7.5 米台过渡到 10 米台	起跳角度合理，蹬台带臂充分，空中成型姿势正确美观，入水角度垂直，身体线条直，压水花

续表

序号	动作名称	技术要点	教学方法	易犯错误	改进措施	质量规格
4	301B	1. 面对水手侧平分正确姿势站立 2. 提踵手上举时，身体重心稳定 3. 弯膝下蹲下摆臂时，身体重心略前移，脚跟稍离台面 4. 脚踝、脚趾、膝关节迅速充分向上向前蹬伸，手臂充分向前向上带臂，蹬离跳台 5. 最高点梗头，含胸，直腿上踢腿到位，手臂头肩向上向前手指触摸脚尖、看脚尖，呈屈体姿势，调控身体位置 6. 定位伸脚尖开腿送髋，手指从脚尖小腿滑至大腿，手臂停置体前开直身体，调控身体位置到位，抬头看水，手臂从两侧并手到位，伸拉肩入水	1. 陆台三组起跳练习 2. 陆台 301B 背着垫（注意保护） 3. 网立定 301B 背着网—保护带 301B 手触网 4. 水上池边向前跳水脚入水 AB 到 301B 臀部入水 5. 5 米台向前起跳 AB 脚入水到 301B—7.5 米台向前起跳 AB 脚入水到 301B—10 米台 301B	1. 起跳摆臂时身体重心不稳，上体过于前倾，蹬台上带臂不充分 2. 屈体时弯膝关节 3. 打开向上向前伸腿意识不强，开上身太快	1. 垫上做手指摸脚尖屈体打开并手模仿 2. 陆上教练托做第三组起跳动作模仿 3. 初学时教练站运动员身后保护	起跳角度合理，蹬台和上带臂充分有力，屈紧，造型美，入水角度垂直，身体线条直，压水花

续表

序号	动作名称	技术要点	教学方法	易犯错误	改进措施	质量规格
5	401B	1. 面对台正确姿势站立，手臂伸直上举头顶 2. 提踵时身体重心稳定，提踵、弯膝时手臂、肩自然向上向后稍做“鞭打”动作 3. 脚踝、脚趾、膝关节有节奏的迅速充分向上向后蹬伸 4. 最高点侧平分手，躬背提臀，向前提腿屈紧 5. 调控身体位置到位，开腿展髋，开直身体看入水点，晚而迅速做并手伸肩入水	1. 陆上 401B 起跳动作模仿 2. 网：手上举 401B 腹着网；手上举 401B 保护带并手触网 3. 水上 5 米台 401B—7.5 米台 401B—10 米台 401B	1. 起跳时向上伸臂提肩和向上蹬伸不充分 2. 调控身体位置能力和意识不强 3. 调控身体位置提髋下压上身时，手臂过于后摆（俗称“喷气式”）	1. 由 5 米台到 7.5 米台再到 10 米台循序练习 2. 教练员辅助保护	起跳角度合理，蹬台上带臂充分，手臂平分成一直线，屈紧到位打开，入水角度垂直，身体线条直，压水花
6	跑台 103B（分臂）	1. 正确技术跑台 2. 双脚全脚掌落至台端，上体直立，梗头，手臂、肩自然向上向后稍做“鞭打”动作 3. 脚踝、膝关节充分向上蹬伸手臂肩充分向上伸提，最高点手臂侧平分，梗头躬背向前提腿提臀屈髋连接翻腾屈紧 4. 一周过来看前下方水面准备打开，调控身体位置到位开腿展髋，开直身体，看入水点，晚而迅速做并手伸肩入水	1. 陆上跑台练习 2. 陆台单跳分臂 102B 到跑台分臂 102B 背着垫 3. 水上 5 米台分臂 101B—跑台 102B—7.5 米台 103B—10 米台 103B	1. 踏跳腿上蹬与跨跳腿上抬过高 2. 双脚落台端时向上蹬伸，上带臂提肩不充分，提腿屈髋控制翻腾能力不强 3. 上体前倾，起跳角度远，或者跑至台头时，向后撅臀，造成翻腾后缩，角度过近	通过 5 米台 101B—跑台分臂 102B—7.5 米台 103B—10 米台 103B 循序练习	起跳角度合理，向上蹬台上带臂充分，控制翻腾能力强，提到位开腿并手，入水角度垂直，身体线条直，压水花

续表

序号	动作名称	技术要点	教学方法	易犯错误	改进措施	质量规格
7	403B	1. 面对台正确姿势站立，手臂伸直上举头顶 2. 提踵时身体重心稳定，提踵、弯膝时手臂、肩自然向上向后稍做“鞭打”动作 3. 脚踝、脚趾、膝关节有节奏的充分向上向后蹬伸蹬离跳台，手臂肩充分上带上提 4. 最高点手臂侧平分，梗头躬背，提腿提臀翻腾屈紧，提髋下压上身到位看入水点，开腿展髋，开直身体，看入水点，并手伸肩入水	1. 跳台第四组起跳模仿 2. 陆台 402B 背着垫 3. 池边 402B 分臂臀部着水—5 米台 401B—7.5 米台 401B—403B—10 米台 401B——403B	1. 起跳时身体重心不稳，后倒或蹶臀 2. 腿向上蹬伸和手臂肩上提上带不充分 3. 不到位开腿并手	1. 7.5 米台—10 米台循序渐进练习 2. 教练员辅助保护	起跳角度合理，向上蹬伸、手臂肩上带上提充分，空中控制翻腾能力强，到位开腿并手，入水角度垂直，身体线条直，压水花
8	跑台 5132D	1. 正确技术跑台 2. 双脚全脚掌落至台端，上体直立，梗头，手臂、肩自然向上向后稍做“鞭打”动作 3. 脚踝、膝关节充分向上蹬伸，向上向前侧分臂，梗头、向上躬背提臀，摆腿打直身体接转体，用手臂和肩带动身体转	1. 陆上跑台 5132D 模仿 2. 网 102B 摆腿翻腾—保护带 5122D—脱保 5122D	1. 跑台双脚落至台端上体前倾 2. 腿向上蹬伸和手臂肩上带上提不充分，连接转体过早 3. 转体时下肢松、分腿	1. 5 米台—7.5 米台—10 米台循序渐进练习 2. 多练 3 米台 102B 摆腿翻腾—5122D 和 5 米台的 102B 摆腿翻腾—5122D	

续表

序号	动作名称	技术要点	教学方法	易犯错误	改进措施	质量规格
8	跑台5132D	4. 转到位，手臂迅速侧平分、提腿屈髋收停转体，看脚尖方向，屈紧提到位看入水点，开腿开髋开直身体，手臂从两侧并手伸肩入水	3. 1米板三弹102B摆腿翻腾—5122D—3米板三弹103B—5132D 4. 3米台—5米台跑台102B摆腿翻腾—5122D—7.5米台103B—5132D—10米台103B—5132D			起跳角度合理，腿向上蹬伸和手臂肩上伸上提充分，转体连接合理，转体时身体一直线、转体顺畅，腰腿紧，收正收紧，入水角度垂直，身体线条直，压水花
9	5231D	1. 上臂侧平举，正确姿势站立 2. 弯膝下蹲下摆臂时，身体重心稍后移 3. 脚踝、膝关节充分向上蹬伸，手臂充分上带 4. 蹬离跳台后，手臂带到头顶，再接转体，用手臂和肩带动身体转 5. 转到位迅速侧平分手臂，提腿屈髋屈紧收停转体，看脚尖方向，屈紧提到位看入水点，开腿开髋开直身体，手臂从两侧迅速并手伸肩入水	1. 陆上5221D模仿 2. 网202A—保护带 5221D—脱保5221D 3. 1米板202A—5221D—3米板5231D 4. 3米台—5米台202A—5221D—7.5米台5231D—10米台5231D	1. 起跳时身体重心后移过多，抬头倒肩 2. 向上蹬伸带臂不充分，上臂慢不到位，连接转体早	1. 5米台—7.5米台—10米台循序渐进练习 2. 多练3米台202A—5221D和5米台的202A—5221D	起跳角度合理，蹬伸上带臂充分，转体顺畅，收正收紧，入水角度垂直，身体线条直，压水花

续表

序号	动作名称	技术要点	教学方法	易犯错误	改进措施	质量规格
10	612B	1. 倒立直、稳 2. 外移重心时，肩头不动，由脚尖向上向前移至45度左右，向上向前推手，脚尖向上向前伸，提腿屈髋，手侧平分屈紧 3. 提到位看入水点，开腿展髋，手臂从侧面并手伸肩、耳旁夹紧肘入水	1. 陆台611B坐垫 2. 池边：611B臀部入水 3. 5米台612B—7.5米台612B—10米台	1. 用肩头外移重心 2. 推手成型屈体时间过早或过晚 3. 屈体不到位开腿并手	5米台—7.5米台—10米台循序渐进练习	倒立直、稳，空中屈体姿势正确美观，屈体到位开腿并手，入水角度垂直，身体线条直，压水花

七、1米板

序号	动作名称	技术要点	教学方法	易犯错误	改进措施	质量规格
1	自由弹	1. 手脚动作要与板的弹性、节奏相配合 2. 身体重心尽量保持垂直 3. 弹板熟练后要求空中身体姿势成一直线，臀腿夹紧绷脚尖	1. 起跳摆臂模仿 2. 原地弹起绷脚尖 3. 手脚配合自由弹板 4. 立定向前自由跳下 5. 立定向后自由跳下 6. 从弹网自由弹过渡到陆板自由弹过渡到水上1米板自由弹	身体重心不平衡，不合板的节奏	网—陆板—水上1米板循序练习	1. 初学者初步掌握跳板弹性节奏和调整身体平衡 2. 熟练后要求弹稳，起跳重心稳定，落板准，符合节奏，空中人体线条直

续表

序号	动作名称	技术要点	教学方法	易犯错误	改进措施	质量规格
2	向前立定A跳下	1. 在板端正确姿势站立，手臂侧平举 2. 提踵手上摆，下摆臂幅度大（两手指过膝盖），屈膝适当落踝用力压板 3. 充分蹬伸膝踝关节，脚趾抓板，手臂充分上带，眼看前下方，空中姿势保持一直线，臀腿夹紧绷脚尖	1. 立定起跳A模仿练习 2. 陆网立定起跳A脚着网练习 3. 陆板立定起跳A脚着垫练习 4. 水上1米板立定起跳A脚入水练习 特别提示：弯膝下蹲压板时，膝盖对准脚尖方向	起跳上体前倾角度大	1. 陆板和水上板交替练习 2. 陆板端距垫面30厘米处画安全标志线	起跳角度合理，快上臂，空中呈一直线，臀与下肢紧绷脚尖
3	向前立定B跳下	1. 在板端正确姿势站立，手臂侧平举 2. 提踵手上摆，下摆臂幅度大（两手指过膝盖），屈膝适当落踝用力压板 3. 充分蹬伸膝踝关节，脚趾抓板，手臂充分上带，眼看前下方，最高点快速直腿上踢，手臂回臂，手指触脚尖，呈屈体姿势看脚尖 4. 脚尖、腿向前向下打开身体，手臂迅速上举，开直身体入水	1. 立定起跳B模仿练习 2. 陆网立定起跳AB脚着网练习 3. 陆板立定起跳AB脚着垫练习 4. 水上1米板立定起跳AB脚入水练习 特别提示：弯膝下蹲压板时，膝盖对准脚尖方向	1. 起跳上体前倾角度大 2. 屈体弯膝	1. 陆板和水上板交替练习 2. 陆板端距垫面30厘米处画安全标志线	起跳角度合理，快上臂，空中屈体姿势正确，屈体打开后空中身体呈一直线，臀与下肢紧绷脚尖

续表

序号	动作名称	技术要点	教学方法	易犯错误	改进措施	质量规格
4	向前立定C跳下	1. 在板端正确姿势站立，手臂侧平举 2. 提踵手上摆，下摆臂幅度大（两手指过膝盖），屈膝适当落踝用力压板 3. 充分蹬伸膝踝关节，脚趾抓板，手臂充分上带，眼看前下方，最高点快速提膝，手臂回抱腿，梗头，躬背含胸，团紧 4. 脚尖、腿向前向下打开身体，手臂迅速上举，开直身体入水	1. 立定起跳C模仿练习 2. 陆网立定起跳AC脚着网练习 3. 陆板立定起跳AC脚着垫练习 4. 水上1米板立定起跳AC脚入水练习 特别提示：弯膝下蹲压板时，膝盖对准脚尖方向	1. 起跳上体前倾角度大 2. 抬头挺胸连接	1. 陆板和水上板交替练习 2. 陆板端距垫面30厘米处画安全标志线	起跳角度合理，快上臂，空中团身姿势正确，团身打开后空中身体呈一直线，臀与下肢紧绷脚尖
5	立定向后A跳下	1. 面对板正确姿势站立，手臂侧平举 2. 提踵手上摆，下摆臂幅度大（两手指过膝盖），屈膝适当落踝用力压板，身体重心垂直 3. 充分蹬伸膝踝关节，脚趾抓板，手臂充分上带，眼看前下方，空中姿势一直线	1. 向后立定起跳A模仿练习 2. 陆网向后立定起跳A脚着网练习 3. 陆板向后立定起跳A脚着垫练习 4. 水上1米板向后立定起跳A脚入水练习 特别提示：弯膝下蹲压板时，膝盖对准脚尖方向	起跳摆臂时身体重心不稳，下摆臂易早，易两次起跳	1. 陆板和水上板交替练习 2. 陆板端距垫面30厘米处画安全标志线	起跳充分，角度合理，无两次起跳，快上臂，空中呈一直线，臀与下肢紧绷脚尖

续表

序号	动作名称	技术要点	教学方法	易犯错误	改进措施	质量规格
6	立定向后B跳下	1. 面对板，正确姿势站立，手臂侧平举 2. 提踵手上摆，下摆臂幅度大（两手指过膝盖），屈膝适当落踝用力压板，身体重心垂直 3. 充分蹬伸膝踝关节，脚趾抓板，手臂充分上带，眼看前下方，最高点快速直腿上踢，手臂回臂手指触脚尖，呈屈体姿势看脚尖 4. 脚尖、腿向前向下打开身体，手臂迅速上举，开直身体入水	1. 向后立定起跳 B 模仿练习 2. 陆网向后立定起跳 AB 脚着网练习 3. 陆板向后立定起跳 AB 脚着垫练习 4. 水上 1 米板向后立定起跳 AB 脚入水练习 特别提示：弯膝下蹲压板时，膝盖对准脚尖方向	起跳摆臂时身体重心不稳，下摆臂易早，易两次起跳	1. 陆板和水上板交替练习 2. 陆板端距垫面 30 厘米处画安全标志线	起跳充分，角度合理，无两次起跳，快上臂，屈体打开后空中呈一直线，臀与下肢紧绷脚尖
7	立定向后C跳下	1. 在板端正确姿势站立，手臂侧平举 2. 提踵手上摆，下摆臂幅度大（两手指过膝盖），屈膝适当落踝用力压板 3. 充分蹬伸膝踝关节，脚趾抓板，手臂充分上带，眼看前下方，最高点快速提膝，手臂回抱腿，梗头，躬背含胸，团紧 4. 脚尖、腿向前向下打开身体，手臂迅速上举，开直身体入水	1. 向后立定起跳 C 模仿练习 2. 陆网向后立定起跳 AC 脚着网练习 3. 陆板向后立定起跳 AC 脚着垫练习 4. 水上 1 米板向后立定起跳 AC 脚入水练习 特别提示：弯膝下蹲压板时，膝盖对准脚尖方向	起跳摆臂时身体重心不稳，下摆臂易早，易两次起跳	1. 陆板和水上板交替练习 2. 陆板端距垫面 30 厘米处画安全标志线	起跳角度合理，快上臂，空中团身姿势正确，团身打开后空中呈一直线，臀与下肢紧绷脚尖

续表

序号	动作名称	技术要点	教学方法	易犯错误	改进措施	质量规格
8	三弹、一弹、走板101C	1. 弹好板，走好板 2. 弹板或走板跨跳步并腿后身体重心垂直着板，压板时身体重心垂直，全力弯膝压板，充分下摆臂上带到头顶，充分向上蹬伸带臂 3. 最高点梗头躬背提臀，前划臂抱小腿团紧 4. 团身到位看入水点一次开腿开髋开直身体，手臂屈肘在体前向头顶方向伸并手；两次打开先开脚尖小腿，手侧平分，屈紧，呈屈体姿势，调控身体位置到位开腿看入水点，手臂向两侧并手至耳旁，肘关节夹紧入水	1. 陆上三弹、一弹、走板101C模仿 2. 网三弹、一弹、走网101C腹着网—保护带101C手触网 3. 水上1米板三弹、一弹、走板AC脚入水—三弹、一弹、走板101C（保护带101C过渡）	1. 弹板三弹、一弹、跨跳步并腿后身体重心不稳 2. 弯膝压板摆臂重心不垂直，上体前倾 3. 不到位打开	1. 初学者重视水陆保护带过渡 2. 起跳AC脚入水和101C相结合做	起跳角度合理，起跳带臂充分，有高度，团紧，到位打开果断有力，入水角度垂直，身体线条直，压水花

续表

序号	动作名称	技术要点	教学方法	易犯错误	改进措施	质量规格
9	三弹、一弹、走板101B	1. 弹好板，走好板 2. 弹板或走板跨跳步并腿后身体重心垂直着板，压板时上体略微前倾，全力弯膝压板，充分下摆臂上带头顶，充分向上蹬伸带臂 3. 最高点梗头躬背提臀，手臂侧平分，提腿屈髋屈紧 4. 屈紧提到位看入水点一次开腿开髋开直身体，手臂从两侧迅速并手至耳旁，肘关节夹紧，翻掌入水	1. 陆上三弹、一弹、走板的101B模仿 2. 网三弹、一弹、走网101B腹着网—保护带101B手触网 3. 水上1米板三弹、一弹、走板AB脚入水—三弹、一弹、走板101B（保护带101B过渡）	1. 弹板三弹、一弹、跨跳步并腿后身体重心不稳 2. 弯膝压板摆臂重心不垂直，上体前倾 3. 不到位打开	1. 重视水陆保护带过渡 2. 起跳AB脚入水和101B相结合做	起跳角度合理，起跳带臂充分，有高度，屈紧，提到位打开有力，入水角度垂直，身体线条直，压水花
10	201C	1. 面对板，手侧平举，正确姿势站立 2. 提踵上摆臂时身体重心稳定，弯膝充分压板，手臂大幅度下摆，连续上带臂到头顶（身体重心垂直于板端），腿充分向上蹬伸和上带臂 3. 最高点梗头含胸提膝送髋屈小腿，手臂回拖小腿团紧	1. 陆上板201C摆臂起跳模仿 2. 网立定201C背着网—保护带201C手触网 3. 陆板201C背着垫—保护带201C手触垫 4. 水上1米板向后起跳AC脚入水—保护带201C—脱保201C	1. 弯膝压板下摆臂过程中身体重心不稳定 2. 打开甩上身	1. 重视水陆保护带过渡，重视201C和向后起跳AC脚入水动作相结合	起跳角度合理，有高度，团身紧，定位打开有力，入水角度垂直，身体线条直，压水花

续表

序号	动作名称	技术要点	教学方法	易犯错误	改进措施	质量规格
10	201C	4. 定位伸脚尖开小腿，看脚尖，手臂伸直停置体前，调节身体位置，推髋抬头开直身体看后下方水面，再次调控身体位置到位，手臂曲肘沿着体前往头上方伸并手、伸拉肩入水		3. 打开后调节能力和意识不强	2. 多练习垫上打开模仿	
11	201B	1. 面对板，手侧平举，正确姿势站立 2. 提踵上摆臂时身体重心稳定，弯膝充分压板，手臂大幅度下摆，连续上带臂到头顶（身体重心垂直于板端），腿充分向上蹬伸和上带臂 3. 最高点梗头含胸，直腿上踢腿到位，手臂肩向上向前，手摸脚尖，呈屈体姿势，调控身体位置 4. 定位向上向前伸脚尖伸腿送髋，手指从脚尖小腿滑至大腿上方，开直身体，抬头看后下方水面，再调控身体位置到位，手臂从两侧迅速并手夹紧肘关节伸拉肩入水	1. 陆上板 201B 起跳模仿 2. 网立定起跳 AB—201B 背着网—保护带 201B 手触网 3. 陆板 201B 背着垫—保护带 201B 手触垫 4. 水上 1 米板向后起跳 AB 脚入水—保护带 201B—脱保 201B	1. 弯膝压板下摆臂过程中身体重心不稳定 2. 打开甩上身 3. 打开后调节能力和意识不强	1. 重视水陆保护带过渡，重视 201B 和向后起跳 AB 脚入水动作相结合 2. 多练习垫上打开模仿	起跳角度合理，有高度，屈紧，定位伸脚尖伸腿送髋打开，入水角度垂直，身体线条直，压水花

续表

序号	动作名称	技术要点	教学方法	易犯错误	改进措施	质量规格
12	201A	1. 面对板，手侧平举，正确姿势站立 2. 提踵上摆臂时身体重心稳定，弯膝充分压板，手臂大幅度下摆，连续上带臂到头顶（身体重心垂直于板端），腿充分向上蹬伸和上带臂 3. 最高点侧平分手臂，抬头微挺胸，绷脚尖，夹紧腿、臀，空中呈反燕姿势 4. 调控身体位置到位看后下方水面，手臂迅速从侧面并至耳旁，夹紧肘关节，伸拉肩入水	1. 陆上网立定起跳 A—201A 背着网—保护带 201A 手触网 2. 水上 1 米板向后起跳 A 脚入水—201A	1. 起跳时身体重心不稳，起跳角度忽近忽远 2. 起跳向上蹬伸手臂上带不到位 3. 空中直体姿势变形，腰腿松	重视水陆保护带过渡，重视 201A 和向后起跳 A 脚入水结合做，重视模仿练习	起跳角度合理，起跳充分，高度高，空中姿势优美，入水角度垂直，身体线条直，压水花
13	三弹、一弹、走板 301C	1. 弹好板，走好板 2. 弹板或走板跨跳步并腿后身体重心垂直着板，压板时上体略前倾，全力弯膝压板，腿充分向上向前蹬伸，手臂向前向上带至头顶 3. 最高点梗头含胸，提膝送臀，手臂回抱小腿团紧	1. 陆上三弹、一弹、走板的 301C 模仿 2. 网三弹、一弹、走网 AC 脚着网—301C 背着网—保护带 301C 手触网	1. 弹板三弹、一弹、跨跳步并腿后身体重心不稳 2. 弯膝压板摆臂时上体过于前倾	1. 重视水陆保护带过渡，重视 301C 和向前起跳 AC 脚入水动作相结合	起跳角度合理，起跳带臂充分，有高度，团紧，到位打开果断有力，入水角度垂直，身体线条直，压水花

续表

序号	动作名称	技术要点	教学方法	易犯错误	改进措施	质量规格
13	三弹、一弹、走板301C	4. 定位伸脚尖开小腿，看脚尖，手臂伸直停置体前，调节身体位置，推髋抬头开直身体看后下方水面，再次调控身体位置到位，手臂屈肘沿着体前往头上方伸并手、伸拉肩入水	3. 水上1米板三弹、一弹、走板AC脚入水—三弹、一弹、走板301C（保护带301C过渡）	3. 调控身体位置能力和意识不强	2. 多练习垫上打开模仿	起跳角度合理，起跳带臂充分，有高度，团紧，到位打开果断有力，入水角度垂直，身体线条直，压水花
14	三弹、一弹、走板301B	1. 弹好板，走好板 2. 弹板或走板跨跳步并腿后身体重心垂直着板，压板时上体略前倾，全力弯膝压板，腿充分向上向前蹬伸，手臂向前向上带至头顶 3. 最高点梗头含胸，直腿上踢腿到位，手臂肩向上向前，手摸脚尖，调控身体位置 4. 定位向上向前伸脚尖伸腿送髋，手指从脚尖小腿滑至大腿上方，开直身体，抬头看后下方水面，再调控身体位置到位，手臂从两侧并手夹紧肘关节伸拉肩入水	1. 陆上三弹、一弹、走板的301B模仿 2. 网三弹、一弹、走网AB脚着网—301B背着网—保护带301B手触网 3. 水上1米板三弹、一弹、走板AB脚入水—三弹、一弹、走板301B（保护带301B过渡）	1. 弹板三弹、一弹、跨跳步并腿后身体重心不稳 2. 弯膝压板摆臂时上体过于前倾 3. 调控身体位置能力和意识不强	1. 重视水陆保护带过渡，重视301B和向前起跳AB脚入水动作相结合 2. 多练习垫上打开模仿	起跳角度合理，起跳带臂充分，有高度，屈紧，入水角度垂直，身体线条直，压水花

续表

序号	动作名称	技术要点	教学方法	易犯错误	改进措施	质量规格
15	三弹、一弹、走板301A	1. 弹好板，走好板 2. 弹板或走板跨跳步并腿后身体重心垂直着板，压板时上体略前倾，全力弯膝压板，腿充分向上向前蹬伸，手臂向前向上带至头顶 3. 最高点侧平分手臂，抬头微挺胸，绷脚尖，夹紧腿、臂，空中呈反燕姿势 4. 调控身体位置到位看后下方水面，手臂迅速从侧面并至耳旁，夹紧肘关节，伸拉肩入水	1. 陆上三弹、一弹、走板的301A模仿 2. 网三弹、一弹、走网A脚着网—301A背着网—保护带301A手触网 3. 水上1米板三弹、一弹、走板A脚入水—三弹、一弹、走板301A（保护带301A过渡）	1. 弹板三弹、一弹、跨跳步并腿后身体重心不稳 2. 弯膝压板摆臂时上体过于前倾 3. 空中直体姿势变形，腰腿松	重视水陆保护带过渡，重视301A和向前起跳A脚入水动作相结合	起跳角度合理，起跳带臂充分，有高度，空中姿势优美，入水角度垂直，身体线条直，压水花
16	401C	1. 面对板，手侧平举，正确姿势站立 2. 提踵上摆臂时身体重心稳定，弯膝充分压板，手臂大幅度下摆，连续上带臂到头顶（身体重心垂直于板端），腿充分向上向后蹬伸和上带臂 3. 最高点梗头躬背提臀屈小腿，前划臂抱小腿团紧	1. 陆上板401C起跳动作模仿 2. 网：立定起跳AC脚着网—401C腹着网—保护带401C手触网 3. 水上1米板立定向后起跳AC脚入水—保护带401C—401C	1. 起跳摆臂压板时身体重心不稳 2. 倒肩后坐臀	1. 重视水陆保护带过渡和向后立定起跳AC脚入水结合做	起跳角度合理，有高度，团紧，到位打开，入水角度垂直，身体线条直，压水花

续表

序号	动作名称	技术要点	教学方法	易犯错误	改进措施	质量规格
16	401C	4. 团紧到位一次开直腿髋或两次打开开小腿手侧平分、屈紧髋，调控身体位置到位，开直身体看入水点，并手伸肩入水			2. 陆上保护带向后立定起跳 A 练习：体会膝关节、脚踝、脚趾抓板向上向后蹬离跳板	
17	401B	1. 面对板，手侧平举，正确姿势站立 2. 提踵上摆臂时身体重心稳定，弯膝充分压板，手臂大幅度下摆，连续上带臂到头顶（身体重心垂直于板端），腿充分向上向后蹬伸和上带臂 3. 最高点梗头躬背提臀屈髋，手臂侧平分 4. 屈紧到位看入水点，开腿展髋，开直身体，并手伸肩入水	1. 陆上板 401B 起跳动作模仿 2. 网：立定起跳 AB 脚着网—401B 腹着网—保护带 401B 手触网 3. 水上 1 米板立定向后起跳 AB 脚入水—保护带 401B—401B	1. 起跳摆臂压板时身体重心不稳 2. 倒肩后坐臀	1. 重视水陆保护带过渡和向后立定起跳 AB 脚入水结合做 2. 陆上保护带向后立定起跳 A 练习:体会膝关节、脚踝、脚趾抓板向上向后蹬离跳板	起跳角度合理，有高度，屈紧，到位打开，入水角度垂直，身体线条直，压水花

续表

序号	动作名称	技术要点	教学方法	易犯错误	改进措施	质量规格
18	三弹、一弹、走板103C	1. 弹好板，走好板 2. 弹板或走板跨跳步并腿后身体重心垂直着板，压板时上体略微前倾，全力弯膝压板，充分下摆臂上带到头顶，膝踝充分向上蹬伸 3. 最高点梗头躬背提臂，前划臂抱小腿团紧 4. 一周过来看前下方水面，团紧到位一次开直腿髋两手臂屈肘在体前，向头顶方向伸并手；或两次打开开小腿手侧平分、屈紧髋，调控身体位置到位，开直身体看入水点，两侧并手伸肩入水	1. 陆上三弹、一弹、走板的103C模仿 2. 网三弹、一弹、走网102C脚站网—保护带103C手触网 3. 水上1米板三弹、一弹、走板 101C—三弹、一弹、走板103C（保护带103C过渡）	1. 弹板三弹、一弹、跨跳步并腿后身体重心不稳 2. 弯膝压板摆臂时上体过于前倾 3. 起跳不充分连接翻腾，上体下压过早 4. 不到位打开	1. 重视水陆保护带过渡 2. 垫上头手倒立做开腿及控制练习 3. 肋木反吊，做开腿及控制练习	起跳角度合理，起跳带臂到位，有高度，团紧，翻腾高，到位打开果断有力，入水角度垂直，身体线条直，压水花
19	三弹、一弹、走板103B	1. 弹好板，走好板 2. 弹板或走板跨跳步并腿后身体重心垂直着板，压板时上体略微前倾，全力弯膝压板，充分下摆臂上带到头顶，膝踝充分向上蹬伸 3. 最高点梗头躬背提臂，前划臂抱腿屈紧	1. 陆上三弹、一弹、走板的103B模仿 2. 网三弹、一弹、走网102B脚站网—保护带103B手触网 3. 水上1米板三弹、一弹、走板 101B—三弹、一弹、走板103B（保护带103B过渡）	1. 弹板三弹、一弹、跨跳步并腿后身体重心不稳 2. 弯膝压板摆臂时上体过于前倾	1. 重视水陆保护带过渡 2. 垫上头手倒立做开腿及控制练习	起跳角度合理，起跳带臂到位，有高度，屈紧，翻腾高，到位打开果断有力，入水角度垂直，身体线条直，压水花

续表

序号	动作名称	技术要点	教学方法	易犯错误	改进措施	质量规格
19	三弹、一弹、走板103B	4. 一周过来看前下方水面准备打开，屈紧，手臂侧平分，调控身体位置到位，看入水点，开腿展髋，开直身体，手臂向两侧并手至耳旁，肘关节夹紧，两侧并手伸肩入水		3. 起跳不充分连接翻腾，上体下压过早 4. 不到位打开	3. 肋木反吊，做开腿及控制练习	
20	三弹、一弹、走板104C	1. 弹好板，走好板 2. 弹板或走板跨跳步并腿后身体重心垂直着板，压板时上体略微前倾，全力弯膝压板，充分下摆臂上带到头顶，膝踝充分向上蹬伸 3. 定位梗头躬背提臀，前划臂抱小腿团紧加速翻腾 4. 一周过来看前下方水面，第二周过来看前方水面，脚尖、腿迅速向前向下打开脚入水	1. 陆上三弹、一弹、走板的104C模仿 2. 网保护带102C—104C—脱保三弹、一弹104C—走网104C 3. 水上1米板三弹、一弹、走板101C—103C—104C（保护带104C过渡）	1. 弹板三弹、一弹、跨跳步并腿后身体重心不稳 2. 弯膝压板摆臂时上体过于前倾，压板上臂不到头顶 3. 起跳不充分连接翻腾,上体下压过早	重视水陆保护带过渡	起跳角度合理，起跳带臂到位，有高度，团紧，翻腾高，看清目标，到位打开有力

续表

序号	动作名称	技术要点	教学方法	易犯错误	改进措施	质量规格
21	三弹、一弹、走板104B	1. 弹好板，走好板 2. 弹板或走板跨跳步并腿后身体重心垂直着板，压板时上体略微前倾，全力弯膝压板，充分下摆臂上带头顶，膝踝充分向上蹬伸 3. 定位梗头躬背提臀，前划臂抱腿屈紧加速翻腾 4. 一周过来看前下方水面，第二周过来看前方水面，脚尖、腿迅速向前向下打开脚入水	1. 陆上三弹、一弹、走板的104B模仿 2. 网保护带 102B—104B—脱保三弹、一弹104B—走网104B 3. 水上1米板三弹、一弹、走板 103B—104B（保护带104B过渡）	1. 弹板三弹、一弹、跨跳步并腿后身体重心不稳 2. 弯膝压板摆臂时上体过于前倾，压板上臂不到头顶 3. 起跳不充分连接翻腾，上体下压过早 4. 屈体屈膝	重视水陆保护带过渡	起跳角度合理，起跳带臂到位，有高度，屈紧，翻腾高，看清目标，到位打开有力

续表

序号	动作名称	技术要点	教学方法	易犯错误	改进措施	质量规格
22	203C	1. 面对板，手侧平举，正确姿势站立 2. 提踵上摆臂时身体重心稳定，弯膝充分压板，手臂大幅度下摆，连续上带臂到头顶（身体重心垂直于板端），腿充分向上蹬伸和向上向后带臂 3. 定位梗头含胸提膝送髋屈小腿，手臂回抱小腿团紧 4. 一周过来看下方水面，团紧再看板端板面和前方目标，脚尖、小腿对准目标打开，看脚尖，手臂伸直放置体前，调节身体位置，推髋抬头开直身体看后下方水面，再次调控身体位置到位，两臂屈肘沿着体前往头上方伸并手、伸拉肩入水	1. 陆上板203C摆臂起跳模仿 2. 网立定203C背着网—保护带203C手触网 3. 陆板202C—203C背着垫—保护带203C手触垫 4. 水上1米板201C—保护带203C—脱保203C	1. 弯膝压板下摆臂过程中身体重心不稳定，打开后调节能力和意识不强 2. 翻腾仰头甩上身 3. 看目标不清	1. 重视水陆保护带过渡，重视基本半周动作和完整动作相结合 2. 多练习垫上打开模仿练习	起跳角度合理，有高度，团身紧，看清目标，打开有力，入水角度垂直，身体线条直，压水花

续表

序号	动作名称	技术要点	教学方法	易犯错误	改进措施	质量规格
23	203B	1. 面对板，手侧平举，正确姿势站立 2. 提踵上摆臂时身体重心稳定，弯膝充分压板，手臂大幅度下摆，连续上带臂到头顶（身体重心垂直于板端），腿充分向上蹬伸和向上向后带臂 3. 定位梗头含胸直腿上踢顶髋，手臂在肩上方快速回抱腿，屈紧 4. 一周过来看下方水面，屈紧再看板端板面和前方目标，脚尖、腿对准目标打开再送髋，开直身体，两臂伸直放置体前，调节身体位置，抬头看后下方水面，手臂曲肘沿着体前往头上方伸并手、伸拉肩入水	1. 陆上板 203B 摆臂起跳模仿 2. 网保护带 202B—203B 手触网 3. 陆板 202B—203B 背着垫—保护带 203B 手触垫 4. 水上 1 米板 201B—保护带 203B—脱保 203B	1. 弯膝压板下摆臂过程中身体重心不稳定，打开后调节能力和意识不强 2. 翻腾仰头甩上身 3. 屈体屈膝 4. 不注重看目标	1. 重视水陆保护带过渡，重视基本半周动作和完整动作相结合 2. 多练习垫上打开模仿练习	起跳角度合理，有高度，屈紧，看清目标，打开有力，入水角度垂直，身体线条直，压水花

续表

序号	动作名称	技术要点	教学方法	易犯错误	改进措施	质量规格
24	204C	1. 面对板，手侧平举，正确姿势站立 2. 提踵上摆臂时身体重心稳定，弯膝充分压板，手臂大幅度下摆，连续上带臂到头顶（身体重心垂直于板端），腿充分向上蹬伸和向上向后带臂 3. 定位梗头含胸提膝送髋屈小腿，手臂迅速回抱小腿团紧，翻腾加速度 4. 一周过来看下方水面，第二周过来看下方水面，脚尖、腿迅速向后向下打开，双臂放置大腿前入水	1. 陆上板 204C 摆臂起跳模仿 2. 网保护带 202C—204C—脱保 204C 3. 陆板保护带 202C—204C 4. 水上 1 米板 203C—保护带 204C—脱保 204C	1. 弯膝压板下摆臂过程中身体重心不稳定 2. 翻腾仰头甩上身 3. 不注重看目标	1. 重视水陆保护带过渡 2. 多练习 203C	起跳角度合理，有高度，团身紧，翻腾快，看清目标，打开后双臂放置在大腿前
25	三弹、一弹、走板 303C	1. 弹好板，走好板 2. 弹板或走板跨跳步并腿后身体重心垂直着板，压板时身体重心略前倾，全力弯膝压板，充分下摆臂上带到头顶，腿充分向上向前蹬伸，手臂充分向前向上向后带臂	1. 陆上三弹、一弹、走板的 303C 模仿 2. 网三弹、一弹、走网 303C 背着网—保护带 303C 手触网	1. 弹板三弹、一弹、跨跳步并腿后身体重心不稳 2. 弯膝压板摆臂时上体过于前倾	1. 重视水陆保护带过渡，重视基本动作和完整动作结合做 2. 多练习垫上打开模仿练习	起跳角度合理，起跳带臂充分，有高度，团紧，看清目标，到位打开果断有力，入水角度垂直，身体线条直，压水花

续表

序号	动作名称	技术要点	教学方法	易犯错误	改进措施	质量规格
25	三弹、一弹、走板 303C	3. 定位梗头含胸提膝送臀屈小腿，手臂快速在肩上方回抱小腿团紧 4. 一周过来看下方水面，团紧翻腾，顺着水面看前下方或前方目标，脚尖、小腿对准目标打开，看脚尖，手臂伸直停置体前，调节身体位置，推髋抬头开直身体看后下方水面，再次调控身体位置到位，手臂屈肘在体前沿着体前往头上方伸并手、伸拉肩入水	3. 水上 1 米板三弹、一弹、走板 AC 脚入水—三弹、一弹、走板 301C—303C（保护带 303C 过渡）	3. 调控身体位置能力和意识不强 4. 不注重看目标		
26	三弹 304C	1. 弹好板 2. 弹板身体重心垂直着板，压板时身体重心略前倾，全力弯膝压板，充分下摆臂上手到头顶，腿充分向上向前蹬伸，手臂充分向前向上向后带臂 3. 定位梗头含胸提膝送臀屈小腿，手臂快速在肩上方回抱小腿团紧，翻腾加速度	1. 陆上三弹板 304C 模仿 2. 网保护带 302C—304C 3. 水上 1 米板三弹 AC 脚入水—保护带一弹 304C—脱保三弹 304C	1. 弹板和压板时身体重心不稳 2. 起跳带臂不充分，连接翻腾早 3. 不注重看目标	多做陆上三组托起，充分向上向后带臂的练习	起跳角度合理，起跳带臂充分，有高度，团紧，看清目标，到位打开果断有力，双臂放置大腿前

续表

序号	动作名称	技术要点	教学方法	易犯错误	改进措施	质量规格
26	三弹304C	4. 一周过来看下方水面，第二周过来看下方水面，脚尖、腿向后向下开直身体，双臂放置大腿前入水				
27	403C	1. 面对板，手侧平举，正确姿势站立 2. 提踵上摆臂时身体重心稳定，弯膝充分压板，手臂大幅度下摆，连续上带臂到头顶（身体重心垂直于板端），腿充分向上向后蹬伸 3. 定位梗头躬背提臀屈小腿，前划臂抱小腿团紧 4. 一周过来看前下方水面，团紧到位一次开直腿髋两手臂屈肘在体前，向头顶方向伸并手；或两次打开开小腿手侧平分、屈紧髋，调控身体位置到位，开直身体看入水点，并手伸肩入水	1. 陆上板402C起跳动作模仿 2. 网：保护带402C—403C手触网 3. 水上1米板401C—保护带403C—脱保403C	1. 起跳摆臂压板时身体重心不稳 2. 倒肩后坐臀	1. 重视水陆保护带过渡 2. 陆上保护带向后立定起跳A练习：体会膝关节、脚踝、脚趾抓板向上向后蹬离跳板 3. 垫上头手倒立做开腿及控制练习 4. 肋木反吊，做开腿及控制练习	起跳角度合理，有高度，团紧，到位打开，入水角度垂直，身体线条直，压水花

续表

序号	动作名称	技术要点	教学方法	易犯错误	改进措施	质量规格
28	三弹、一弹、走板5122D	1. 弹好板，走好板 2. 弯膝压板、下摆臂充分，上手迅速到头顶，腿充分蹬伸，离板后，两臂迅速前侧分，梗头躬背，提臀，再摆腿迅速连接转体 3. 手臂、肩带动身体转动，转到位两臂侧平分，提腿收髋，眼看脚尖方向，屈紧，脚尖、腿向前向下开直身体脚入水	1. 陆上5122D模仿 2. 网保护带：分手102B摆腿翻腾—5122D—脱保5122D练习 3. 陆板：三弹分手102B摆腿翻腾到5122D—走板分手102B摆腿翻腾—5122D 4. 水上1米板三弹分手102B摆腿翻腾到5122D—走板分手102B摆腿翻腾—5122D	1. 起跳压板不充分，上手不到位 2. 过早下压上体连接翻腾 3. 转体过早连接 4. 转体分腿	1. 分手102B摆腿翻腾与5122D交替练习 2. 网板交替练习	起跳翻腾转体连接合理，转体时身体线条直而紧，转体顺畅，转体到位，收停姿势和时间正确
29	三弹5124D	1. 弹好板 2. 弯膝压板、下摆臂充分，迅速上手到头顶，腿充分蹬伸，离板后，两臂迅速前侧分，梗头躬背，提臀摆腿迅速连接转体 3. 手臂、肩带动身体转动，空中夹紧腿臀，身体直，转到位两臂侧平分，提腿收髋屈紧，眼看脚尖方向，开直身体脚入水	1. 陆上5124D模仿 2. 网保护带分手102B摆腿翻腾—5122D—脱保5122D—保护带5124D—脱保5124D 3. 陆板：三弹分手102B摆腿翻腾到5122D—一弹分手102B摆腿翻腾—一弹保护带5124D—脱保5124D 4. 水上1米板三弹分手102B摆腿翻腾到5122D—走板分手102B摆腿翻腾—5122D—三弹5124D	1. 起跳压板不充分，上手不到位 2. 过早下压上体连接翻腾 3. 转体过早连接 4. 转体分腿	1. 分手102B和5124D交替练习 2. 网板交替练习	起跳翻腾转体连接合理，转体时身体线条直而紧，转体顺畅，转体到位，收停姿势和时间正确

续表

序号	动作名称	技术要点	教学方法	易犯错误	改进措施	质量规格
30	5221D	1. 面对板，手臂侧平举，正确姿势站立 2. 预摆时提踵手上举，稳住身体重心，正确做好202A起跳连接翻腾技术 3. 弯膝下摆臂充分压板时，身体重心与地面垂直 4. 充分蹬伸，带臂到头顶，梗头，夹腿夹臀，蹬离跳板后，手臂、肩带动身体迅速连接转体 5. 转到位，两臂侧平分，提腿收髋，屈紧，眼看脚尖方向，呈屈体姿势，脚尖、腿向前向下开直身体脚入水	1. 陆上5221D模仿练习 2. 网：弹网或立定202A到保护带5221D坐网过渡到脱保5221D坐网过渡到5221D站网 3. 陆板202A到保护带5221D坐垫到脱保5221D坐垫或站垫 4. 水上1米板202A到5221D	1. 连接转体时间早 2. 下肢松	1. 202A和5221D交替练习 2. 网板交替练习 3. 脚夹小海绵做	起跳翻腾转体连接合理，转体时身体线条直而紧，转体顺畅，转体到位，收停姿势正确
31	5223D	1. 面对板，手臂侧平举，正确姿势站立 2. 预摆时提踵手上举，稳住身体重心，正确做好202A起跳连接翻腾技术 3. 弯膝下摆臂充分压板时，身体重心与地面垂直	1. 陆上5221D到5223D模仿练习 2. 网：保护带一弹、立定202A—保护带5223D—脱保5223D 3. 陆板202A到保护带5223D坐垫到脱保5223D坐垫	1. 起跳不充分 2. 连接转体时间早 3. 下肢松 4. 转体时分腿	1. 板202A和5223D交替练习 2. 网板交替练习 3. 脚夹小海绵做	起跳翻腾转体连接合理，转体时身体线条直而紧，转体顺畅，转体到位，收停姿势正确

续表

序号	动作名称	技术要点	教学方法	易犯错误	改进措施	质量规格
31	5223D	4. 充分蹬伸，带臂到头顶，梗头，夹臂夹腿，蹬离跳板后，迅速连接转体 5. 手臂、肩带动身体转动，加速度转到位，两臂迅速侧平分提腿收髋，收停转体，脚尖、腿向前向下开直身体脚入水	4. 水上 1 米板 202A 到 5221D 到 5223D			
32	三弹、一弹 5321D	1. 弹好板，正确做好 302A 起跳连接翻腾技术 2. 身体重心垂直着板，压板时身体重心略前顷，全力弯膝压板，手臂充分向前向上向后带到头顶，腿充分向上向前蹬伸 3. 蹬离跳板后，梗头，迅速连接转体，手臂肩带动身体转动，夹臂夹腿 4. 转到位，两臂侧平分，提腿收髋，屈紧，眼看脚尖方向，呈屈体姿势，脚尖、腿向前向下开直身体脚入水	1. 陆上 5321D 模仿练习 2. 网：三弹、一弹 302A 到保护带 5321D 坐网过渡到脱保 5321D 坐网过渡到 5321D 站网 3. 陆板三弹、一弹 302A 到保护带 5321D 坐垫到脱保 5321D 坐垫或站垫 4. 水上 1 米板三弹、一弹 302A 到 5321D	1. 起跳不充分 2. 连接转体时间早 3. 下肢松 4. 转体时分腿	1. 302A 和 5321D 交替练习 2. 网板交替练习	起跳翻腾转体连接合理，转体时身体线条直而紧，转体顺畅，转体到位，收停姿势正确

续表

序号	动作名称	技术要点	教学方法	易犯错误	改进措施	质量规格
33	三弹、一弹5323D	1. 弹好板，正确做好302A起跳连接翻腾技术 2. 身体重心垂直着板，压板时身体重心略前倾，全力弯膝压板，手臂充分向前向上向后带到头顶，腿充分向上向前蹬伸 3. 蹬离跳板后，梗头，迅速连接转体，手臂肩带动身体转动，夹臂夹腿 4. 转到位，两臂侧平分，提腿收髋，屈紧，眼看脚尖方向，呈屈体姿势，脚尖、腿向前向下开直身体脚入水	1. 陆上5323D模仿练习 2. 网：三弹、一弹302A到保护带5321D坐网—5323D坐或站网过渡到脱保5323D坐或站网 3. 陆板三弹、一弹302A到保护带5321D坐或站垫—5323D坐或站垫（根据能力脱保） 4. 水上1米板三弹、一弹302A到5321D到5323D	1. 起跳不充分 2. 连接转体时间早 3. 下肢松 4. 转体时分腿	1. 302A和5323D交替练习 2. 网板交替练习	起跳翻腾转体连接合理，转体时身体线条直而紧，转体顺畅，转体到位，收停姿势正确

八、3米板

序号	动作名称	技术要点	教学方法	易犯错误	改进措施	质量规格
1	三弹、一弹、走板101C	1. 弹好板，走好板 2. 弹板或走板跨跳步并腿后身体重心垂直，压板时上体略微前倾，全力弯膝压板，充分下摆臂上带到头顶，充分向上蹬伸带臂 3. 最高点梗头躬背提臂，前划臂抱小腿团紧 4. 团身到位看入水点一次开腿开髋开直身体，手臂曲肘在体前向头顶方向伸并手或两次打开调节身体位置到位，看入水点，开腿展髋开直身体，并手入水，手臂向两侧并手至耳旁，肘关节夹紧，翻掌入水	1. 陆上三弹、一弹、走板101C模仿 2. 网三弹、一弹、走网101C腹着网—保护带101C手触网 3. 水上1米板三弹、一弹、走板AC脚入水—三弹、一弹、走板101C（保护带101C过渡）。（初学者） 4. 3米板三弹、一弹、走板AC脚入水—三弹、一弹、走板101C	1. 弹板三弹、一弹、跨跳步并腿后身体重心不稳 2. 弯膝压板摆臂重心时上体前倾过多 3. 不到位打开	重视起跳AC脚入水与101C相结合练习	起跳角度合理，起跳带臂充分，有高度，团紧，到位打开果断有力，入水角度垂直，身体线条直，压水花

续表

序号	动作名称	技术要点	教学方法	易犯错误	改进措施	质量规格
2	三弹、一弹、走板 101B	1. 弹好板，走好板 2. 弹板或走板跨跳步并腿后身体重心垂直，压板时上体略微前倾，全力弯膝压板，充分下摆臂上带到头顶，充分向上蹬伸带臂 3. 最高点梗头躬背提臀，手臂侧平分，提腿屈髋屈紧 4. 屈紧提到位看入水点一次开腿开髋开直身体，手臂从两侧迅速并手至耳旁，肘关节夹紧，翻掌入水	1. 陆上三弹、一弹、走板 101B 模仿 2. 网三弹、一弹、走板 101B 腹着网—保护带 101B 手触网 3. 水上 1 米板三弹、一弹、走板 AB 脚入水—三弹、一弹、走板 101B（保护带 101B 过渡）。（初学者） 4. 水上 3 米板三弹、一弹、走板 AB 脚入水—三弹、一弹、走板 101B	1. 弹板三弹、一弹、跨跳步并腿后身体重心不稳 2. 弯膝压板摆臂时上体前倾过多 3. 不到位打开。	重视起跳 AB 脚入水与 101B 相结合练习	起跳角度合理，起跳带臂充分，有高度，手臂平分成一直线，屈紧，提到位打开，入水角度垂直，身体线条直，压水花
3	201C	1. 面对板，手侧平举，正确姿势站立 2. 提踵上摆臂时身体重心稳定，弯膝充分压板，手臂大幅度下摆，连续上带臂到头顶（身体重心垂直于板端），腿充分向上蹬伸和上带臂 3. 最高点梗头含胸提膝送髋屈小腿，手臂回抱小腿团紧	1. 陆上板 201C 起跳模仿 2. 网立定 201C 背着网—保护带 201C 手触网 3. 陆板 201C 背着垫—保护带 201C 手触垫 4. 水上 1 米板向后起跳 AC 脚入水—保护带 201C—脱保 201C	1. 弯膝压板下摆臂过程中身体重心不稳定，倒肩后坐 2. 打开后调节能力和意识不强	重视向后起跳 AC 脚入水和 201C 相结合练习	起跳角度合理，有高度，团身紧，定位打开有力，入水角度垂直，身体线条直，压水花

续表

序号	动作名称	技术要点	教学方法	易犯错误	改进措施	质量规格
3	201C	4. 定位伸脚尖开小腿，看脚尖，手臂伸直停置体前，调节身体位置，推髋抬头开直身体看后下方水面，再次调控身体位置到位，手臂屈肘沿着体前往头上方伸并手、伸拉肩入水	5. 水上 3 米板向后起跳 AC 脚入水—201C			
4	201B	1. 面对板，手侧平举，正确姿势站立 2. 提踵上摆臂时身体重心稳定，弯膝充分压板，手臂大幅度下摆，连续上带臂到头顶（身体重心垂直于板端），腿充分向上蹬伸和上带臂 3. 最高点梗头含胸，直腿上踢腿到位，手臂肩向上向前，手摸脚尖，呈屈体姿势，调控身体位置 4. 定位向上向前伸脚尖伸腿送髋，手指从脚尖小腿滑至大腿上方，开直身体，抬头看后下方水面，再调控到位，手臂从两侧并手至耳旁，夹紧肘关节伸拉肩入水	1. 陆上板 201B 起跳模仿 2. 网立定起跳 AB—201B 背着网—保护带 201B 手触网 3. 陆板 201B 背着垫—保护带 201B 手触垫。（初学者） 4. 水上 1 米板向后起跳 AB 脚入水—保护带 201B—脱保 201B。（初学者） 5. 水上 3 米板向后起跳 AB 脚入水—201B	1. 弯膝压板下摆臂过程中身体重心不稳定，倒肩后坐 2. 蹬伸上带手臂不充分，屈膝成型 3. 打开后调节能力和意识不强	重视向后起跳脚入水 AB 和 201B 相结合做	起跳角度合理，起跳带臂充分，有高度，屈紧，姿势美，定位伸脚尖伸腿送髋打开，入水角度垂直，身体线条直，压水花

续表

序号	动作名称	技术要点	教学方法	易犯错误	改进措施	质量规格
5	201A	1. 面对板，手侧平举，正确姿势站立 2. 提踵上摆臂时身体重心稳定，弯膝充分压板，手臂大幅度下摆，连续上带臂到头顶（身体重心垂直于板端），腿充分向上蹬伸和上带臂 3. 最高点侧平分手臂，抬头微挺胸，绷脚尖，夹紧腿、臀，空中呈反燕姿势 4. 调控身体位置到位看后下方水面，手臂从侧面并至耳旁，夹紧肘关节，伸拉肩入水	1. 陆上网立定起跳 A—201A 背着网—保护带 201A 手触网。（初学者） 2. 水上 1 米板向后起跳 A 脚入水—保护带 201A—脱保 201A 3. 水上 3 米板向后起跳 A 脚入水—201A	1. 起跳时身体重心不稳，起跳角度忽近忽远 2. 起跳向上蹬伸手臂上带不充分 3. 空中直体姿势变形，腰腿松	重视向后脚入水 A 和 201A 相结合练习	起跳角度合理，起跳上带臂充分，高度高，空中姿势优美，入水角度垂直，线条直，压水花
6	三弹、一弹、走板 301C	1. 弹好板，走好板 2. 弹板或走板跨跳步并腿后身体重心垂直，压板时上体略前倾，全力弯膝压板，充分下摆臂上带到头顶，腿充分向上向前蹬伸，手臂充分向前向上带臂 3. 最高点梗头含胸提膝送臀，手臂回抱小腿团紧	1. 陆上三弹、一弹、走板的 301C 模仿 2. 网三弹、一弹、走板 AC 脚着网—301C 背着网—保护带 301C 手触网。（初学者） 3. 水上 1 米板三弹、一弹、走板 AC 脚入水—三弹、一弹、走板 301C（保护带 301C 过渡）。（初学者）	1. 弹板三弹、一弹、跨跳步并腿后身体重心不稳 2. 弯膝压板摆臂重心时上体过于前倾	重视向前起跳 AC 脚入水和 301C 相结合练习	起跳角度合理，起跳带臂充分，有高度，团紧，到位打开果断有力，入水角度垂直，身体线条直，压水花

续表

序号	动作名称	技术要点	教学方法	易犯错误	改进措施	质量规格
6	三弹、一弹、走板301C	4. 定位伸脚尖开小腿，看脚尖，手臂伸直停置体前，调节身体位置，推髋抬头开直身体看后下方水面，再次调控身体位置到位，手臂曲肘沿着体前往头上方伸并手、伸拉肩入水	4. 水上3米板三弹、一弹、走板AC脚入水—三弹、一弹、走板301C	3. 调控身体位置能力和意识不强		
7	三弹、一弹、走板301B	1. 弹好板，走好板 2. 弹板或走板跨跳步并腿后身体重心垂直，压板时上体略前倾，全力弯膝压板，充分下摆臂上带到头顶，充分向上蹬伸带臂 3. 最高点梗头含胸，直腿上踢腿到位，手臂肩向上向前，手摸脚尖，呈屈体姿势，调控身体位置 4. 定位向上向前伸脚尖伸腿送髋，手指从脚尖小腿滑至大腿上方，开直身体，抬头看后下方水面，再调控身体位置到位，手臂从两侧并手至耳旁夹紧肘关节伸拉肩入水	1. 陆上三弹、一弹、走板的301B模仿 2. 网三弹、一弹、走网AB脚着网—301B背着网—保护带301B手触网。（初学者） 3. 水上1米板三弹、一弹、走板AB脚入水—三弹、一弹、走板301B（保护带301B过渡）。（初学者） 4. 水上3米板三弹、一弹、走板AB脚入水—三弹、一弹、走板301B	1. 弹板三弹、一弹、跨跳步并腿后身体重心不稳 2. 弯膝压板摆臂时上体过于前倾 3. 调控身体位置能力和意识不强 4. 起跳带臂不充分，弯膝成型	重视向前起跳AB脚入水和301B相结合练习	起跳角度合理，起跳带臂充分，有高度，屈紧，姿势美，入水角度垂直，身体线条直，压水花

续表

序号	动作名称	技术要点	教学方法	易犯错误	改进措施	质量规格
8	三弹、一弹、走板301A	1. 弹好板，走好板 2. 弹板或走板跨跳步并腿后身体重心垂直，压板时上体略前倾，全力弯膝压板，充分下摆臂上带到头顶，脚充分向上向前蹬伸，手臂充分向前向上带臂 3. 最高点侧平分手臂，抬头微挺胸，绷脚尖，夹紧腿、臀，空中呈反燕姿势 4. 调控身体位置到位看后下方水面，手臂迅速从侧面并至耳旁，夹紧肘关节，伸拉肩入水	1. 陆上三弹、一弹、走板301A模仿 2. 网三弹、一弹、走网A脚着网—301A背着网—保护带301A手触网。（初学者） 3. 水上1米板三弹、一弹、走板A脚入水—三弹、一弹、走板301A（保护带301A过渡）。（初学者） 4. 水上3米板三弹、一弹、走板A脚入水—三弹、一弹、走板301A	1. 弹板三弹、一弹、跨跳步并腿后身体重心不稳 2. 弯膝压板摆臂时上体过于前倾 3. 空中直体姿势变形，腰腿松	重视向前起跳A脚入水和301A相结合练习	起跳角度合理，起跳带臂充分，有高度，空中姿势优美，入水角度垂直，身体线条直，压水花
9	401C	1. 面对板，手侧平举，正确姿势站立 2. 提踵上摆臂时身体重心稳定，弯膝充分压板，手臂大幅度下摆，连续上带臂到头顶（身体重心垂直于板端），腿充分向上向后蹬伸和上带臂 3. 最高点梗头躬背提臀屈小腿，前划臂抱小腿团紧	1. 陆上板401C起跳动作模仿 2. 网：立定起跳AC脚入网—401C腹着网—保护带401C手触网。（初学者）	1. 起跳摆臂压板时身体重心不稳 2. 易倒肩后坐臀 3. 不到位开腿并手	1. 重视向后起跳AC脚入水和401C相结合练习	起跳角度合理，有高度，团紧，到位打开，入水角度垂直，身体线条直，压水花

续表

序号	动作名称	技术要点	教学方法	易犯错误	改进措施	质量规格
9	401C	4. 团紧到位看入水点，一次开直腿髋并手入水或两次打开开小腿手侧平分、屈紧髋，调控身体位置到位，看入水点开直身体，并手伸肩入水	3. 水上1米板立定向后起跳AC脚入水—401C。（初学者保护带过渡） 4. 水上3米板立定向后起跳AC脚入水—401C	1. 起跳摆臂压板时身体重心不稳 2. 易倒肩后坐臀 3. 不到位开腿并手	2. 陆上保护带向后立定起跳A练习体会膝关节、脚踝、脚趾抓板向上向后蹬离跳板	
10	401B	1. 面对板，手侧平举，正确姿势站立 2. 提踵上摆臂时身体重心稳定，弯膝充分压板，手臂大幅度下摆，连续上带臂到头顶（身体重心垂直于板端），腿充分向上向后蹬伸和上带臂 3. 最高点梗头躬背提腿屈髋，手臂侧平分 4. 屈紧到位看入水点，开腿展髋，开直身体，并手伸肩入水	1. 陆上板401B起跳动作模仿 2. 网：立定起跳AB脚入网—401B腹着网—保护带401B手触网。（初学者） 3. 水上1米板立定向后起跳AB脚入水—保护带401B—401B。（初学者） 4. 水上3米板立定向后起跳AB脚入水—401B	1. 起跳摆臂压板时身体重心不稳 2. 易倒肩后坐臀	1. 重视向后起跳AB脚入水和401B相结合练习 2. 陆上保护带向后立定起跳A练习体会膝关节、脚踝、脚趾抓板向上向后蹬离跳板	起跳角度合理，有高度，屈紧，到位打开，入水角度垂直，身体线条直，压水花

续表

序号	动作名称	技术要点	教学方法	易犯错误	改进措施	质量规格
11	三弹、一弹、走板103C	1. 弹好板，走好板 2. 弹板或走板跨跳步并腿后身体重心垂直，压板时上体略微前倾，全力弯膝压板，充分下摆臂上带到头顶，充分向上蹬伸带臂 3. 最高点梗头躬背提臂，前划臂抱小腿团紧 4. 一周过来看前下方水面，团身到位看入水点一次开腿开髋开直身体，手臂屈肘在体前向头顶方向伸并手；两次打开调节身体位置到位开腿并手看入水点，手臂向两侧并手至耳旁，并手伸肩入水	1. 陆上三弹、一弹、走板103C模仿 2. 网三弹、一弹、走网102C脚站网—保护带103C手触网 3. 水上1米板三弹、一弹、走板101C—三弹、一弹、走板103C（保护带103C过渡）。（初学者） 4. 水上3米板三弹、一弹、走板101C—三弹、一弹、走板103C	1. 弹板三弹、一弹、跨跳步并腿后身体重心不稳 2. 弯膝压板摆臂时上体过于前倾，起跳不充分连接翻腾，上体下压过早 3. 不到位打开	重视101C和103C相结合练习	起跳角度合理，起跳带臂充分，有高度，团紧，翻腾高，到位打开果断有力，入水角度垂直，身体线条直，压水花

续表

序号	动作名称	技术要点	教学方法	易犯错误	改进措施	质量规格
12	三弹、一弹、走板103B	1. 弹好板，走好板 2. 弹板或走板跨跳步并腿后身体重心垂直，压板时上体略微前倾，全力弯膝压板，充分下摆臂上带头顶，充分向上蹬伸带臂 3. 最高点梗头躬背提臀，前划臂抱腿屈紧 4. 一周过来看前下方水面准备打开，屈紧手臂侧平分，调控身体位置到位，看入水点，开腿展髋，开直身体，手臂向两侧并手至耳旁，并手伸肩入水	1. 陆上三弹、一弹、走板103B模仿 2. 网三弹、一弹、走网102B脚站网—保护带103B手触网 3. 水上1米板三弹、一弹、走板101B—三弹、一弹、走板103B（保护带103B过渡）。（初学者） 4. 水上3米板三弹、一弹、走板101B—三弹、一弹、走板103B	1. 弹板三弹、一弹、跨跳步并腿后身体重心不稳 2. 弯膝压板摆臂时上体过于前倾，起跳不充分连接翻腾，上体下压过早 3. 不到位打开	重视101B和103B相结合训练	起跳角度合理，起跳带臂充分，有高度，屈紧，翻腾高，到位打开果断有力，入水角度垂直，身体线条直，压水花
13	三弹、一弹、走板105C	1. 弹好板，走好板 2. 弹板或走板跨跳步并腿后身体重心垂直，压板时上体略微前倾，全力弯膝压板，充分下摆臂上带头顶，充分向上蹬伸 3. 定位梗头躬背提臀，前划臂抱小腿团紧加速翻腾	1. 陆上三弹、一弹、走板105C模仿 2. 网保护带104C—105C手触网 3. 陆上板三弹、一弹、走板102C—104C 4. 水上1米板三弹、一弹、走板101C—103C—104C（保护带104C过渡）	1. 弹板三弹、一弹、跨跳步并腿后身体重心不稳	1. 重视水陆保护带过渡 2. 重视101C和翻腾相结合 3. 循序渐进练习	起跳角度合理，起跳带臂充分，有高度，团紧，翻腾高，看清目标，到位打开有力，入水角度垂直，身体线条直，压水花

续表

序号	动作名称	技术要点	教学方法	易犯错误	改进措施	质量规格
13	三弹、一弹、走板105C	4. 一周过来看前下方水面，第二周过来看前下方水面，团身到位看入水点一次开腿开髋开直身体，手臂曲肘在体前向头顶方向伸并手。两次打开：开小腿手臂侧平分，屈紧，调节身体位置到位看入水点开腿开髋，手臂向两侧并手至耳旁，并手伸肩入水	5. 水上3米板三弹、一弹、走板101C—103C——一弹保护带105C—三弹、一弹、走板105C	2. 弯膝压板摆臂时上体过于前倾，起跳不充分连接翻腾，上体下压过早 3. 看水看目标不清		
14	三弹、一弹、走板105B	1. 弹好板，走好板 2. 弹板或走板跨跳步并腿后身体重心垂直，压板时上体略微前倾，全力弯膝压板，充分下摆臂上带头顶，充分向上蹬伸 3. 定位梗头躬背提臀，前划臂抱腿屈紧加速翻腾 4. 一周过来看前下方水面，第二周过来看前下方水面准备打开，手臂侧平分，屈紧调控身体位置提到位，看入水点，迅速开腿展髋，手臂从两侧快速向耳旁并手，伸拉肩入水	1. 陆上三弹、一弹、走板105B模仿 2. 网保护带102B—103B—104B—105B 3. 水上1米板三弹、一弹、走板103B—104B（保护带104B过渡） 4. 水上3米板三弹、一弹、走板103B—105B（保护带105B过渡）	1. 弹板三弹、一弹、跨跳步并腿后身体重心不稳 2. 弯膝压板摆臂时上体前倾过多，起跳不充分连接翻腾，上体下压过早 3. 屈体屈膝 4. 看水看目标不清	重视水陆保护带过渡	起跳角度合理，起跳带臂充分，有高度，屈紧，翻腾高，看清目标，到位打开有力，入水角度垂直，身体线条直，压水花

续表

序号	动作名称	技术要点	教学方法	易犯错误	改进措施	质量规格
15	203C	1. 面对板，手侧平举，正确姿势站立 2. 提踵上摆臂时身体重心稳定，弯膝充分压板，手臂大幅度下摆，连续上带臂到头顶（身体重心垂直于板端），腿充分向上蹬伸和向上带臂 3. 定位梗头含胸提膝送髋屈小腿，手臂回抱小腿团紧 4. 一周过来看下方水面，团紧顺着水面看前下方目标，脚尖、小腿对准目标打开，看脚尖，手臂伸直放置体前，调节身体位置，推髋抬头开直身体看后下方水面，再次调控身体位置到位，手臂屈肘沿着体前往头上方伸并手、伸拉肩入水	1. 陆上板 203C 摆臂起跳模仿 2. 网立定 201C 背着网—保护带 203C 手触网 3. 陆板 202C—203C 背着垫—保护带 203C 手触垫（初学者） 4. 水上 1 米板 201C—保护带 203C—脱保 203C。（初学者） 5. 水上 3 米板 201C—203C（可做 1 米板 202C 过渡）	1. 弯膝压板下摆臂过程中身体重心不稳定，倒肩坐臀 2. 打开后调节能力和意识不强	重视水陆保护带过度，重视 201C 和 203C 相结合练习	起跳角度合理，向上起跳带臂充分，有高度，团身紧，看清目标，打开有力，入水角度垂直，身体线条直，压水花

续表

序号	动作名称	技术要点	教学方法	易犯错误	改进措施	质量规格
16	203B	1. 面对板，手侧平举，正确姿势站立 2. 提踵上摆臂时身体重心稳定，弯膝充分压板，手臂大幅度下摆，连续上带臂到头顶（身体重心垂直于板端），腿充分向上蹬伸和向上带臂 3. 定位梗头含胸直腿上踢顶髋，手臂在肩上方快速回抱腿，屈紧 4. 一周过来看下方水面，屈紧再顺着水面看前下方目标，脚尖、腿对准目标打开再送髋，开直身体，手臂伸直放置体前，抬头看后下方水面，调控身体位置到位，手臂屈肘沿着体前往头上方伸并手、伸拉肩入水	1. 陆上板203B摆臂起跳模仿 2. 网保护带202B—203B手触网 3. 陆板202B—203B背着垫—保护带203B手触垫（初学者） 4. 水上1米板201B—保护带203B—脱保203B。（初学者） 5. 水上3米板201B—203B（可做1米板202B过渡）	1. 弯膝压板下摆臂过程中身体重心不稳定 2. 打开后调节能力和意识不强 3. 屈体屈膝	重视水陆保护带过渡，重视201B和203B相结合练习	起跳角度合理，向上起跳带臂充分，有高度，屈紧，看清目标，打开有力，入水角度垂直，身体线条直，压水花

续表

序号	动作名称	技术要点	教学方法	易犯错误	改进措施	质量规格
17	205C	1. 面对板，手侧平举，正确姿势站立 2. 提踵上摆臂时身体重心稳定，弯膝充分压板，手臂大幅度下摆，连续上带臂到头顶（身体重心垂直于板端），腿充分向上蹬伸和向上向后带臂 3. 定位梗头含胸提膝送髋屈小腿，手臂迅速回抱小腿团紧，翻腾加速度 4. 一周过来看下方水面，第二周过来看下方水面准备打开，团紧顺着水面看前方或上方目标（根据运动员的起跳翻腾能力，脚尖点目标，或向前或向上）脚尖小腿迅速对准目标打开，看脚尖，两臂伸直停置体前，迅速调节身体位置，送髋抬头，开直身体，看后下方水面，再迅速调控身体位置到位，手臂屈肘迅速顺着体前向头上方伸并手，伸拉肩入水。（调节过程一气呵成）	1. 陆上板 205C 摆臂起跳模仿 2. 网保护带 202C—203C—204C—205C 3. 陆板 202C—保护带 204C 4. 水上 1 米板 201C—203C—保护带 204C—脱保 204C 5. 水上 3 米板 201C—203C—（1 米板 204C）—3 米板保护带 205C—脱保 205C	1. 弯膝压板下摆臂过程中身体重心不稳定 2. 起跳带臂不充分，连接翻腾晚，团身松 3. 调控能力和意识不强 4. 看目标不清	重视水陆保护带过渡，重视基本半周动作和 1 米板诱导动作与完整动作相结合练习	起跳角度合理，起跳带臂充分，团身紧，翻腾快，完成高，看清目标，打开有力，入水角度垂直，身体线条直，压水花

续表

序号	动作名称	技术要点	教学方法	易犯错误	改进措施	质量规格
18	三弹、一弹、走板303C	1. 弹好板，走好板 2. 弹板或走板跨跳步并腿后身体重心垂直，压板时身体重心略前倾，全力弯膝压板，充分下摆臂上带到头顶，腿充分向上向前蹬伸，手臂充分向前向上向后带臂 3. 定位梗头含胸提膝送臀屈小腿，手臂快速在肩上方回抱小腿团紧 4. 一周过来看下方水面，团紧翻腾，顺着水面看前下方或前方目标，脚尖、小腿对准目标打开，看脚尖，手臂伸直停置体前，调节身体位置，推髋抬头开直身体看后下方水面，再次调控身体位置到位，手臂屈肘沿着体前往头上方伸并手、伸拉肩入水	1. 陆上三弹、一弹、走板的303C模仿 2. 网三弹、一弹、走网303C背着网—保护带303C手触网 3. 水上1米板三弹、一弹、走板AC脚入水—三弹、一弹、走板301C—303C（保护带303C过渡）。（初学者） 4. 水上3米板三弹、一弹、走板AC脚入水—三弹、一弹、走板301C—303C	1. 弹板三弹、一弹、跨跳步并腿后身体重心不稳 2. 弯膝压板摆臂时上体前倾过多 3. 调控身体位置能力和意识不强	重视水陆保护带过渡，重视基本动作和完整动作结合做	起跳角度合理，起跳带臂充分，有高度，团紧，看清目标，到位打开果断有力，入水角度垂直，身体线条直，压水花

续表

序号	动作名称	技术要点	教学方法	易犯错误	改进措施	质量规格
19	三弹、一弹、走板303B	1. 弹好板，走好板 2. 弹板或走板跨跳步并腿后身体重心垂直，压板时身体重心略前倾，全力弯膝压板，充分下摆臂上带到头顶，腿充分向上向前蹬伸，手臂充分向前向上向后带臂 3. 定位梗头含胸，直腿上踢，送髋，手臂快速在肩上方回抱腿屈紧 4. 一周过来看下方水面准备打开，屈紧翻腾顺着水面看前下方或前方目标，脚尖、小腿对准目标打开再送髋开直身体，抬头看后下方水面，调控身体位置到位，手臂屈肘沿着体前往头上方伸并手、伸拉肩入水	1. 陆上三弹、一弹、走板的303B模仿 2. 网三弹、一弹、走网303B背着网—保护带303B手触网 3. 水上1米板三弹、一弹、走板AB脚入水—三弹、一弹、走板301B—303B（保护带303B过渡）。（初学者） 4. 水上3米板三弹、一弹、走板AB脚入水—三弹、一弹、走板301B—303B（1米板302B过渡）	1. 弹板三弹、一弹、跨跳步并腿后身体重心不稳 2. 弯膝压板摆臂时上体前倾过多 3. 起跳带臂不充分，动作成型屈膝 4. 调控身体位置能力和意识不强	重视水陆保护带过渡，重视基本动作和完整动作结合做	起跳角度合理，起跳带臂充分，有高度，屈紧，看清目标，到位打开果断有力，入水角度垂直，身体线条直，压水花

续表

序号	动作名称	技术要点	教学方法	易犯错误	改进措施	质量规格
20	三弹305C	1. 弹好板 2. 弹板身体重心垂直，压板时身体重心略前倾，全力弯膝压板，充分下摆臂上手到位，腿充分向上向前蹬伸，手臂充分向前向上向后带臂 3. 定位梗头含胸提膝送臀屈小腿，手臂快速在肩上方回抱小腿团紧，翻腾加速度 4. 一周过来看下方水面，第二周过来看下方水面准备打开，团紧，顺着水面看前上方目标，脚尖小腿对准目标打开看脚尖，手臂伸直放置体前，迅速调控身体位置，送髋开直身体，再抬头看后下方水面，再次迅速调控身体位置到位，手臂屈肘迅速沿着体前往头上方伸并手，伸拉肩入水。（调节过程一气呵成）	1. 陆上三弹板305C模仿 2. 网保护带303C—304C—305C 3. 水上1米板三弹AC脚入水—三弹301C—303C—304C（保护带304C过渡） 4. 水上3米板三弹AC脚入水—三弹301C—303C—（1米板304C）—3米板保护带305C—脱保三弹305C	1. 弹板和压板时身体重心不稳，压板时上体前倾过多 2. 起跳带臂不充分，连接翻腾早 3. 看目标不清 4. 调控身体位置能力和意识不强	重视水陆保护带过渡，重视基本动作和1米板诱导动作与完整动作结合做	起跳角度合理，起跳带臂充分，团紧翻腾快，完成高，看清目标，到位打开果断有力，入水角度垂直，身体线条直，压水花

续表

序号	动作名称	技术要点	教学方法	易犯错误	改进措施	质量规格
21	403C	1. 面对板，手侧平举，正确姿势站立 2. 提踵上摆臂时身体重心稳定，弯膝充分压板，手臂大幅度下摆，连续上带臂到头顶（身体重心垂直于板端），腿充分向上向后蹬伸 3. 定位梗头躬背提臀屈小腿，前划臂抱小腿团紧 4. 一周过来看前下方水面，团紧到位看入水点，一次开直腿髋并手入水或两次打开开小腿手侧平分、屈紧髋，调控身体位置到位，看入水点开直身体，并手伸肩入水	1. 陆上板 403C 起跳动作模仿 2. 网：保护带 402C—403C 手触网 3. 水上 1 米板 401C—保护带 403C—脱保 403C 4. 水上 3 米板 401C—保护带 403C—脱保 403C。（初学者）	1. 起跳摆臂压板时身体重心不稳 2. 易倒肩后坐臀 3. 起跳不充分，下压上体连接翻腾	1. 重视水陆保护带过渡 2. 陆上保护带向后立定起跳 A 练习体会膝关节、脚踝、脚趾抓板向上向后蹬离跳板 3. 重视基本动作和完整动作结合练习	起跳角度合理，有高度，团紧，到位打开，入水角度垂直，身体线条直，压水花
22	403B	1. 面对板手侧平举，正确姿势站立 2. 提踵上摆臂时身体重心稳定，弯膝充分压板，手臂大幅度下摆，连续上带臂到头顶（身体重心垂直于板端），腿充分向上向后蹬伸 3. 定位梗头躬背提臀，前划臂抱腿屈紧	1. 陆上板 402B 起跳动作模仿 2. 网：保护带 402B—403B 手触网 3. 水上 3 米板 401B—保护带 403B—脱保 403B。（初学者）	1. 起跳摆臂压板时身体重心不稳 2. 易倒肩后坐臀 3. 起跳不充分，下压上体连接翻腾 4. 屈体屈膝	1. 重视水陆保护带过渡 2. 陆上保护带向后立定起跳 A 练习体会膝关节、脚踝、脚趾抓板向上向后蹬离跳板	起跳角度合理，有高度，屈紧，到位打开，入水角度垂直，身体线条直，压水花

续表

序号	动作名称	技术要点	教学方法	易犯错误	改进措施	质量规格
22	403B	4. 一周过来看前下方水面，手臂侧平分，屈紧到位看入水点，开腿开髋，手臂从两侧并手至耳旁，并手伸肩入水			3. 重视基本动作和完整动作结合练习	
23	405C	1. 面对板，手侧平举，正确姿势站立 2. 提踵上摆臂时身体重心稳定，弯膝充分压板，手臂大幅度下摆，连续上带臂到头顶（身体重心垂直于板端），腿充分向上向后蹬伸 3. 定位迅速梗头躬背提臀屈小腿，迅速前划臂抱小腿团紧，翻腾加速度 4. 一周过来看前下方水面，第二周过来看前下方水面，团紧到位看入水点，一次开直腿髋并手入水或两次打开开小腿手侧平分、屈紧髋，调控身体位置到位，看入水点开直身体，并手伸肩入水	1. 陆上板 405C 起跳动作模仿 2. 网：保护带 402C—403C 手触网—404C—405C 手触网 3. 水上 1 米板 401C—保护带 403C—404C 4. 水上 3 米板 401C—403C—保护带 405C—脱保 405C	1. 起跳摆臂压板时身体重心不稳 2. 易倒肩后坐臀 3. 起跳不充分，下压上体连接翻腾过早 4. 看目标不清 5. 迅速调控身体位置的能力和意识不强	1. 重视水陆保护带过渡 2. 陆上保护带向后立定起跳 A 练习体会膝关节、脚踝、脚趾抓板向上向后蹬离跳板 3. 重视基本动作、诱导动作和完整动作结合练习	起跳角度合理，压板起跳上臂快，团紧，翻腾速度快，完成高，到位打开，入水角度垂直，身体线条直，压水花

续表

序号	动作名称	技术要点	教学方法	易犯错误	改进措施	质量规格
24	三弹、一弹、走板5132D	1. 弹好板，走好板 2. 弯膝压板、下摆臂充分，迅速上手到头顶，腿充分蹬伸，离板后，两臂迅速前侧分，躬背提臀摆腿迅速连接转体 3. 手臂、肩带动身体转动，转到位两臂迅速侧平分，提腿提臀收髋，收停转体，眼看脚尖方向，屈紧提到位，看入水点，开腿展髋开直身体，两臂从侧面向耳旁并手，夹紧肘，伸肩入水	1. 陆上5132D模仿 2. 网保护带：分手102B摆腿翻腾—5122D—脱保5122D练习 3. 陆板：三弹分手102B摆腿翻腾到5122D—走板分手102B摆腿翻腾—5122D 4. 水上1米板三弹分手102B摆腿翻腾到5122D—走板分手102B摆腿翻腾—5122D 5. 水上3米板三弹、一弹、走板103B—5132D	1. 起跳压板不充分，上手不到位 2. 过早下压上体连接翻腾 3. 转体过早连接 4. 转体时身体不直不紧分腿	1. 分手102B摆腿翻腾与5122D交替练习 2. 1米板5122D与3米板5132D相结合练习	起跳翻腾转体连接合理，转体时身体线条直而紧，转体顺畅，转体到位，收停姿势和时间正确，入水角度垂直，身体线条直，压水花

续表

序号	动作名称	技术要点	教学方法	易犯错误	改进措施	质量规格
25	5231D	1. 面对板，手臂侧平举，正确姿势站立 2. 预摆时提踵手上举，稳住身体重心 3. 弯膝下摆臂充分压板时，身体重心垂直 4. 充分蹬伸，带臂到头顶，夹腿夹臀，蹬离跳板后连接转体，手臂、肩带动身体连接转体 5. 转到位，两臂侧平分，提腿提臀收髋，眼看脚尖方向，屈紧提到位，看入水点，开腿展髋开直身体，两臂从侧面向耳旁并手，夹紧肘，伸肩入水	1. 陆上 5231D 模仿练习 2. 网：弹网或立定 202A 到保护带 5221D 坐网过渡到脱保 5221D 坐网过渡到 5221D 站网 3. 陆板 202A 到保护带 5221D 坐垫到脱保 5221D 坐垫或站垫 4. 水上 1 米板 202A 到 5221D 5. 水上 3 米板 5231D	1. 起跳不充分 2. 连接转体时间早 3. 下肢松	1 米板 5221D 和 3 米板 5231D 相结合练习	起跳翻腾转体连接合理，转体时身体线条直而紧，转体顺畅，转体到位，收停姿势正确，入水角度垂直，身体线条直，压水花

续表

序号	动作名称	技术要点	教学方法	易犯错误	改进措施	质量规格
26	5233D	1. 面对板手臂侧平举，正确姿势站立 2. 预摆时提踵手上举，稳住身体重心，压板下摆臂时，身体重心垂直 3. 弯膝充分压板，迅速上带手臂到头顶 4. 充分蹬伸上带臂，夹腿夹臀，蹬离跳板后，迅速连接转体 5. 手臂、肩带动身体转动，加速度转到位，两臂迅速侧平分提腿提臀收髋，收停转体，眼看脚尖方向，屈紧提到位，看入水点，开腿展髋开直身体，两臂从侧面向耳旁并手，夹紧肘，伸肩入水	1. 陆上 5221D 到 5223D 到 5233D 模仿练习 2. 网：保护带一弹、立定 202A—保护带 5221D——5223D—脱保 5223D 3. 陆板 202A 到保护带 5221D 坐垫—5223D 坐垫—脱保 5223D 坐垫 4. 水上 1 米板 202A 到 5221D 到 5223D 5. 水上 3 米板 5231D 到 5233D	1. 起跳不充分 2. 连接转体时间早 3. 下肢松 4. 转体时身体不直不紧、分腿	1 米板 5223D 和 3 米板 5233D 相结合练习	起跳翻腾转体连接合理，转体时身体线条直而紧，转体顺畅，转体到位，收停姿势正确，入水角度垂直，身体线条直，压水花

续表

序号	动作名称	技术要点	教学方法	易犯错误	改进措施	质量规格
27	三弹、一弹5331D	1. 弹好板 2. 弹板时身体重心垂直，压板时身体重心略前倾，全力弯膝压板，充分下摆臂上带到头顶，腿充分向上向前蹬伸，手臂充分向前向上向后带臂 3. 蹬离跳板后，迅速连接转体，手臂肩带动身体转 4. 转到位，两臂侧平分，提腿提臀收髋，眼看脚尖方向，屈紧提到位，看入水点，开腿展髋开直身体，两臂从侧面向耳旁并手，夹紧肘，伸肩入水	1. 陆上5331D模仿练习 2. 网：三弹、一弹302A到保护带5321D坐网过渡到脱保5321D坐网过渡到5321D站网 3. 陆板三弹、一弹302A到保护带5321D坐垫到脱保5321D坐垫或站垫 4. 水上1米板三弹、一弹302A到5321D 5. 水上3米板三弹、一弹5331D（1米板5321D过渡）	1. 压板时身体重心过于前倾 2. 起跳不充分 3. 连接转体时间早 4. 下肢松	1. 1米板5321D和3米板5331D相结合练习 2. 多练习1米板三弹、一弹302A	起跳翻腾转体连接合理，转体时身体线条直而紧，转体顺畅，转体到位，收停姿势正确，入水角度垂直，身体线条直，压水花

续表

序号	动作名称	技术要点	教学方法	易犯错误	改进措施	质量规格
28	三弹、一弹5333D	1. 弹好板 2. 弹板时身体重心垂直，压板时身体重心略前倾，全力弯膝压板，充分下摆臂上带到头顶，腿充分向上向前蹬伸，手臂充分向前向上向后带臂 3. 蹬离跳板后，迅速连接转体，手臂肩带动身体转 4. 加速度转到位，两臂迅速侧平分、提腿提臂收髋收停转体，眼看脚尖方向，屈紧提到位，看入水点，开腿展髋开直身体，两臂从侧面向耳旁并手，夹紧肘，伸肩入水	1. 陆上5333D模仿练习 2. 网：三弹、一弹302A到保护带5321D坐网—5323D坐或站网过渡到脱保5323D坐或站网 3. 陆板三弹、一弹302A到保护带5321D坐或站垫—5323D坐或站垫（根据能力脱保） 4. 水上1米板三弹、一弹302A到5321D到5323D 5. 水上3米板三弹、一弹5333D（1米板5323D过渡）	1. 压板时上体过于前倾 2. 起跳不充分 3. 连接转体时间早 4. 转体时身体不直不紧、分腿	1米板三弹、一弹302A—5321D—5323D与3米板5333D相结合练习	起跳翻腾转体连接合理，转体时身体线条直而紧，转体顺畅，转体到位、收停姿势正确，入水角度垂直，身体线条直，压水花

九、水上保护带

翻腾动作保护带教学方法及要点	1. 顺着板上下颤动的节奏和压板、蹬板的幅度大小，绳松紧适宜拉直跟动人体 2. 运动员起跳蹬起后拉高，连接翻腾后，适时加力加速 3. 半周动作一次拉高、运动员打开人体下落时，略拉紧绳，放慢人体下落速度，根据情况辅助运动员调控身体位置到位并手入水 4. 多周翻腾动作一次拉高、一次加力加速后，让运动员自己加力加速翻腾，运动员打开人体下落时，略拉紧绳，放慢人体下落速度，根据情况辅助运动员调控身体位置到位并手入水 5. 多周翻腾动作一次拉高、一次加力加速后，如果运动员翻腾能力不强，完成困难，再第二次或者第三次加力加速 6. 看水看目标训练 （1）向前、向内翻腾，每周过来看前下方水面目标 ① 团身一次打开：最后一周看前下方水面目标，继续团紧，顺着水面由前往下看入水点目标，到位迅速一次开直身体，并手入水 ② 团身两次打开：最后一周看前下方水面目标，翻腾到位后，先开小腿，两臂侧平分，成屈体姿势，屈紧，迅速提压到位，往下看入水点目标，开腿展髋开直身体，两手臂并至耳旁，夹紧肘，并手伸肩入水 ③ 屈体打开：最后一周看前下方水面目标，两臂侧平分，屈紧，迅速提压到位，往下看入水点目标，开腿展髋开直身体，两手臂并至耳旁，夹紧肘，并手伸肩入水 （2）向后、反身翻腾，每周过来看下方水面目标，最后一周看下方水面目标后，由后往前顺水面看前下方或前方、前上方目标打开调控身体位置，微抬头看水面，手臂屈肘顺体前向头上方伸并手拉肩入水 （3）初学者尽量拉高，放慢翻腾节奏，让运动员看清目标调控身体位置

第四章　考核与评价

第一节　各年龄段身体形态和机能测量

一、形态指标

1. 身　高

测量内容：测量头顶点至地面的垂直距离。

测量仪器：身高坐高计。

测量方法：受测者赤脚，立正姿势（上肢自然下垂，脚跟并拢，脚尖分开成60度）站立。脚跟、骶骨部和肩胛间靠拢立柱，身体自然挺直，头部挺直，两眼平视，保持耳屏上缘与眼窝下缘呈水平位。记录数据以厘米为单位，精确到小数点后1位。

注意事项：身高坐高计应选择在平坦靠墙的地方放置，立柱的刻度尺面向光源。测量时要特别注意足跟，骶骨和肩胛间紧靠立柱。水平压板与头顶接触时，要靠紧，头顶有小辨、发结者要放下。

2. 坐　高

测量内容：头顶到坐骨结节的长度，或头顶点至椅面的垂直距离。

测量仪器：身高坐高计。

测量方法：测量时，受测者端坐在身高坐高计底板上，头正，躯干挺直紧靠立柱，记录数据以厘米为单位，精确到小数点后 1 位。

注意事项：身高坐高计应选择在平坦靠墙的地方放置，立柱的刻度尺面向光源。测量时要特别注意骶骨和肩胛间紧靠立柱。水平压板与头顶接触时，要靠紧，头顶有小辫、发结者要放下。

身高坐高指数（index of sitting height/body height）

一种体形指数，坐高/身高 ×100。表示坐高占身高的百分比，也叫比坐高。一般将指数值小于 52 视为短躯干型，大于 54 视为长躯干型。女性较大，男性较小；儿童和成年人较大，青少年较小。（详见表 4－1）

表 4－1　身高坐高指数分型

型别	指数	
	男	女
短躯干型（short trunk）	X＜51.0	X＜52.0
中躯干型（middle trunk）	51.0≤X≤53.0	52.0≤X≤54.0
长躯干型（long trunk）	X＞53.0	X＞54.0

3. 体　重

测量内容：裸体或穿着已知重量的工作衣称量得到的身体重量。

测量仪器：采用电子体重计或杠杆秤，不允许使用弹簧式体重秤。

测量方法：受测者穿短衣裤、赤足，自然站立在体重计踏板的中央，保持身体平稳。记录数据以千克为单位，精确到小数点后 1 位。

注意事项：测量时，体重计应放置在平坦地面上。受测者应尽量减少着装。上、下体重计时，动作要轻缓。测量体重前，应让受测者排空大小便、不要大量喝水，也不要进行剧烈的体育活动和体力劳动。

4. 头　围

测量内容：从眉间点为起点，经枕后点至起点的围长。

测量仪器：皮尺。

测量方法：受测者取立位，坐位或仰卧位，将皮尺0点固定于头部一侧眉弓上缘，皮尺紧贴头皮（头发过多将其拨开）绕枕骨结节最高点及另一侧眉弓上缘回至0点即为头围的长度。记录数据以厘米为单位，精确到小数点后1位。

注意事项：测量用皮尺不能过于柔软，手势不能过松或过紧，否则测出的数据不准确。头顶有小辨、发结者要放下。

5. 上臂紧张围、放松围

测量内容：上臂肱二头肌处的围长。

测量仪器：皮尺。

测量方法：令受试者右臂斜平举，紧握拳，用力屈肘，使上臂与前臂夹角小于90度。测试人员站在受试者右侧，将带尺放在肱二头肌突出部，测量最粗处的围度，为上臂紧张围。然后，受试者上臂不动，前臂伸直，手指放松再测量，为上臂放松围。

注意事项：皮尺松紧度要适度，量放松围时，皮尺的位置不要移动。

6. 上肢长（臂长）

测量内容：从肩峰点至中指尖点的直线距离。

测量仪器：钢尺。

测量方法：坐位或站位，手臂在体侧自然下垂，肘关节伸展，前臂旋后，肩峰点至中指尖点的直线距离。记录数据以厘米为单位，精确到小数点后 1 位。

7. 肩 宽

测量内容：左、右肩峰点之间的直线距离。

测量仪器：测径规。

测量方法：受测者两腿分开与肩同宽，自然站立，两肩放松。测试人员站在受测者背面，先用两食指沿肩胛骨向外摸到肩峰外侧缘中点即肩峰点，再用测径规测量两肩峰点间的距离读数。记录数据以厘米为单位，精确到小数点后 1 位。

8. 骨盆宽

测量内容：左、右髂嵴点之间的直线距离。

测量仪器：测径规。

测量方法：受测者两腿分开与肩同宽，自然站立，两肩放松。测试人员站在受测者正面，用测径规测量两髂嵴点间的距离读数。记录数据以厘米为单位，精确到小数点后 1 位。

9. 胸 围

测量内容：体胸部的外部周长。

测量仪器：皮尺或尼龙带尺。

测量方法：受测者自然站立，双肩放松，两臂自然下垂，两足分开与肩同宽，保持平静呼吸。检测人员面对受测者，将带尺上级经背部肩胛下角下缘至胸前围绕一周。男生和未发育的女生，带尺下缘在胸前沿乳头上缘；已发育的女生，带尺在乳头上方与第四肋骨平齐。带尺围绕胸部的松紧度适宜（皮肤不产生明显凹陷）。带尺上方“0”点相交的数值即为测量值。检测人员在受检者呼气末（平静呼吸）时读取数值。记录数据以厘米为单位，精确到小数点后 1 位。

注意事项：进行测量时，注意受测者姿势是否正确，发现有低头、耸肩、挺胸、驼背等，要及时纠正。检测人员应严格控制带尺的松紧度。如触摸不到肩胛下角，可让受测者扩胸，待触摸清楚后，受测者应恢复正确测量姿势。如两侧肩胛下角高度不一致，以低侧为准。测量尺必须与地面保持平行。

10. 胸　宽

测量内容：两侧胸中点的水平线与腋中线的交点之间的直线距离。

测量仪器：马丁尺。

11. 胸　厚

测量内容：胸中点与脊柱点的水平距离。

测量仪器：马丁尺。

12. 腰　围

测量内容：肋骨与髂嵴之间腰部最细处绕行一周的围长。

测量仪器：皮尺或带尺。

测量方法：受测者站立，双脚分开 25 ~ 30 厘米，体重均匀分配。测量位置在水平位髂前上棘和第 12 肋下缘连线的中点。将测量尺紧贴软组织，但不能压迫。记录数据以厘米为单位，精确到小数点后 1 位。

注意事项：测量尺应呈水平位，受测者平稳呼吸，不能俯身或挺腰。

13. 臀　围

测量内容：大转子与髂前上棘连线中间上臀部的最粗部分。

测量仪器：皮尺。

测量方法：受测者测量时，两腿并拢直立，两臂自然下垂，皮尺水平放在前面的耻骨联合和背后臀大肌最凸处。

注意事项：为了确保准确性，测量时，一是要在横切面上，二是要在锻炼前进行。同时要注意每次测量的时间和部位相同，测量时不要把皮尺拉得太紧或太松，力求仔细、准确。记录数据以厘米为单位，精确到小数点后1位。

14. 大腿长

测量内容：从股骨大转子到膝关节外侧关节间隙距离。

测量仪器：带游标的钢板尺或者皮尺。

测量方法：受测者仰卧位，骨盆水平位，下肢伸展，髋关节中立位测量。

注意事项：由于大腿顶端难以找到确定的测点，所以不易进行精确的测量，股骨头顶端虽是一个较好的起点，但探寻困难且不易准确。所以一般取近似值即可。

15. 小腿长A（小腿长+足高）

测量内容：测量胫骨点至凳面的垂直距离。

测量仪器：带游标的钢板尺或者皮尺。

测量方法：受测者赤脚，两脚自然分开与肩同宽，站立于水平的地面上。左脚抬起屈膝将脚踩于水平凳面上，小腿与凳面垂直，大腿和小腿垂直。测试者站于受测者对面，测量尺垂直于凳面，测量左侧胫骨点到凳面的垂直的距离。记录以厘米为单位，精确到小数点后1位。

注意事项：地面要平整，测试时，下肢肌肉要放松，胫骨点定位要准确。

16. 大腿围

测量内容：臀纹线最低点水平绕行一周的围长。

测量仪器：皮尺。

测量方法：下肢稍外展，膝关节伸展位测量。

17. 小腿围

测量内容：腓肠肌最粗处水平绕行一周的围长。

测量仪器：皮尺。

测量方法：下肢稍外展，膝关节伸展位测量。

18. 膝盖围度

测量仪器：皮尺。

测量方法：受试者自然站立，腿伸直。测量髌骨最高点至腘窝水平方向的围度。

19. 跟腱长

测量内容：测量小腿腓肠肌内侧腹肌下缘至跟点的垂直距离。

测量仪器：带游标的钢板尺或游标卡尺。

测量方法：受测者面向墙，两脚自然分开，扶墙提踵，小腿三头肌充分收缩。测试人员在受测者的左腿腓肠肌内侧肌腹下缘画一标志，然后令受测者还原成自然站立姿势，再在跟点做一标志，测量内侧肌腹下缘到跟点的垂直距离（小腿三头肌人字纹中点至跟骨结节的距离）。记录以厘米为单位，精确到小数点后 1 为。

注意事项：在画腓肠肌内侧下缘标志时，小腿三头肌必须充分收缩，使腓肠肌外形充分显露。此外，在画标志点时不得移动皮肤。

20. 皮褶厚度

测量部位：（1）肱三头肌：在右上臂后面肩峰与鹰嘴连线的中点，夹取与上肢长轴平行的皮褶，纵向测量。（2）肩胛下角：在右肩胛下角下方 1 厘米处，夹取与脊柱成 45 度角的皮褶进行测量。

测量方法：受检者自然站立，使被测部位充分裸露。检测人员右手紧握卡钳手柄，使其呈两半弓形臂张开，左手拇指和食指将被测部位的皮肤和皮下组织夹提起来，两指间相距3厘米左右，将张开的测量计在提起点的下方钳入，松开把柄，待指针停住后读数。

测量仪器：皮褶/皮褶厚度计。

评价标准：通过长岭公式计算儿童的“体脂率”和“瘦体重”。8~12岁少儿体脂率的正常指标范围为：男子10%~12%，女子13%~15%。

21. 骨龄测定

测定方法：（1）腕骨X线光片与标准图谱相比较，判断骨龄。（2）根据实际年龄和骨龄判断发育类型。（3）查表得到骨龄百分比。（4）测量实际身高。（5）预测身高=实际身高/骨龄百分比。

判断生长发育的类型：（1）正常型：骨龄与实际年龄相差不到一年。（2）早熟型：骨龄超过实际年龄一年。（3）晚熟型：骨龄低于实际年龄一年。

二、机能指标

1. 血红蛋白

可较好地反映出贫血状况。

测量工具：血红蛋白测试仪。

测量方法：在安静状态下，采20微升指尖血，用氰化高铁法（HICN），按常规操作法测量。

低血红蛋白标准：7~13岁，血红蛋白低于120g/L。

2. 安静心率

测量工具：秒表。

测量方法：受试者取坐位，右前臂平放在桌面，掌心向上。测试人员坐在右侧，以食指、中指和无名指的指端触压受试者手腕部的桡动脉，测量脉搏。

3. 肺活量

测量工具：电子肺活量测试仪。

测量方法：受试者手握文式管手柄，将导压软管保持在文式管上方；受试者头部略向后仰，尽力深吸气直到不能再吸气为止；然后，将嘴对准口嘴缓慢地呼气，直到不能呼气为止。

4. 视力检查

测量工具：视力表。

测量方法：两眼分别检查，先查右眼，后左眼。查一眼时，须以遮板将另一眼完全遮住，但勿压迫眼球。检查时，受检者从上至下指出“E”字形视标开口的方向，记录所能看清的最小一行视力读数，即为该眼的远视力。倘若对某行标记部分能够看对，部分认不出，如果看得清的标记数多于看不清的标记数，那么该行视力读数作为被测眼的远视力，否则将上一行作为被测眼的远视力。

评价：能看清“1.0”行视标者为正常视力。

5. 眼底检查

测量工具：眼底镜。

测量方法：检查宜在暗室中进行，受测者多取坐位，检查者坐位或立位均可。检查右眼时检查者位于受测者的右侧，用右手持镜，右眼观察；检查左眼时，则位于受测者左侧，左手持镜，用左眼观察。

眼底检查是检查玻璃体、视网膜、脉络膜和视神经疾病的重要方法。为专业性检查，建议组织到医院进行专业检查。

6. 峡部裂

其基本病变是峡部骨断裂，至椎体小关节对抗剪切应力能力的丧失，腰椎失稳，最终导致椎体向前滑脱，对跳水运动员来说影响极大。

检查方法：峡部裂多见于下段腰椎。X 线光片是诊断脊椎崩裂的首选方法。一般包括站立、负重侧位、前后位及左右 45°斜位。

正常腰椎 X 线斜位片上可看到相邻椎体之间有形似小狗的轮廓，狗脖子处即峡部。如果发生峡部裂，则 X 线斜位片上表现为狗脖子断裂。

CT 和 MRI 检查对于峡部裂有更确定的意义。这两者是三维结构，能进一步反映人体组织的状态。

注：骨龄、峡部裂测量需要 X 光片，建议由运动队组织到医院统一拍摄，拍摄后收集 X 光片或数码片统一集中阅片和判定。

第二节　各年龄段基础素质测评

一、力量素质

1. 纵　跳

测量方法：准备测试阶段，受测者双脚自然分开，呈站立姿势。接到指令后，受测者屈腿半蹲，双臂尽力后摆，然后向前上方快速摆臂，双腿同时发力，尽力垂直向上起跳，同时单手举起触摸。运动员可测试 2 次，取最高值。

注意事项：（1）起跳时，受测者双腿不能移动或出现垫步动作；（2）受测者指甲不得超过指尖 0.3 厘米；（3）受测者徒手触摸，不得戴手套等其他物品；（4）受测者统一采用赤脚（可穿袜子）起跳。

测量器材或场地：纵跳计。

评价标准：见附表。

2. 立定跳远

测量方法：用胶带把卷尺水平固定在空地上，从卷尺零点起跳。两脚平行站立（可稍微分开）向前跳跃，测量起跳时脚尖至落地时脚跟之间的最短距离。每人跳两次，取最好成绩。

测量器材或场地：卷尺、宽胶带

评价标准：见附表。

3. 引体向上（30 秒）

测量方法：双手正握单杠，两臂伸直，身体垂悬，两小腿伸直或交叉，曲臂引体向上至下颌超过横杠为止。计 30 秒完成次数。

测量器材或场地：秒表、单杠

评价标准：见附表。

4. 俯卧撑（30 秒）

测量方法：双手支撑身体，双臂垂直于地面，两腿向身体后方伸展，依靠双手和两足尖保持平衡，保持头、颈、背、臀部及双腿始终在一条直线上，动作要求屈臂至大臂与地面平行，计 30 秒完成次数。

测量器材或场地：秒表。

评价标准：见附表。

5. 仰卧起坐（1 分钟）

测量方法：运动员仰卧于垫上，屈膝脚固定，后背靠地面双手抱头，起来后肩部与地面垂直算一个，肩部贴地面。重复做，统计 1 分钟所做总数。

测量器材或场地：秒表、垫子。

评价标准：见附表。

6. 控倒立

测量方法：计时（秒）。地上，蹬摆成倒立后（双腿并拢）开始计时，失去平衡停止计时（手不可移动）。要求两手与肩同宽，手腕稍内旋，两手五指抓地。缩脖稍抬头，眼看拇指，锁肩，收腹，立腰，紧臀，夹腿，绷脚尖，身体重心在两手之间。

测量器材或场地：秒表

评价标准：见附表。

二、速度素质

- 30 米跑、60 米跑

测量方法：使用站立式起跑（穿鞋），每人测一次。

测量器材或场地：秒表、跑道。

评价标准：见附表。

三、耐力素质

- 400 米跑

测量方法：使用站立式起跑（穿鞋），每人测一次。

测量器材或场地：秒表、跑道。

评价标准：见附表。

四、柔韧素质

1. 转　肩

测量方法：受测者直立，两手正握棍（绳或皮尺），要求右手虎口与尺的零端处对齐，两臂同时上抬，逐渐绕至体后。当两臂后绕时，若感觉所握的尺距太窄，左手可向尺的外侧滑动直到刚好能使两臂绕到体后的位置，然后再由体后握着皮尺绕至体前。要求两臂保持在同一平面上，直臂、身体不得扭动，不得提足跟。记录左手虎口握尺处的读数。用两手握距的最大值减去肩宽，其差即为该人最终成绩。

注意事项：测试前做好肩部的准备活动。

测量器材或场地：马丁尺，棍或绳，皮尺。

评价标准：见附表。

2. 坐位体前屈

测量方法：受测者两腿伸直，两脚平蹬测试纵板坐在平地上，两脚分开10~15厘米，上体前屈，两臂伸直前，用两手中指尖逐渐向前推动游标，直到不能前推为止。测试计的脚蹬纵板内沿平面为0点，向内为负值，向前为正值。记录以厘米为单位，保留一位小数。测试两次，取最好成绩。

测量器材或场地：坐位体前屈测试仪

评价标准：见附表。

3. 跖屈、跖伸

测量方法：受试者取坐位，右腿伸直，置于凳上。尽力跖伸（勾足尖），测量踝关节角度，记为跖伸角度；然后尽力跖屈（绷足尖），测量踝关节角度，记为跖屈角度。

测试器材：关节角度测量仪。

评价标准：见附表。

4. 三面叉

测量方法：平面，地毯上完成。要求：腿直、方向正、大腿与地面贴平。测量胯与地面的距离。

测量器材或场地：游标卡尺。

评价标准：见附表。

五、灵敏、协调

1. 跳绳双摇（30 秒）

测量方法：运动员持绳站好（绳置于身后），听到命令之后马上经头上方向前摆动跳绳。跳一次摇两次绳，如果绳子受到身体某部位不能顺利通过，运动员还应继续进行。30 秒停止，统计完成次数。

测量器材或场地：跳绳、秒表

评价标准：见附表。

2. 5 米三向折返跑

测量方法：站立姿势起跑，先向右边跑道跑进至顶端，用脚踏标志线后返回原起点；再向中间跑道跑进至顶端，用脚踏标志线后返回原起点；再向左边跑道跑进至顶端，用脚踏标志线后返回原起点（即终点）。在测试中，手不准有意撑地。用秒表计时，记录到小数点后面 1 位。

测量器材或场地：秒表、场地为一直角的两边和中间平分角线各长 5 米，宽 5 厘米的三向跑道线（地面为水泥地）；起终点均设在直角顶点处（起、终点线均经过 A 点，其中起点线垂直于 AB，终点线垂直于 AD），在起、终点三向跑道的顶端各画一条长 40 厘米，宽 5 厘米的标志线（详见图 4－1）。

评价标准：见附表。

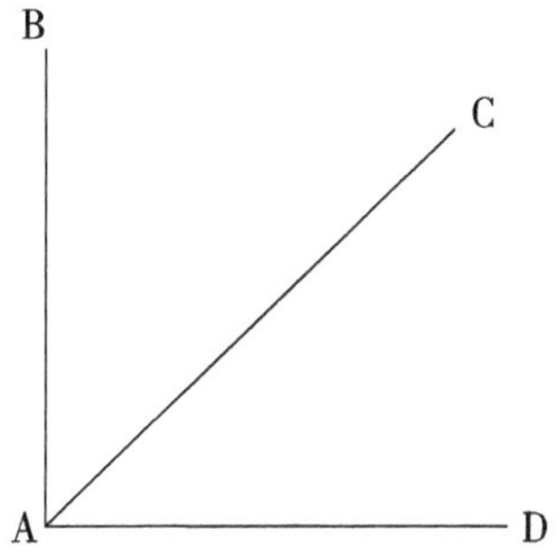

图4－1　5米三向折返跑示意图

3. 十字变向跳

测量方法：运动员听到命令后，由交叉点以双脚跳入指定的1区，并连续跳入指定的2、3、4区，然后再跳回1区，按顺序如此循环往复连续跳10个循环，计完成时间。跳错可继续，但不计该次循环（详见图4－2）。

测量器材或场地：秒表，在平地上画两条相互垂直的交叉线（1米），并注明1、2、3、4区。1和2，3和4应互为对角。

评价标准：见附表。

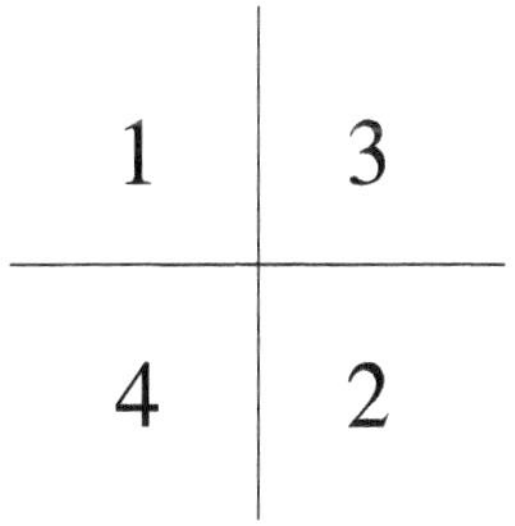

图4－2　5十字变向跳场地示意图

第三节　各年龄段专项素质测评

一、肋木举腿（10 个）

测量方法：双腿垂直开始，收腹上举，脚尖碰到肋木再还原至准备姿势为 1 次。要求上举时尽量快速完成；完成动作时必须并膝、绷脚面；尽量将大腿贴近上体；单个完成后脚跟不能碰触保护垫。连续完成 10 次，计时间。

测量器材或场地：秒表，在肋木、背后保护垫。

评价标准：见附表。

二、垫上快速两头起（20 个）

测量方法：平躺在硬泡沫垫上，两臂向头部上伸直，（成一字）两腿伸直，腹部发力，将臂伸直带动上体抬起，同时两腿也伸直抬起，用手去碰到小腿，注意在做这些动作时腰部抬起，腹部保持发力，臀部始终不离地面。运动员平躺，手腿伸直接触泡沫垫，收腹两头起，手指碰脚尖再还原至准备姿势为 1 个。连续完成 20 个，计时间。

测量器材或场地：秒表、10 厘米厚硬泡沫垫。

评价标准：见附表。

三、团身收腿跳

测量方法：原地提膝收腿绷脚尖靠拢胸部跳起，碰到胸部后落地为 1 次。完成 2 次，取最优值。

测量器材或场地：纵跳计。采用纵跳计测量团身收腿跳，测量结果显示为高度，根据纵跳计原理，数值越大，表示运动员滞空时间越长。

评价标准：见附表。

四、提倒立

测量方法：双手伸直撑倒立架，双腿绷直悬空高于水平开始，直到双腿合并倒立记1个。计运动员可以连续完成的个数，如果两个动作之间停顿超过5秒或动作变形即停止计数。

测量器材或场地：倒立架。

评价标准：见附表。

五、控倒立

测量方法：蹬摆成倒立后（双腿并拢开始），开始计时，失去平衡停止计时（手不可移动）。要求：两手与肩同宽，手腕稍内旋，两手五指抓地。缩脖稍抬头，眼看拇指，锁肩，收腹，立腰，紧臀，夹腿，绷脚尖，身体重心在两手之间。

测量器材或场地：秒表。

评价标准：见附表。

六、团身收腿跳

测量方法：（以下两种方式可根据具体情况而选择使用）

静态平衡测试：分别对双腿进行单腿支撑站立计时。测试者给出“开始”口令，受测者单腿站立，双手自然放松与体侧。提膝上抬左腿或右腿，尽量将人腿抬平，小腿放松下垂，以支脚撑移动或抬起的脚落脚地为动作的结束，测试者记录站立时间。

动态平衡测试：用平衡仪器测试时，受测者做好准备动作后开始测试，按下仪器显示屏开始按钮，受测者单腿站立，目光平视仪器显示屏，使重心移动的轨迹尽量保持在中心。左右腿各进行三次，每次持续测试两分钟。测试结束后，正确操作仪器调出测试结果并做好记录。用直线行走测试时，测试者给出“开始”的口令，受测者站在直线的一端向另一端双脚交替行走，双脚均需踩在直线上，方为有效。记录行走 5 米所需的时间及双脚分别偏离直线的次数，如中途完全离开直线前进，记录偏离角度。

测量器材或场地：静态平衡测试：秒表。

动态平衡测试：秒表、平衡仪、有色胶带、米尺、角度测量仪。

评价标准：见附表。

第四节　各年龄段专项技术测评

专项技术考核参考第三章内容，各年龄段运动员应当能够完成大纲对该年龄段的各项目规定动作。

第五节　心理能力测评

一、神经类型测试

测量材料：808 神经类型测试表、计时器、笔。

测量方法：受测者共需测 3 张表（每张测 5 分钟）。在测试前，测试人员应该对受测者讲清楚测试方法，信息传达清楚后方可开始测试，当测试者发出口令“开始”后，受测者从表的第一行起逐行从左到右逐个符号查阅，按规定在规定符号上划“\”。争取做到不漏划，不错划，画错后涂改仍算错，在规定时间内查阅的符号越多越好。当测试人员宣布时间到，受测者在当时正查阅的符号上划“√”号为标志。

施测步骤：

测试表 1 （1）测试者陈述测试表 1 的测试要求：将 14 种符号中某一符号用“\”划去，要求自上而下、从左到右地划，测试时间 5 分钟，划错的不要纠正 （2）受测者翻开测试表 1，测试者宣布目标刺激，并开始计时 （3）5 分钟后，测试者宣布结束，受测者在阅读到的最后一个符号上打√
休息 5 分钟
测试表 2 （1）测试者陈述测试表 2 的测试要求：将每行中和该行中第一个符号相同的符号用“\”划去，要求自上而下、从左到右地划，测试时间 5 分钟，划错 的不要纠正 （2）受测者翻开测试表 2，测试者宣布开始，并计时 （3）5 分钟后，测试者宣布结束，受测者在阅读到的最后一个符号上打√
休息 5 分钟
测试表 3 （1）测试者陈述测试表 3 的测试要求：将每行中和该行中第一个符号相同的符号用“\”划去，但如果该符号前面有 * 号，则在该符号上画○，要求自 上而下、从左到右地划，测试时间 5 分钟，划错的不要纠正 （2）受测者翻开测试表 3，测试者宣布开始，并计时 （3）5 分钟后，测试者宣布结束，受测者在阅读到的最后一个符号上打√

评价标准：

灵活、亚灵活型：反应快，准确，活泼，思维敏捷，接受能力强，富于创造性，具有强而稳定的工作能力。

稳定、亚稳定型：反应较灵活型慢，细心，踏实，肯钻研，思维准确，具有长时间稳定的工作能力。

兴奋、亚兴奋型：反应快，但准确性较差，比较好动，对新事物反应敏感，不易控制自己，具有较强的工作能力。

易扰、亚易扰型：反应虽较快，但注意力不集中，较粗心，工作能力突起突落，起伏不定。

中间型：有的接近灵活型或稳定型，有的接近兴奋型或易扰型，有的介于两者之间。

谨慎型：反应迟钝，但比较准确，沉着谨慎，细心踏实，肯钻研。

中下型：有的接近谨慎型或泛散型，有的接近抑制型或模糊型，有的介于两者之间。

泛散型：反应迟钝，准确性低，自控能力差，工作能力较低下。

抑制型：反应迟钝，注意力分散，粗心，工作能力较低。

模糊型：反应既迟钝准确率又低，接受能力极差，很难建立条件反射，工作能力极低，其中有部分属于智能低下者。

二、智力测验

各运动队可根据实际情况采用相关量表进行测量，常用的包括韦氏智力量表儿童版，以及瑞文推理测验。瑞文推理测验的方法及评价标准如下。

测量材料：瑞文推理测验题册、测查手册、记录表格、秒表。

测试步骤 ：

（1）发放记录纸，测试者引导受测者或者代受测者填写记分纸第 1 页上的基本事实项。

（2）发放测试图册。

（3）打开测试图册，测试者以第一、第二题为例，示范讲解测验规则，待受测者明白后，即开始测试。

（4）测试时间为 40 分钟，测验进行到 20 分钟和 30 分钟时各报时一次。

（5）测验实施过程中的具体要求详见量表测查手册。

测验的记分：

（1）原始分数的获得。

本测验题一律为二级评分，即答对给 1 分，答错为 0 分。受测者在这个测验上的总得分就是他通过的题数，也即测验的原始分数。

（2）量表分和智商的换算。

首先，查常模转换表，将原始分转换为相应的百分等级。

其次，根据常模转换表，百分等级转换为 IQ 分数。

评价标准：瑞文智商分级标准（详见表 4－2）。

表 4－2 瑞文智商分级标准

<table>
<tr><th colspan="2">类别</th><th>IQ 的范围</th><th>理论分布</th></tr>
<tr><td colspan="2">极优</td><td>≥130</td><td>2.2</td></tr>
<tr><td colspan="2">优秀</td><td>120～129</td><td>6.7</td></tr>
<tr><td colspan="2">中上（聪明）</td><td>110～119</td><td>16.1</td></tr>
<tr><td colspan="2">中等（一般）</td><td>90～109</td><td>50</td></tr>
<tr><td colspan="2">中下（迟钝）</td><td>80～89</td><td>16.1</td></tr>
<tr><td rowspan="5">智障者</td><td>边缘</td><td>70～79</td><td>6.7</td></tr>
<tr><td>轻度</td><td>55～69</td><td>2.2</td></tr>
<tr><td>中度</td><td>40～54</td><td></td></tr>
<tr><td>重度</td><td>25～39</td><td></td></tr>
<tr><td>极重</td><td>≤24</td><td></td></tr>
</table>

三、镶嵌图形测验

测量材料：镶嵌图形测验手册、计时器、笔。

镶嵌图形测验又名隐蔽图形测验，属于场独立性与场依存性测验。让受试者在较复杂的图形中用铅笔勾画出镶嵌或隐蔽在其中的简单图形。

在测验中，能排除背景因素的干扰从复杂图形中迅速地、容易地知觉到指定的简单图形者为场独立型；而完成该项任务较为困难者为场依存型。

评价：

场独立性倾向者	场依存性倾向者
对客观事物做判断时，倾向于利用自己内部的参照，不易受外来因素影响和干扰，更倾向于独立对事物作出判断	倾向于把外部参照作为信息加工的依据，难以摆脱环境因素的影响。他们的态度和自我知觉更易受周围的人，特别是权威人士的影响和干扰，善于察言观色，注意并记忆言语信息中的社会内容
往往采用独立自觉学习，其学习由内在动机支配	易受暗示，学习欠主动，其学习由外在动机支配
偏好结构不严密的教学	偏好结构严密的教学
社会敏感性强，爱好社交活动，对他人有兴趣，积极参与人际交往等	社会敏感性差，不善于社交，自信、自尊心强，关心抽象的概念和理论，喜欢独处等

第五章　跳水运动员的选材

第一节　选材的意义和基础原理

一、科学选材的意义

科学选材，就是根据不同运动项目的特点和要求，运用现代科学的方法和手段，建立有效、可靠和客观的测试指标体系和评价标准，并根据测试结果综合评价、分析预测其未来的被选者的才能和发展前途，提高成才的成功率。

科学选材通过对运动员的先天条件，如遗传，生长发育的基本规律，以及不同发育阶段中身体形态、生理机能、运动素质及代谢、心理等变化特征的认识和掌握的基础上，加上对运动员的理论训练、训练方法和手段、物质条件保证等方面培养和造就优秀运动员。其先天条件的重要性更显突出。因此，科学选材的最终目的是准确选拔具有符合跳水运动项目特点的“天赋”运动员。

在选材工作中，不仅采用科学选材的方法，而且还有其他选材方法，如经验法、综合法。经验选材是教练员在选材实践中获得的感性认识，又上升到理论并不断验证和修正。但经验选材不能代替科学选材，只有把经验选材和科学选材等方法相结合，才能不断提高选材的成功率。

二、科学选材的要求

1. 必须符合跳水专项的特点

跳水运动的特点对运动员竞技能力的要求是综合的、全方位的，因此，根据专项特点要求运动员在形态、技能、素质、技术、心理和智力上有全面的发展。

跳水运动项目要求运动员的身体形态呈流线型，符合美学的观点和要求，符合跳水运动力学的特点，选材时要求身体形态优美，肢体比例（身高、体重、盆骨宽的比例）要合理，对身高的要求要从本项目的特点出发考虑，在同等力量与能力的情况下，身材过高会直接影响跳水技术中的翻转速度。因此，选材时要求身高始终，尽量控制在最佳值范围。较理想的应具有身高中等偏下，中等体重，轻巧型为优（发展跳板项目除外），身体径围不太大，臂长，盆骨窄为适宜。

还应注意的是：遗传是先天因素，某些遗传度高的指标后天难以改变，在科学选材时应让具有遗传优势的运动员充分发挥其优势，避免遗传优势差的苗子入选，更要避免造成人力和物力的浪费。

2. 素质类型

优秀的运动员必须要有良好的身体条件、身体素质、专项能力及心理素质等，才能掌握和完成高难度跳水技术动作；再加上系统的，有效的科学性训练，进而全面地掌握跳水的基本技术，技能及高难度技术动作。

跳水动作质量的好坏主要有两个关键特征：一是力量，即下肢的弹跳力和爆发力；二是速度。首先是检测运动员下肢爆发力量和全身协调能力的主要方法，如弹跳、速度力量、立定跳、摸高等练习等；其次是练习作翻腾速度的实用方法，如垫上仰卧快速两头起腰腹、肋木悬垂举腿、垫上连续空翻等。根据不同性别，对不同年龄和具体情况进行以上几种力量素质测试。以不同的次数，不同的时间指数来检测运动员在上述几方面的素质能力及水平。

跳水动作在空中的时间非常短暂，在不到 2 秒钟要一气呵成完成各种翻腾、转体动作，这需要有良好的速度、爆发力及自控能力。当今跳水技术发展趋向及特征是“难、稳、美”，若没有高难度技术动作，没有稳定的、优美的和规范的技术表现，就难以在激烈的竞争中取胜。

3. 技术类型

跳水运动是一项技巧性极高的运动项目。其运动技能极其复杂，运动员在完成各种翻腾及转体动作后，并以头向下入水的方式入水。因此，需要有一定的天赋条件。选择技术类型要从起跳技术稳定、起跳高度充分、技术动作规范、水感优良、接受能力等多方面进行考虑。应当选择那些柔韧性好，动作协调，反应敏捷及上述等条件优秀的运动员，尤其是控制身体的能力，节奏感强和协调灵敏极为重要。

4. 心理机能类型

尽管可以通过后天培养训练运动员的心理素质能力，但跳水运动项目是高空作业，带有一定的危险性。因此，在选材时必须要考虑到有良好的心理素质与承受能力。运动员必须具有勇敢果断、不屈不挠的意志和大无畏的精神。其个性心理特征，气质在其从事竞技体育活动时起着重要的作用。根据不同气质特征认为较适合参加跳水运动训练的具有以下两类气质类型的人：一是多血质气质类型：活泼好动，反应迅速，行动敏捷；二是黏液质气质类型：自制力强，有忍耐性，稳重安静。所以，应因材施教，充分发挥气质的积极作用。

在跳水竞赛中，任何一个技术动作的失误，以及心理机能类型都会影响整个比赛的成绩，成败在此一举的精神压力和心理负担都容易干扰运动员的正常发挥。因此若在巨大的心理压力影响下仍能稳定地发挥高水平，能出色地表现高难度动作，那么将在极大程度上增大取胜的机会。所以，在选材时要关注运动员的神经类型，尽可能选择可以在任何情况下都能表现出良好的心理状态、稳定的情绪、稳定的技术发挥的这一神经类型。

第二节　科学选材的一般流程

步骤一：家系调查

运用家族调查对跳水运动员选材的具体做法是：调查该对象家庭中若干代直系和旁系亲属中该形态特征，是否有遗传疾病，健康状况，运动能力与运动经历，生活环境等情况，被选对象生育史调查，如：出生时父母年龄与社会经济背景、孕期父母健康状况、胎次、是否为双胞胎等。对收集的数据进行分析，对选材对象是否具有符合某种性状的概率和表现的最高程度做出判断。

步骤二：体格检查

对人体形态结构和机能发展水平进行检测和计量，用于了解被选者的全身健康状况，有无影响运动能力的身体缺陷和遗传疾病，初步判定青少年运动员的身体发育和成熟程度。体格检查的内容一般有：（1）形态指标测量。如体表检查、体姿检查等；（2）体成分测定。如体脂肪率、体脂肪量、除脂体重、肌肉量等；（3）运动系统和疾病史。如肌肉系统和关节功能的检查等；（4）心血管系统。如心脏、血压检查、心肺机能试验、心电图检查等；（5）呼吸系统检查。如肺活量、肺通气量检查等；（6）其他检查。如肝功能检查、尿常规检查、脑电、肌电等。

步骤三：选材指标的确定与测试

对跳水运动员的选材指标的选用，首先要根据影响跳水运动专项成绩因素体系、在生物年龄分组的基础上确定标准，如良好的发育程度、受遗传影响较大的指标等，这些都表现了真实的运动水平和运动能力。在判断运动员的发育程度后，通过查表等方式进行分析研究，分析运动员的运动能力是否与发展水平相符。所以，首先先确定测试的指标，合理安排测试的顺序，对测试中存在的错误立即采取办法，最后分析整理测试后的资料。

步骤四：对测试结果进行综合评价

将收集后的测试数据进行分析和整合。模式要求运用数理统计方法来确定，并以此预测跳水运动员的模型特征。在关注运动员的先天因素等方面时，又不能忽略运动员智力、心理、技能等内在因素，还要看运动员形态、素质、技术、战术等外在因素。即要对测试数据进行全面评价。

步骤五：训练观察其训练可塑性

在对运动员的意志、品质、接受能力、个性特点、协调性等方面做出较为客观的评价后，应通过一定的观察、考核、测定、试训、并把检测数据进行综合的分析，才可分选出最合适跳水运动的苗子。进而最快地实施培训的计划，加上教练员对运动员的长期训练、反复观察与平时了解，通过训练进而锻炼运动员的可塑性。

第三节　选材指标的基本测试方法和标准

根据科学选材的程序和标准，结合跳水项目的特点，跳水运动员选材的内容包括以下各项目，各项目具体测量方法和标准参见第四章。

一、运动员选材内容

1. 家系信息了解

（1）父母身高；（2）父母视力；（3）家族病史；（4）骨龄测试。

2. 形态机能

（1）形态指标

①身材比例；②臂形；③腿型。

（2）机能指标

①血红蛋白；②安静心率；③肺活量；④视力；⑤眼底检查。

3. 身体素质

（1）30 米跑；（2）立定跳远；（3）纵跳摸高；（4）折返跑；（5）协调灵活性（跳绳双摇、动作模仿）。

4. 心理素质

（1）神经类型测试；（2）智力测试。

二、教练员测评项目及其方法标准

根据测量特点可将所有项目分为现场测量和教练员测评，教练员测评项目及其方法标准如下。

1. 整体印象分（10 分）

（1）身体匀称，比例协调，体重适中，气质出众。（满分 4 分）

（2）肘关节直、肩角大，肩关节开、膝关节直、脚面直、不塌腰（满分 3 分）。

（3）意志品质坚强、协调性好、接受能力强（满分 3 分）。

2. 局部指标测评

（1）臂部形状测评

测量方法：两臂侧平举掌心向上，受测者立于正前方 1.5 米处，观察上臂与前臂的伸展情况及肘关节形状，判断臂形。

评价：

①欠伸：上臂与前臂稍有夹角，不在同一水平面，即伸展不足，肘关节突起。

②直伸：上臂与前臂在同一水平面，肘关节平直，为正常臂。

③过伸：上臂与前臂在同一水平面，但偏离肩线。前臂偏向体后，肘关节肱骨内上髁明显突起。

（2）胸廓形状测评

测量方法：胸廓呈圆锥形，下方稍宽、左右对称，肋弓角近似直角，左右径/前后径 =4∶3。

评价：

①扁平胸：胸廓扁平，左右径 > 前后径。

②圆柱胸：胸廓左右径与前后径近似，胸廓上下部宽度相近。

③鸡胸：胸廓左右径 < 前后径，胸骨向前方明显突出。

④漏斗胸：胸部中央尤其是剑部位显著凹陷。

（3）脊柱测评

• 脊柱前后弯曲度测量与评价

测量仪器：脊弯测量计。

测量方法：受测者身着短裤背心立于测量计底板，足跟、骶骨和背部紧靠立柱。测试者立于侧方，观察受测者耳屏、肩峰和大转子三点是否同一垂线，然后将测量计上的小棍前推，使其密切接触脊柱部位，根据棍棒在腰曲的最大距离和上述三点的位置判断。

评价：

①正常：腰曲 2 ~3 厘米，三点同一垂线。

②驼背：腰曲 <2 厘米，耳屏点落于肩峰及大转子前。

③鞍背：腰曲过大，>5 厘米，背及臀部后突，耳屏和肩峰点在大转子点前。

④直背：缺乏生理性胸曲和腰曲，整个背部过平。

• 脊柱侧弯度测量与评价

测量方法：

①观察法：两肩是否平等；两肩胛骨下角是否相平，与脊柱的间距是否相等；脊柱各棘突是否在同一垂线。

②重垂法：让重垂线通过第七颈椎棘突，观察各棘突是否偏离垂线并测量偏离距离。

评价：

①正常：偏离距离 <1 厘米。

②轻度侧弯：偏离距离 1 ~2 厘米。

③重度侧弯（习惯性侧弯和固定性侧弯）：偏离距离 >2.1 厘米。

（4）腿部形状测评

①直型腿：两膝、两腿内侧、足跟均可靠拢或间距 <1.5 厘米。

②X 型腿：两腿部可靠拢，但两小腿内侧及足跟不能靠拢，且间距 >1.5 厘米。

③O 型腿：大小腿之间不能合拢，足跟可靠拢，两膝间距 >1.5 厘米。

（5）足弓测评

①比例法

测量方法：沿第一跖骨内侧与足跟内侧划一切线，根据空白区与足印最窄区宽度的比例来判断。

评价：可分为高足弓、正常足弓（2∶1）、轻度扁平足弓（1∶1）、中度扁平足弓（1∶2）、重度扁平（无空白区）足弓 5 类。

②划线法

测量方法：在足印迹内侧作第一线，自足跟中心点至第三趾中心点作第二线，两线相交成角，再作角平分线为第三线。根据足弓内缘落在的部位来判定是否正常。

评价：正常足弓的弓内缘应超过第二线，位于第二线的外侧；轻度扁平足的足弓内缘超过第三线，在第三线外侧；中度扁平足的弓内缘在第一线外侧；重度扁平足的弓内缘在第一线的内侧。其分为 4 类。

（6）整体姿势测评

• 班科罗付特三段检查法

①直立时检查：受测者取直立姿势，侧面观察耳屏、肩峰、股骨大转子、膝后方、外踝前方是否在同一垂线上。②行进时检查：观察受测者行进中躯干是否保持正直，四肢动作是否正常，有无退

与足的性状异常。③运动时检查：令受测者做经体前或侧上方摆臂动作，观察肩胛部活动有无异常，身体是否出现左右摇晃。

● 托马斯影像对照法

首先判断受测者属于哪种体形（瘦长、肥胖、匀称）？

①完美姿势：身体各部匀称，耳屏、肩峰、股骨大转子、膝后方及外踝前方在一条直线上，胸部稍向前倾，腹部平坦后收，脊柱弯曲度正常。②良好姿势：头部略向前倾，胸部略下沉，腹部略呈圆形，脊柱的弯曲度较完美。③不良姿势：头部明显前倾，胸部扁平，腹部突出，脊柱的弯曲度显著增加。④低劣姿势：头部显著前倾，胸部下沉，腹部隆起并下沉，脊柱弯曲度较上述姿势都大。

（7）团身紧密度

测量方法：大腿贴胸，小腿贴臀。之后教练给予评定。

测试器材及场地：无。

评价标准：调研后确定。

（8）动作模仿

测量方法：给运动员播放相关的动作视频（播放 2 遍），要求运动员最大程度模仿指定动作，之后对模仿效果进行评价。

所需器材：视频播放器。

评价标准：①模拟动作与规范动作基本一致，动作完成连贯、协调，身体灵活为优秀。

②模拟动作与规范动作较一致，动作完成较为连贯、协调，身体较为灵活为一般。

③模拟动作与规范动作差距较大，动作完成不连贯、不协调，身体不灵活为较差。

第六章　青少年儿童跳水竞赛与组织

跳水竞赛是检验青少年儿童跳水训练和教学水平最重要的环节，通过竞赛能互相学习、交流经验、增进友谊，普及跳水项目，更好地促进跳水运动技术水平的提高。

第一节　竞赛名称和项目

青少年儿童跳水比赛包括每年的国家性赛事和地区性赛事，比赛项目根据国家体育总局游泳运动管理中心和各省游泳运动管理中心制定的规程中的项目执行，无论是哪种组织形式，组织跳水竞赛都要执行国际、国家和地区体育竞赛规程和赛区工作条例。

一、国家赛事

全国青年运动会跳水比赛

男子：1 米跳板、3 米跳板、10 米跳台、个人全能、双人 3 米跳板、双人 10 米跳台、团体。

女子：1 米跳板、3 米跳板、10 米跳台、个人全能、双人 3 米跳板、双人 10 米跳台、团体。

全国青年跳水冠军赛　全国青年跳水锦标赛

男子：1 米跳板、3 米跳板、10 米跳台、个人全能、双人 3 米跳板、双人 10 米跳台。

女子：1 米跳板、3 米跳板、10 米跳台、个人全能、双人 3 米跳板、双人 10 米跳台。

男女混合全能。

全国青少年儿童跳水冠军赛

儿童甲 A、儿童甲 B、儿童甲 C 组：

男子：1 米跳板，3 米跳板，5 米跳台。

女子：1 米跳板，3 米跳板，5 米跳台。

儿童乙 A、儿童乙 B 组：

男子：1 米跳板，5 米跳台。

女子：1 米跳板，5 米跳台。

全国青少年儿童跳水锦标赛

儿童甲 A、儿童甲 B、儿童甲 C 组：

男子：1 米跳板，3 米跳板，5 米跳台，个人全能。

女子：1 米跳板，3 米跳板，5 米跳台，个人全能。

儿童乙 A、儿童乙 B 组：

男子：1 米跳板，5 米跳台，个人全能。

女子：1 米跳板，5 米跳台，个人全能。

儿童甲组团体和双人（儿童甲 A、儿童甲 B、儿童甲 C 组合并）。

儿童乙组团体和双人（儿童乙 A、儿童乙 B 组合并）：

男子：双人 5 米跳台、团体。

女子：双人 5 米跳台、团体。

二、地区性赛事

省级年度青少年儿童跳水比赛、省运会跳水比赛、市（县）跳水比赛、单位之间跳水对抗赛。竞赛项目既有全国青少年儿童跳水比赛项目的选项又有各省增加的陆上全能项目（陆网、陆台、专项素质）和团体项目（陆网、陆台、专项素质）。

第二节 竞赛组织和实施

跳水竞赛实施可分为竞赛筹备、竞赛期间的工作和竞赛结束后的工作三个部分。

一、跳水竞赛的筹备

跳水竞赛的筹备工作首先是由主办单位成立组委会。组委会是比赛大会的最高机构，负责竞赛的组织领导工作。工作内容主要包括：设立工作机构、制定竞赛规程、组织单位报名、编排竞赛日程、比赛场地器材的准备、住宿交通安排以及编印秩序册等。

组织机构（详见图6－1）

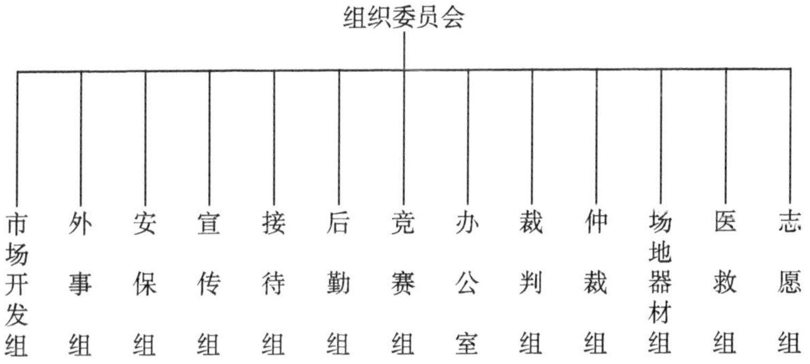

图6－1 组织委员会

竞赛规程

跳水的竞赛规程是举办跳水竞赛的指导性文件，是组织者和参加者必须共同遵守的章程，是整个竞赛工作的依据。竞赛规程由主办单位根据举办比赛的目的、任务及具体条件而制定。竞赛规程要及早发给有关单位，以便各单位做好准备工作，及时报名参赛。

竞赛规程的内容包括以下几方面。

1. 日期与地点。
2. 参加单位。
3. 竞赛项目。
4. 参加方法。
5. 竞赛办法。
6. 录取名次与奖励。
7. 裁判员。
8. 报名与报到。
9. 未尽事宜由承办单位另行通知。
10. 规程解释权。

组织报名

组织报名时，应将竞赛规程和报名表尽早发给参赛单位。要求参赛单位按时、按要求报名。一般应于赛前20天截止报名。收到报名表后，主办单位及承办单位应对各单位的报名人数、报名资格和所报项目认真核对，严格审查。对违反规程、规则的情况要及时纠正。全国性的跳水比赛在网络报名的同时填报跳水动作表。

编排竞赛日程

根据《竞赛规程》规定的比赛项目、比赛日期、各单位报名人数、场地器材条件、东道主的合理要求、电视转播时间的安排来编排竞赛日程。竞赛项目的安排是否合理，对比赛能否顺利进行和提高运动员成绩有直接关系。

编印秩序册

秩序册提供竞赛的全面情况，是大会竞赛工作的重要依据，应在赛前由承办单位编印好，裁判长、裁判员报到后人手一本，各运动队根据队伍大小可发3～5本。其主要内容如下。

1. 赛事介绍。
2. 竞赛规程。
3. 体育道德评奖。
4. 有关事项通知。
5. 组委会名单。
6. 办事机构名单。
7. 仲裁委员会名单。
8. 裁判员名单。
9. 调研组名单。
10. 代表队名单。
11. 活动日程。
12. 竞赛日程。
13. 训练日程。
14. 班车时刻表。
15. 就餐时间。
16. 参赛人数统计表。
17. 场馆平面图。
18. 电视播出时间表。
19. 主办城市简介。
20. 其他（颁奖、兴奋剂、宴会、信息栏）。

比赛场地器材

确定主办城市的比赛场地后，主办单位应根据国际泳联设备规则，提前120天派人前往比赛场地检查跳板、跳台、陆上训练场、功能用房、后台竞赛用品等所有场地器材。离比赛还有30天时，主办方应再次派人落实第一次场地检查所发现问题的整改情况。

住宿及交通准备

全体参赛人员应尽量安排在比赛场地较近的酒店住宿，且裁判员和运动员应分开酒店住宿。根据竞赛日程合理安排自助餐，如赛程安排紧促，酒店和比赛场地距离远，可提前安排送盒饭到场地。

如果跳水池未在步行距离内，组委会应分别给官员、裁判员、运动员安排专用车辆，并提前把发车时间表分发给以上人员。

其他

1. 奖牌、鲜花、证书（填写准确）、礼仪小姐的准备。

2. 运动员入场退场、运动员比赛中完成每一个动作后的音乐及颁奖音乐的准备。

3. 协调名次奖、精神文明奖和跳水单项技术奖的颁奖者。

4. 裁判组的报告员和大会的广播员要分工明确，前者负责现场比赛动作的报告，后者负责入场退场，颁奖时的报告等（要熟知颁奖时间和项目，准备好颁奖仪式主持词）。

5. 组委会向所有的参赛官员、教练员、运动员及工作人员，每人配发一件纪念衫，裁判员配发翻领衫两件，作为比赛工作服。

二、跳水竞赛期间工作

裁判员和各代表队报到后进入比赛的最后准备阶段。一切准备就绪后，按照竞赛日程进入比赛。这段时期是竞赛的核心时期，工作需要更紧凑、有序、细致地开展。

1. 根据大会报到日期，做好各参赛队的接待工作。组委会必须向其提供的信息。

（1）分发完整的秩序册，告知接待、后勤、竞赛工作人员的姓名和联系方式。

（2）告知发放动作表的地点和收表箱的地点，以及提交动作表的时间。电子填报动作表应告知计算机所在位置。

（3）张贴酒店与赛场之间的交通时间安排表和就餐时间安排表，核对队伍离开时间和交通安排。

（4）所需缴纳大会的各项费用的交费时间、地点和联系人。

（5）欢迎宴会和告别宴会的时间、地点以及交通专车的安排。

（6）组委会会议、技术会议的召开时间、地点。

2. 裁判长、竞赛负责人见面会。

裁判长应提前4天报到。报到后，主办单位竞赛负责人召集裁判长、承办单位竞赛负责人到场地开会，落实各项筹备工作情况。

3. 裁判长全面检查竞赛情况，落实办公场地、竞赛场地、器材、竞赛用品等的准备情况（详见图6－2）。

（1）裁判员席。

（2）仲裁席、调研席。

（3）运动员、教练员休息处。

（4）教练员、参赛运动员席。

（5）不参赛运动员、教练员、领队席。

（6）医务、救生席。

（7）领奖台。

（8）电视摄像台。

（9）检录处。

（10）信息台。

（11）收表箱。

（12）检查器械。

（13）检查水温。

（14）检查水波发生器。

（15）检查光线。

（16）训练时间安排。

（17）后台竞赛用品检查。

（18）场地布置。

①评分裁判员席
②裁判长席
③记录员、报告员、计算机席
④收表处
⑤促裁委席
⑥调研席
⑦教练员领队席
⑧医务人员席
⑨救生人员席

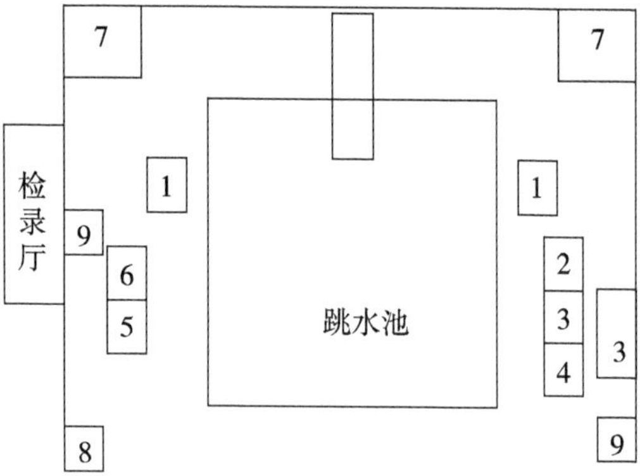

图6－2　跳水竞赛场地示意图

4. 裁判员会议。

裁判员一般应提前1～3天到会，到会后向裁判长报到，裁判长在全体裁判员报到后召开裁判员会议。

5. 技术会议的准备工作。

6. 技术会议。

技术会议是赛前落实比赛工作的重要会议，最晚应在赛前24小时举行，赛前由主办单位负责人、承办单位负责人、裁判长落实会议各项内容。

7. 开幕式、欢迎宴会、欢送宴会具体时间。

8. 裁判员费用报销：告知报销时间、地点和报销方式。

9. 组织比赛。

（1）根据竞赛日程和竞赛项目组织比赛、颁发单项奖项。

（2）每场比赛结束后，竞赛处应立即将比赛成绩张贴公告栏，并发放给每个代表队、裁判员、技术官员、新闻媒体。

（3）比赛期间，组委会各部门应经常与裁判组及各参赛队联系，深入听取意见，不断改进工作，使竞赛顺利进行。

三、跳水竞赛后工作

1. 团体奖项颁奖，闭幕晚宴。

2. 每场比赛结束后，将本场成绩录入到完整的成绩文件盘中，最后一天最后一场比赛成绩直接放入后，排列好成绩顺序，制作成成绩册光盘或纸质成绩册，并及时发放到各代表队。

3. 安排和办理各队及裁判员离会事宜。

4. 各部门工作总结。

5. 组委会工作总结。

附表：各年龄段测试指标评价标准

	5～7岁			8～9岁			10～12岁		
	不合格	合格	优秀	不合格	合格	优秀	不合格	合格	优秀
跖屈/°	<66	66～75	>75	<58	58～68	>68	<63	63～76	>76
跖伸/°	<18	18～23	>23	<19	19～23	>23	<15	15～20	>20
坐位体前屈/cm	<21.1	21.1～22.9	>22.9	<24.1	24.1～25.8	>25.8	<27.8	27.8～31.2	>31.2
仰卧起坐/个	<60	60～66	>66	<63	63～67	>67	<66	66～71	>71
引体向上/个	<6	6～8	>8	<9	9～13	>13	<9	9～13	>13
三面叉左/mm	>19.63	19.63～10.83	<10.83	>25.35	15.35～25.35	<15.35	>27.31	20.12～27.31	<20.12
三面叉中/mm	>61.07	34.12～61.07	<34.12	>76.56	20.66～76.56	<20.66	>127.43	52.25～127.43	<52.25
三面叉右/mm	>23.5	10.08～23.5	<10.08	>25.38	17.19～25.38	<17.19	>29.6	14.03～29.6	<14.03
转肩－肩宽/cm	>－15.7	－24.9～－15.7	<－24.9	>－15.1	－21.1～－15.1	<－21.1	>0.5	－12.6～0.5	<－12.6
纵跳/cm	<34.8	34.8～39.0	>39.0	<40.7	40.7～44.4	>44.4	<45.5	45.5～52.0	>52.0
俯卧撑/个	<37	37～43	>43	<42	42～46	>46	<40	40～45	>45

续表

	5~7岁			8~9岁			10~12岁		
	不合格	合格	优秀	不合格	合格	优秀	不合格	合格	优秀
平衡/s	<104.83	104.83~248.41	>248.41	<164.0	164.0~289.07	>289.07	<124.31	124.31~223.05	>223.05
肋木举腿 s	>13.9	13.9~13.47	<13.47	>13.7	13.2~13.7	<13.2	>13	12.41~13	<12.41
控倒立/s	<14.47	14.47~38.48	>38.48	<36.23	36.23~58.74	>58.74	<36.94	36.94~53.48	>53.48
跳绳双摇/个	<24	24~40	>40	<24	24~42	>42	<27	27~46	>46
30m/s	>5.59	5.26~5.59	<5.26	>5.29	4.84~5.29	<4.84	>5.00	4.5~5.00	<4.5
60m/s	>10.48	9.91~10.48	<9.91	>9.45	9.1~9.45	<9.1	>8.82	8.2~8.82	<8.2
折返跑/s	>10.98	10.10~10.98	<10.10	>10.20	9.71~10.20	<9.71	>9.98	9.5~9.98	<9.5
十字变向跳/s	>21.19	17.60~21.19	<17.60	>18.38	15.68~18.38	<15.68	>18.04	46~18.04	<46
垫上两头起/个	>14.20	13.07~14.20	<13.07	>13.87	13.36~13.87	<13.36	>14.32	13.66~14.32	<13.66
立定跳远/m	<1.77	1.77~1.93	>1.93	<2.07	2.07~2.17	>2.17	<2.31	2.31~2.46	>2.46
400m/s	>86.71	80.29~86.71	<80.29	>76.45	72.24~76.45	<72.24	>71.53	66.20~71.53	<66.20
团身收腿/cm	<35.5	35.5~41	>41	<40.7	40.7~44.5	>44.5	<46.4	46.4~52.3	>52.3